本书撰写人员名单

主　　编：徐　炜

撰写人员：徐少舟　胡翼鹏　周书刚　刘存地
　　　　　邢敏慧　徐　懿　张　航　顾笑聪
　　　　　吴责霖　洪　玥　刘博维

新时代中国县域脱贫攻坚案例 研究丛书

科左后旗

整合式贫困治理

全国扶贫宣传教育中心／组织编写

人民出版社

目 录
CONTENTS

导　论

　　科尔沁左翼后旗精准扶贫工作开展至今已取得了巨大的成就,该旗自 2011 年被确定为国家扶贫开发重点旗,在"十二五"初期,全旗贫困人口达 8 万人,约占全旗总人口的 1/5,占整个通辽市贫困人口总数的 18%。经过五年多扶贫攻坚工作,全旗累计减贫 13029 户34142 人,贫困发生率由 11% 降至 0.04%,截至 2019 年底还有未脱贫建档立卡贫困户 36 户 119 人,2019 年 4 月 19 日被内蒙古自治区人民政府批准退出贫困旗县序列,实现了"光荣摘帽"。

　　科左后旗的精准扶贫实践充分表明,习近平总书记精准扶贫、精准脱贫的战略思想在打赢脱贫攻坚战中发挥着至关重要的指导作用;充分表明,中央顶层设计是打赢脱贫攻坚战的政治保障和制度基础;充分表明,地方切实可行的攻坚工作机制是打赢脱贫攻坚战的实践保障和强劲动力。作为革命老区、少数民族地区、边疆地区、生态脆弱地区,科左后旗所开展的精准扶贫实践可以为基础条件相似地区提供可参考、可借鉴、可复制的成功经验,也为国际减贫交流提供生动的案例支持。

　　为了准确总结、更好推广科左后旗的扶贫经验,在国务院扶贫办的领导和支持下,全国扶贫宣传教育中心委托由十多位专家学者组成的调研团队,深入调研、全面总结、深入分析科左后旗精准扶贫具体做法,旨在探索科左后旗脱贫摘帽道路,讲好科左后旗的精准扶贫故事。调研团队结合座谈会、分组访谈、入户调查、材料收集与实地考察等多种调研方法，同科左后旗有关部门负责同志、扶贫一线干部以及广大农牧民进行了广泛深入交流，充分了解科左后旗脱贫攻坚的客观历程，准确把握脱贫摘帽给科左后旗带来的深刻变化，系统梳理和总结了科左后旗精准扶贫工作开展以来所取得的阶段性成效。

科左后旗长期以来处于相对贫困状态，这种贫困不仅表现为经济收入，还表现在精神状态、物质文明和生活方式等多个方面。在传统社会救助时期，科左后旗的扶贫资金、项目、部门等资源的使用呈现出相对分化的状态，配置整合程度不高，彼此衔接不够紧密，限制了扶贫效应的最大化。对此，在精准扶贫阶段，科左后旗形成政府、市场、社会大扶贫格局，以整体设计、统一规划对全域内政策、资金、项目、组织、人员、技术、信息等多种扶贫资源在宏观、微观、层级、部门、空间、时间之间进行整合使用和衔接互嵌，扭转之前分化状态下职责不清、目标重叠、效率低下、目标冲突、瞄准偏离、功能异化和贫困户需求得不到及时回应等顽疾，实现资源的最大程度激发和唤活，形成了一个有效整合、欣欣向荣的社会。调研团队经过学术思考和充分讨论，提出整合性治理这一概念，将科左后旗的精准脱贫实践经验予以总结提炼。

整合性治理脱胎于社会整合理论。为了应对发展进程中所产生的社会"断裂"问题，美国社会学家帕森斯在结构功能主义分析框架中构筑了宏大的社会整合理论。该理论认为可以通过政治、制度、经济、内部关系、文化价值和意识形态等系统为媒介，调整和协调系统内部的各套结构，防止任何严重的紧张关系和不一致对系统的瓦解，从而维持或改变一个社会系统诸力量的平衡。[①] 整合是社会系统使内部各部分联系在一起相互协调一致的能力，它体现了社会系统自身之间的关系。社会整合就是维持社会系统内各系统之间的均衡和稳定，借助协调机制能够确保社会整合的实现。而在现代社会发展中，缺少

---

① ［美］帕森斯：《社会行动的结构》，张明德、夏翼南、彭刚译，译林出版社2003年版。

协调机制的组织可能因为受到利益诉求、价值观念、文化环境等诸多因素的影响，出现大量的社会分化、失范与混乱，需要政府综合利用政策、规范、制度、机构、意识等因素，协调推动社会各个方面的力量，形成合力，改变社会分化的状态。

科左后旗的精准扶贫实践彰显了整合性治理思想。受多种交织在一起的致贫原因影响，科左后旗域内社会经济发展受到了极大的制约，人民群众陷入贫困的恶性循环之中，在2011年该旗被确定为国家扶贫开发重点旗。消除贫困是全世界人民自古以来为之奋斗的梦想，中华民族凭借多年的不懈努力在世界反贫困历史上留下了浓墨重彩的一笔。自新中国成立，尤其是改革开放以来，党和国家高度关注贫困人口生产生活，扶贫开发工作取得了令人瞩目的成就，累计有7亿多农村贫困人口摆脱贫困，贫困地区经济社会长足发展，贫困群众生产生活条件显著改善，全国人民共享改革发展成果，谱写了人类反贫困历史上的辉煌篇章。科左后旗在这一时期获得了大量中央财政提供的资金扶持、智力投资以及以实物形式扶贫的以工代赈活动，基础设施建设、科教文卫事业和生产生活条件得到了长足的发展，多数农户有着稳定解决温饱问题的基础，贫困户有着稳定的经济收入来源，人民群众提高收入有了新途径。但不容忽视的是，这一时期的扶贫开发工作在取得突出成就的同时也出现了不同程度的扶贫资金的使用分散、扶贫资源的不均衡分配、扶贫项目之间缺乏整合、政府内部的碎片化、政府与其他主体之间合作机制不健全等问题。具体而言，由于专项扶贫资金的专款专用、刚性管理和条块分割，造成了扶贫资金的使用分散；由于对口支援机构和定点包联单位的能力各异，"垒大户"现象层出不穷，村庄之间、贫困户之间出现了分化，加剧了扶贫资源的不均衡分配；由于扶贫项目由不同的部门制定、考核，项目之间相互重叠或相互冲突的现象时有发生，造成扶贫资源的浪费，根源就是扶贫项目之间缺乏整合；由于部门之间缺乏协作、乡镇政府与上级职能部门之间难以有效协调、政府成员在扶贫工作中职责不清，横向、纵向以及单位与个人之间有效衔接不紧密，政府内部出现了碎片化趋势。此外，由于扶贫治理结构是在政府主导下，市场、社会组织的扶贫力量还有待进一步激活，与扶贫存在一定程度的脱嵌，出现政府与社会、市场之间合作机制不健全的情况，面临高度技术要求与执行成本边际效应递减的挑战以及效率与公平逻辑置换的隐忧。

为此，科左后旗将整合性治理的核心理念渗入精准扶贫的制度设计、政策制定和政策执行的过程中，构建起整合性治理的精准扶贫机制，对资源的构成、资源的配置形式、资源的整合机制、资源的使用方式进行优化资源的整合，使相对分散的社会资源更好地适应各种不同的扶贫环境。对不同层级政府、不同的功能进行整合，实现部门、制度、政策之间的有效衔接，借助部门之间积极配合、层级之间有效协调和扶贫个人职责的明确，打破部门、制度、政策之间的壁垒，完善精准扶贫信息系统，实现常态化的跨部门分工协作和跨界合作。

第一，在主体的整合上，构筑政府、市场、社会大扶贫格局。科左后旗通过培育多元社会扶贫主体，搭建各类社会扶贫平台，充分释放社会扶贫潜力，畅通社会力量扶贫渠道，促进各类资源要素向贫困地区流动，引导和支持社会各方力量各类群团组织、社会组织、企业和个人以多种形式共同参与扶贫，构建全社会参与的大扶贫格局，形成脱贫攻坚的强大合力。在政府扶贫层面上，对政策、组织、责任、队伍、督导、党建、问责等手段进行有力统筹，以党的领导作为统揽的力量，有利于形成统一的认识、统一的行动，有利于集中各类资源、聚合各级力量，形成脱贫攻坚的广泛合力；在社会扶贫层面上，整合东西部扶贫协作、对口支援、定点扶贫等各类社会扶贫平台，产业帮扶、劳务协作、人才支援、资金支持等有力举措开展扶贫开发工作；在企业扶贫层面上，妥善运用企业的优势，聚合帮扶资金、技能培训、转移就业、利益联结等多种方式帮助贫困户脱贫。

第二，在资源的整合上，实现全域内政策、资金、项目、组织、人员、技术、信息的整体设计、整合使用，将资源禀赋发挥到最优。政策整合方面，科左后旗通过调整充实旗脱贫攻坚指挥部和领导小组，编制脱贫攻坚规划、行动计划和提升方案，明确各时期、各行业脱贫攻坚目标任务和工作措施；资金整合方面，科左后旗整合财政投入、涉农资金、金融扶贫资金、专项资金和定点帮扶、社会捐赠资金，积极通过与社会资本合作、购买服务、贷款贴息等方式，撬动更多的金融和社会资本投向扶贫开发工作；组织整合方面，科左后旗成立脱贫攻坚指挥部和领导小组，党政一把手亲自调度、指导、协调，压实各地各部门和各级干部的责任，抽取各级干部精锐参与到驻村帮扶工作中，选优配强嘎查村班子，检查组则规范监督各项工作，上下一心发挥指臂之效；人员整合方面，科左后旗坚持旗镇村三级书记抓扶贫、三级干部齐扶贫，组建专项扶贫推进组，选派结对帮扶干部、驻村干部开展工作，形成了上下联动、齐抓共管、合力攻坚的工作氛围；技术整合方面，科左后旗建立旗镇村三级服务网络、组建专业技术服务团队、搭建信息交流平台和农牧民培育基地，构建完善的科技服务保障体系，对技术培训和技术推广形成了有力支撑，全旗种养殖技术培训受益农牧民年均 10 万人次；信息整合方面，科左后旗立足于脱贫攻坚信息化监测体系和大数据平台，对接全市精准扶贫大数据平台，重点监测贫困户基本情况、干部下乡包联情况、政策项目落实情况，确保包联措施落地见效，推动脱贫攻坚工作高效有序开展，通过近贫预警、骤贫处置、脱贫保稳精准防贫机制的建立，最大限度减少贫困增量；沉睡资源整合方面，科左后旗推进农村产权制度、农村经营体制等改革，盘活水田、山林、旱地、房屋等沉睡资源，优化农村产业产权结构，并积极创新经营管理模式为精准脱贫攒家当。

第三，在整合路径上，达成宏观、微观、层级、部门、空间、时间等多元整合、总体规划。宏观整合上，科左后旗加强组织体系建设，构建大扶贫工作格局，通过对组织领导、责任落实、工作力量、督查指导、党建引领、监督问责、资金保障、社会扶贫等内容的强化整合，实现了全旗扶贫一盘棋的部署，通过脱贫目标的锁定，统筹人力、物力、财力向扶贫领域倾斜，全面压实责任，强力推进落实。微观整合上，科左后旗一改以往贫困户"小、散、弱"的特点，将贫困户有机地整合在一起，创新企业与农户利益联结机制，统筹资金、产业、市场等要素，采取入股分红、寄养托管、承包租赁、订单种植、贷款投放等形式，建立健全股份合作、订单帮扶、价格保护、生产托管、流转聘用等企业与农户利益联结机制。层级整合上，科左后旗构建了三级联动体系，旗直部门承担专项和行业责任，制定规划，指导、协调、配合苏木镇推进扶贫开发各项工作。其中苏木镇承担主体责任，做好调查摸底、精准识别、制定规划、发展产业、实施项目、发动群众等工作。在嘎查村一级，结合村级"两委"换届，选优配强嘎查村班子，大力整顿软弱涣散党组织。通过制度规范、考核体系、督导巡查和信息化建设规范层次工作。部门整合上，科左后旗脱贫攻坚指挥部下设 12 个专项推进组，将旗主要部门涵盖在内，实施了 24 个行业扶贫行动计划，层层签订责任书、立下军令状，建立年度脱贫攻坚报告和督查制度，为脱贫攻坚提供坚强政治保障。空间整合上，科左后旗注重发展引导，及时发现和树立嘎查村集体经济典型，宣传带动有发展潜力的嘎查村实现"抱团"发展，扭转以往"单打独斗"甚至是"两败俱伤"的局面。时间整合上，科左后旗建立健全了精准扶贫长效机制，并进行了精准扶贫与乡村振兴的衔接，为脱贫攻坚工作做了下一步和下两步安排。依托内源扶贫机制、产业带动机制、社会扶贫机制、生态扶贫机制和精准防贫机制的探索，助力贫困人口永久跳出"贫困陷阱"。通过产业先行、人才培养、文化引导、生态治理和组织建设，实现探索减贫衔接乡村振兴战略的五大振兴，将发展成果惠及更大群体。科左后旗的整合，是针对更大群体、在更宽广领域、更高层次、需要更多力量参与的阶段性谋划。

第四，在整合措施上，有效运用整体设计、统一规划、整合使用和衔接互嵌等措施。首先是整体设计，科左后旗在四梁八柱的顶层设计层面上按照"五个一批"的工作思路，各行业扶贫部门陆续推出了一系列重大政策举措，从基础设施、公共服务、基层组织、产业体系等方面，形成全方位的综合性政策支持体系。其次是统一规划，科左后旗精准回应贫困村、贫困户真实的致贫因素和差异化需求，编制"十三五"脱贫攻坚规划、农牧业产业扶贫规划，出台产业扶贫、健康扶贫、教育扶贫等行业扶贫规划，并在北京交通大学帮助下制定旅游、物流、工业园区等具体规划，从政策体系、帮扶举措、责任落实、产业增收、工作力度等方面统筹资源、协调各方，形成脱贫攻坚的合力，确保各项工作有序推进。再次是整合使用，在资金方面，科左后旗对财政投入、项目资金、部门资金、财政涉农涉牧资金、专项资金和定点帮扶、社会捐赠资金、贷款投放进行统一筹措及使用、进度安排、项目落地，为打赢脱贫攻坚战提供不可或缺的资金保障。最后是衔接互嵌。政策衔接上，科左后旗强化社会兜底保障，推进最低生活保障和扶贫开发两项政策有效衔接，保障持续脱贫、防止返贫。对口帮扶工作衔接上，利用发达地区资源带动全旗干部深入学习相关课题、拓展知识领域、培养实践经验，提升了脱贫攻坚一线干部队伍的工作能力。此外，还将生态文明与扶贫开发进行衔接，让贫困群众从守护绿水青山当中收获真金白银，做到经济发展与环境保护相互促进，经济效益与生态效益有机统一，实现了美丽与富裕共生。

最终，科左后旗极大地化解精准扶贫之前分化状态下职责不清、目标重叠、效率低下、目标冲突、瞄准偏离、功能异化和贫困户需求得不到及时回应等顽疾，实现治理理念、治理政策、治理保障措施、特色产业的最大程度、最大限度的整合，从而为赢得脱贫攻坚战提供制度上、组织上、资源上的保障，达到规模优势、集聚优势以及整体长效发展的合力优势。

本书的基本分析与写作框架是以社会学的社会整合理论为基础，研究总结出整合式贫困治理的地方经验。具体来说，首先概要描述科左后旗这一个案的社会经济发展状况和贫困问题产生的背景、状况及贫困治理的发展阶段和面临的挑战、脱贫攻坚的基本做法，这是我们分析研究的起点；其次从顶层设计方面，阐述科左后旗在贫困治理理念上如何贯彻习近平总书记关于以脱贫攻坚统揽经济社会发展全局讲话精神、如何根据科左后旗的贫困状况和现有资源进行整合后设计一套贫困治理方略；又次在具体政策方面，科左后旗如何根据社会整合理论出台一系列能够整合各项资源实现脱贫攻坚目标的政策；再次在综合保障方面，科左后旗如何整合人、财、物实现脱贫攻坚目标；又再次着重阐述科左后旗在整合产业发展这一强化稳定脱贫的根本之策上如何打出黄牛产业和生态产业这两张特色王牌；之后我们着重阐述在上述理念、政策、综合保障、特色产业等因素的带动下政府、市场、社会三方力量所实现脱贫攻坚的良好成效；再之后我们主要从连接现在与未来的时间维度上阐述了如何建立稳固脱贫的长效机制及与乡村振兴战略衔接的问题；最后我们对科左后旗的贫困治理经验进行了总结。

第一章

经济社会发展与贫困问题概述

第一节　科左后旗经济社会发展现状

科尔沁左翼后旗位于内蒙古自治区通辽市东南部，地处东经121°30′—123°42′、北纬 42°40′—43°42′之间。东北部与吉林省双辽市接壤；东部和南部与辽宁省彰武、康平、昌图县相邻；西部和北部与库伦旗、奈曼旗、开鲁县、通辽市和科左中旗相连。[①] 2019 年 4 月 18 日，内蒙古自治区人民政府决定科尔沁左翼后旗退出贫困旗县序列。

科尔沁左翼后旗历史悠久，文化厚重。1650 年建旗，有蒙古族、汉族、回族等 19 个民族聚居，其中蒙古族占 75.3%，是全国县域蒙古族人口居住最集中的地区之一。这里是"英雄上马的地方"，是清代名将僧格林沁故里，又拥有蒙医正骨疗法、好来宝、蒙古族马具制作技艺 3 项国家级非物质文化遗产，叙事民歌《达那巴拉》和《敖包相会》《雕花的马鞍》等传统与现代文化瑰宝都诞生在这块神奇的土地上。这里也是旅游胜地，神奇的大青沟、阿古拉"一带一路"敖包相会文化旅游主题小镇、僧格林沁王府等旅游景点交相辉映。

科尔沁左翼后旗各族干部群众在旗委、旗政府的领导下，经过几十年的努力奋斗，全面发展了全旗的经济社会状况，使全旗人民的幸福感、获得感、安全感得到总体提升。到 2019 年，全旗地区生产总值实现 122.05 亿元，固定资产投资实现 24.59 亿元，公共财政预算收入完成 4.74 亿元，社会消费品零售总额实现 25.24 亿元，城镇及农村牧区常住居民人均可支配收入分别达到 29025 元、13671 元，分

---

① 科尔沁左翼后旗志编纂委员会：《科尔沁左翼后旗志》，内蒙古人民出版社 1993 年版。

别同比增长 7.3%、10.4%。①

具体来说，科左后旗立足自身优势，明确打造全国知名的肉牛产业强旗、区域知名的全域四季文化生态旅游目的地、全市对外开放融入东北振兴的先遣地，建设东部知名的蒙中医药产业基地、国家级生态示范旗、国家级民族团结进步示范旗 6 个目标定位，坚持"823"经济发展思路（打造肉牛、旅游、蒙中医药、马文化、物流、沙产业、绿色生态农牧产业、战略性新兴产业 8 个产业，建设工业园区、金融 2 个平台，抓好乡村振兴、品牌文化和人才 3 项工程），压实全面从严治党、全面深化改革、信访维稳、扫黑除恶、安全生产 5 个责任，全旗经济平稳健康发展、社会和谐稳定。

2016 年全年全旗公共财政预算收入完成 4.87 亿元，同比增长 8.2%；全旗公共财政预算支出完成 30.55 亿元，同比下降 7.8%。

2016 年年末全旗城镇新增就业人员 1721 人，失业人员实现再就业 400 人，就业困难人员实现就业 553 人，城镇登记失业率为 3.70%。农村牧区劳动力转移就业人数达 46392 人。②

经济发展方面，一二三产业协同发展。农牧业生产稳步提升，以农业现代化为统领，着力调整农牧业结构。粮食产量达到 25.24 亿斤，实施了 65 万亩农业高效节水工程，种植青贮 170 万亩，全年收储饲草 100 亿斤。推进肉牛产业规模化、组织化、标准化发展。牲畜饲养量 176.45 万头（只口），其中黄牛饲养量 87.86 万头，全年肉牛出栏 14.13 万头、交易量 60 万头、屠宰加工量 8 万头。非洲猪瘟、炭疽病等重大动物疫情得到有效防控。开展了"大棚房"清理整治工作。注重农牧产业品牌体系建设，"科左后旗黄牛""科左后旗大米"通过了生态原产地保护认定。工业经济稳中有进，以骨干企业为抓手，推动第二产业质效双升。规模以上工业企业增加值同比增长

① 数据根据 2018 年全国经济普查结果进行修订。
② 《科左后旗 2016 年国民经济和社会发展统计公报》，科尔沁左翼后旗人民政府政务信息公开索引号：0000000-0800-2017-0001。

9.7%，规模以上企业增加 5 户。全旗工业用电量 5.1 亿千瓦·时，同比增长 10.63%。重点骨干企业生产能力明显增强，康臣药业、科尔沁牛业、长江造型材料、新能源等企业稳产增效。装机规模为 39.3 兆瓦的太科集中式光伏、浩源年产 10 万吨铸造砂系列产品及深加工、天成园林滴灌带生产线、康臣药业口服液自动化生产线等项目已相继投产。吉源热力热电联产、装机规模为 30.8 兆瓦的村级光伏电站、鸿通新材料、蒙宝科技牛副产品深加工等一批项目落地开工，多家企业相继盘活。自主创新承接产业转移示范园区被列入《中国开发区审核公告目录》（2018 年版）中的自治区级开发区目录，基础设施逐步完善，天然气综合门站即将投入运营，污水处理厂、固废垃圾处理场建设进展顺利。第三产业繁荣发展，以当地社会文化为基点，加快推进产业升级。结合科左后旗"黄牛之乡""马王之乡""绿色水稻之乡""旅游之乡""蒙古族叙事民歌之乡"和"蒙古文书法艺术之乡"等当地生态、文化优势，大力发展旅游行业，规划修编大青沟国家级自然保护区和乌旦塔拉自然保护区。加快文化旅游"一线一路四点"建设，圆满完成了通辽市"一带一路·敖包相会"主题活动、科左后旗第二届骑手会暨森林会，开展了"英雄上马的地方"区域公用品牌战略规划发布会、"科左后旗旅游推介会"等活动，不断提升科左后旗旅游品牌知名度和影响力。2018 年接待国内外游客 145 万人次，同比增长 3.6%；旅游综合收入实现 12.8 亿元，同比增长 6.7%。金融服务业繁荣向好。驻旗金融机构存款余额 63 亿元，贷款余额 74.7 亿元。商贸物流业快速发展，全旗货运总量达到 1420 万吨。"互联网+"广泛应用，建设了电子商务产业园，已入驻电商企业、快递公司 41 家、全旗农村电子商务站点 838 个，已覆盖全旗 14 个苏木镇 1 个农牧林场，引导 1000 多名农牧民和大学生创业。[①] 全旗电子商务

[①] 《关于科左后旗 2018 年国民经济和社会发展计划执行情况与 2019 年国民经济和社会发展计划草案的报告（书面）》，科尔沁左翼后旗人民政府政务信息公开索引号：E000-kzhq/2019-00062。

交易额达到 2.4 亿元，同比增长 22.5%。

社会发展方面，2019 年底全旗总人口 40.11 万人，其中男性人口 20.42 万人，女性人口 19.69 万人，男女比例为 103.6：100。在总人口中 18 岁以下人口 6.70 万人，18—34 岁人口 9.27 万人，35—59 岁人口 16.98 万人，60 岁及以上人口 7.16 万人，分别占总人口的 16.7%、23.1%、42.3% 和 17.9%。全旗人口由 19 个民族构成，其中：蒙古族 30.20 万人，汉族 9.18 万人，满族 0.62 万人，回族 0.06 万人，朝鲜族 0.03 万人，分别占总人口的 75.3%、22.9%、1.5%、0.14% 和 0.07%。

2019 年全旗全体居民可支配收入 18951 元，同比增长 9.4%；全体居民消费性支出 13414 元，同比增长 8.4%；城镇常住居民可支配收入 29025 元，同比增长 7.3%；城镇常住居民生活消费支出 15979 元，同比增长 6.2%；农村牧区常住居民可支配收入 13671 元，同比增长 11.4%；农村牧区常住居民生活消费支出 11987 元，同比增长 10.9%。2019 年底全旗在岗职工参加基本养老保险人数为 21910 人，比上年增加 66 人。参加全旗城乡居民基本医疗保险人数为 303988 人，比上年增加 350 人。全旗共有 14619 人领取了城乡最低生活保障金，其中城镇 3061 人。[①]

市政发展方面，累计投入资金 16.22 亿元，改造城市道路 147.95 万平方米、人行道硬化 21.16 万平方米、巷道硬化 186 条，城区新增绿化 141.59 公顷，安装路灯 1406 盏，铺设排水管网 33.43 公里、供热管网 12.8 公里，实施老旧楼污水管网改造 138 栋、供热管网改造 45 栋、节能改造 117 栋[②]——城市功能日趋完善，市容市貌明显改观，人居环境逐步优化，被授予国家级卫生县城。

---

① 《科左后旗 2016 年国民经济和社会发展统计公报》，科尔沁左翼后旗人民政府政务信息公开索引号：0000000-0800-2017-0001。

② 《科左后旗打牢四基础 为文明创城发力》，2019 年 4 月 29 日，见 https://www.malaqin.cn/article/article_8844.html。

第二节　科左后旗贫困发生的总体背景

科左后旗位于内蒙古通辽市东南部，辖 19 个苏木镇场和 1 个社区服务中心，总面积 11570 平方公里，人口 40.15 万，其中蒙古族占 75.3%，是内蒙古自治区县域蒙古族人口居住最集中的地区之一，是国家扶贫开发重点旗、革命老区。2019 年 8 月，武汉大学社会学院团队赴科左后旗进行实地调研，在 101 户样本中显示，致贫原因主要是因病、因学、缺资金，分别占 58.3%、11.8% 和 11.8%（见表 1）。

表 1　致贫原因描述分析

致贫原因	响应个案数	百分比	个案百分比
因病	74	58.3%	73.3%
因学	15	11.8%	14.9%
缺资金	15	11.8%	14.9%
因残	11	8.7%	10.9%
缺劳动力	4	3.1%	4.0%
自身发展动力不足	3	2.4%	3.0%
因灾	3	2.4%	3.0%
缺土地	1	0.8%	1.0%
缺技术	1	0.8%	1.0%
总计	127	100.0%	125.7%

样本数据结果基本符合全旗情况，总观科左后旗自然社会经济发展背景，当地致贫原因的影响因素归纳为以下几点：

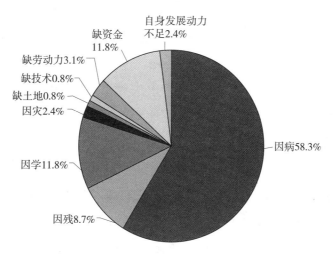

图1 科左后旗贫困人口致贫原因分析图

一、自然环境恶劣，生态形势严峻

科左后旗自然条件较为恶劣。地理环境上，科左后旗位于东经121°30′—123°42′、北纬42°40′—43°42′之间，属温带大陆性季风气候，气候多变，其主要特点是：四季分明，春季温暖多风；夏季温热多雨；秋季温凉少雨；冬季干冷少雪。年平均气温为6.8℃，最冷月为1月，1月平均气温为-12.9℃，最热月为7月，7月平均气温为23.4℃，历年极端最高气温为38.2℃，极端最低气温为-32.2℃；年平均降水量为414.9毫米，降水主要集中在5—9月份，约占全年总降水量的85%；年总日照时数为2862.0小时；年主导风向为西南风，无霜期为151天，年内多发干旱、内涝和冰雹等气象灾害。科左后旗地处科尔沁沙地与松辽平原交接地带，除东、西辽河交汇处有占总面积不到3%的冲积平原外，其余全部为沙坨草甸交错、沙丘连绵起伏、洼地纵横分布的地貌，给农业生产增加了一定难度。

当地以畜牧业为传统经济生产方式，对自然条件的依赖程度较高。然而当地自然条件较为恶劣，导致生产条件不足，极大程度地影响了当地畜牧业发展。加之环保意识淡薄、疏于管理等因素，当地农牧民只注重眼前利益，而不顾及未来的生态环境问题，过度放牧、过度开垦草场，致使大片草原森林退化，水土流失严重，干旱、洪涝、风沙等自然灾害多发，生态体系严重失衡，一度出现沙进人退的现象。20世纪70年代至90年代，土地80%沙化，生产条件进一步恶化，形成了贫困落后与环境退化的恶性循环。

地理位置方面，科左后旗地处内陆，当地交通不便，信息不灵，与外部市场对接较弱，农产品购销渠道不畅通，市场供求信息和农牧民的生产信息也存在一定偏差，一定程度上限制了当地的产业发展，导致当地人口生产经营的经济效益较差。多数村庄地处偏远，环境闭塞，远离经济发达地区，导致非农产业难以发展，当地人口难以从非农经营活动中获得收入，无法弥补农业收入的不足和波动。

二、经济总量较小，产业结构单一

科左后旗长久以来以第一产业为主要产业，工业及服务业发展相对滞后，所占比重较低，产业结构单一。当地人口外出打工人员较少，收入来源主要依靠畜牧业、种植业，受自然灾害及牲畜疾病控制等因素影响较大，收入情况不稳定。生产方式上，多为粗放式小规模经营的农业生产或放养少量牲畜的小型牧场，经营粗放、广种薄收，未形成规模化、机械化、现代化农业生产，在技术更新、资金投入、扩大再生产方面后劲不足，增产增收困难。除此之外，当地的农业生产提供的大多为初级农产品原料，产品价值较低，缺乏加工业和与之相适应的配套工业及流通服务业，产业化程度低，深加工转化增值能力弱。

三、基础设施落后，地区发展不均

首先，农业基础设施不完善，抵御自然灾害等风险的能力较低。

受天气因素影响，降水量不平衡且较少，多发旱灾，然而农田水利等基本建设规划设计不合理、配套不到位，导致人畜饮水困难、灌溉设施老化，给农业生产造成一定影响。加之当地多为分散式经营，又给农业基础设施的完善增加了难度。

其次，科左后旗地广人稀，人口居住分散偏远，交通通信落后，一方面导致当地商品流转渠道不通畅，"难买难卖"的问题突出，农牧业发展有局限，旅游业等非农产业发展的成本较高，招商引资难度较大；另一方面，交通不畅一定程度上也阻碍了当地劳动力通过外出务工增加非农收入。当地基础设施建设滞后，给生产、生活造成困难。

再次，教育方面，学校标准化程度低，学前教育、职业教育发展滞后，加之优势教育资源向城镇集中，贫困地区极度缺乏专业精、素质强的教师，成为制约实现教育脱贫、阻断贫困代际传递的主要困难。

最后，医疗服务方面，卫生基础设施建设标准不高，村级医疗卫生条件差，无法满足群众就医需求，并且各级医院医务人员匮乏。加强深度贫困地区基础设施建设、提高基本服务水平点多线长面广，任务重、成本高、难度大，政府及社会所能提供的公共服务与群众的期盼存在一定差距，社会保障能力和公共服务水平需进一步提高。

四、人力资本缺乏，内生动力不足

由于自然条件和区位劣势限制，科左后旗仍然以较为单一落后的农业为主要产业，缺乏可以有效提高收入的产业基础，当地居民缺乏产业发展的"第一桶金"。此外，当地贫困劳动力受教育水平普遍较低，文化水平普遍不高，自我认知和自我发展能力较弱，缺少专业知识和技能，劳动力整体素质难以适应新环境下就业市场的需求，就业竞争力弱，收入水平不高。

受历史上社会经济、生活习惯等因素影响，科左后旗的贫困群体形成了守旧心理，追求安稳、排斥变革、缺乏进取的小农意识极大地抑制了其主动脱贫致富的自觉性。当地贫困劳动力家庭思想观念保守陈旧，外出打工意愿不强，就业创业理念滞后，主观上脱贫致富的内生动力不足，客观上因赡养老人、照顾子女或因病、因残等诸多原因，外出就业难。

贫困群众家庭收入中政策性收入占比较高，工资性收入和经营性收入渠道狭窄。特别是一些贫困群众自我发展和创业增收的意识不强，等靠要思想严重，陈规陋习尚未根本转变，政策养懒汉的问题仍然不同程度的存在。

第三节　科左后旗脱贫攻坚的发展历程

根据全国和当地的反贫困发展状况看，科尔沁左翼后旗的贫困治理过程可以划分为以下四个发展阶段。[①]

一、1978—1993 年：体制变迁带动下的大幅减贫

国家统计局资料显示，以人均年收入低于 100 元为贫困标准，1978 年我国农村贫困人口发生率为 30.7%，我国农村贫困人口规模为 2.5 亿人。中共十一届三中全会开启了改革开放新时期，党和政府领导全国人民从整体减贫迈向大幅减贫，在农村展开了以家庭联产承包责任制为中心的一系列改革，极大地调动了农民生产积极性，释放

---

① 周艳红：《改革开放以来中国农村扶贫历程与经验》，《当代中国史研究》2018 年第
　 6 期。

出明显的减贫效应。从中共十一届三中全会至 1994 年《国家八七扶贫攻坚计划（1994—2000）》出台，党和政府出台了多种减贫举措，致力于贫困农民早日过上温饱生活。

第一，设立了专门领导扶贫开发工作的组织机构。党和政府高度重视我国经济落后地区尤其是老少边穷地区的贫困问题，认为"这些地方生产发展快慢，不但是个经济问题，而且是个政治问题"。1979 年 9 月，中共十一届四中全会提出要设立一个专门委员会负责统筹扶贫工作，帮助贫困地区和贫困地区的农民摆脱贫困。1986 年 5 月 16 日，国务院贫困地区经济开发领导小组（后更名为"国务院扶贫开发领导小组"）正式成立，专门负责全国贫困地区的扶贫开发工作。

第二，制定了缓解贫困的政策和制度。中共十一届三中全会后，农村家庭联产承包责任制的逐步建立，保证了农民对土地的使用权和经营权，形成了以"保证国家的，留足集体的，剩下都是自己的"为基本特征的农村利益分配原则。这项制度最大限度地调动了农民的劳动积极性，推动了生产力的迅猛发展，使农村贫困人口的生活得以显著改善。中共中央、国务院又先后发布了《关于帮助贫困地区尽快改变面貌的通知》《关于进一步活跃农村经济的十项政策》等一系列文件，从制度和政策层面为加强贫困地区的经济开发以及推进各项社会事业的发展提供了保障。

第三，明确了这一时期扶贫的基本目标。1988 年 11 月 2 日，时任国务院副总理田纪云在全国农村工作会议上的讲话中指出，国务院确立的"七五"期间减贫目标是"解决贫困地区大多数群众的温饱问题"。1990 年 12 月 30 日，中共中央在《关于制定国民经济和社会发展十年规划和"八五"计划的建议》中则将减贫目标提高到"脱贫致富"，力争到 20 世纪末使贫困地区的人民"稳定地解决温饱问题，多数户过上比较宽裕的生活"。1991 年 3 月 20 日，国务院贫困地区经济开发领导小组对"八五"期间扶贫开发基本目标做了重新调整，即"两个稳定"："使贫困地区的多数农户有稳定解决温饱问题的基础"；"使贫困户有稳定的经济收入来源"。

第四，制定了多种扶贫举措。这一时期，党和政府以"共同富裕"为最终目标，采取了多种举措帮助贫困地区人民群众减贫，主要包括中央财政提供资金扶持、"三西"扶贫开发建设项目加大贫困地区智力投资、扶持贫困地区文教卫生事业发展、以实物形式扶贫的以工代赈活动、加大贫困地区基础设施建设、对贫困地区进行针对性的重点扶持等。这些举措的推行，一方面为贫困地区的经济发展提供了资金来源和智力投入，另一方面改善了贫困地区的基础设施建设和生产生活条件，同时为贫困地区人民群众提高收入找到了新途径。

科左后旗积极响应国家政策号召开展扶贫工作，1986 年被自治区列为贫困旗县，并成立了扶贫开发办公室，有 12 名管理人员，专门负责扶贫开发工作，使得科左后旗的扶贫开发工作走上正轨和快车道。从 1978 年到 1993 年这阶段的扶贫工作可以划分为三个时期：

第一个时期是 1978 年至 1985 年，这个时期由于刚刚推行和落实联产承包责任制，处于转轨时期，贫富分化程度不高，普遍都不富裕。政府扶贫工作刚刚起步，因而扶贫工作的主要对象是因病因灾造成的贫困人群，扶贫方式主要以社会救济为主、生产帮扶为辅，解决他们临时生活困难和生产发展中的难题，这一时期共投入 224 万元，扶持 3500 户，解决温饱 2700 户。

第二个时期是 1986 年至 1990 年，这一时期科左后旗成为自治区贫困旗，成立了扶贫开发办公室，使扶贫工作走向新的起点，他们根据中央要求明确扶贫工作目标，使扶贫资金和物资的投向由以前的救济型转向经济开发型，将扶贫的作用由输血型转向造血型，因而取得了一定成效。五年总投放资金 760 万元，扶持贫困户 33338 户，其中解决温饱 32125 户，占被扶持贫困户的 96%。在开发性扶贫上主要推进了四项工程：1. 以水稻为主的种植业温饱工程，全旗共扶持 10000

户种植水稻，面积达 24000 亩；2. 养殖业脱贫工程，共扶持 11 个嘎查开发水面 65000 亩，实现年产商品鱼 186 万斤，并扶持了三处育肥牛场和养羊养禽专业户；3. 经济生态型工程，共扶持建成小生物圈 435 处，种草 39170 亩，栽种果树 150 万株；4. 科技兴农工程，先后举办各类科技兴农培训班 2000 期，培训达 25 万人次，印刷各种科普资料 6.5 万册，开启了科技种植与养殖之路。

第三个时期是 1990 年至 1993 年，这时期主要是变零星扶持为集中连片开发，将扶贫资金捆绑起来使用，主要是开发性生产。四年来共投入资金 641.5 万元，解决温饱 13372 户，脱贫户 9630 户。共开发水稻 14879 亩、园田 18600 亩，生态治沙 24560 亩，果树开发 1200 亩。在被扶持的 80 个嘎查中，人均占有粮 1740 斤，人均纯收入达 569 元，在一定程度上完成了解决温饱问题和使贫困户有稳定收入的问题。①

这一时期后旗的扶贫工作尽管取得了一定成效，但也存在一些问题，比如扶贫资金少，扶贫力度不够；资金到位慢，解决温饱的标准低且不稳定；尽管成立了扶贫开发办公室，但地位和重要作用并不显著，这也是目标整合和结构整合不够所造成的。

二、1994—2000 年：扶贫攻坚带动下的开发式扶贫

1994 年 4 月 15 日，国务院颁布了《国家八七扶贫攻坚计划（1994—2000）》，为这一阶段的扶贫攻坚和开发式扶贫勾画了宏伟蓝图，开启了中国开发式扶贫新模式。自此，从国家层面将扶贫战略与国家发展战略有机结合起来，因地制宜，以发展促扶贫，在扶贫中发展，集中全力用 7 年左右的时间基本解决了我国农村 8000 万贫困人口的温饱问题。

① 根据科尔沁左翼后旗扶贫档案资料整理。

一是制定详细的扶贫攻坚计划。这一攻坚计划从形式与任务、奋斗目标、方针与途径、资金的管理使用、政策保障、部门任务、社会动员、国际合作、组织与领导9个方面对这一阶段的扶贫开发工作构建了宏伟蓝图，成为指导扶贫开发工作的纲领性文件之一。二是确立开发式扶贫方针。这一攻坚计划确立了开发式扶贫的基本方针："鼓励贫困地区广大干部、群众发扬自力更生、艰苦奋斗的精神，在国家的扶持下，以市场需求为导向，依靠科技进步，开发利用当地资源，发展商品生产，解决温饱进而脱贫致富。"开发式扶贫成为这一阶段扶贫工作的主要方式，通过智力扶贫提高贫困地区农民群众自我发展能力。三是实施扶贫与国家发展有机结合的发展战略。建立社会主义市场经济的改革进程对贫困地区而言既是机遇又是挑战，在提供更多发展机遇的同时也扩大了贫困地区与发达地区的差距，对社会稳定、民族团结以及共同富裕目标的最终实现带来挑战。因此，着力抓好扶贫工作是一项具有深远意义的伟大事业。鉴于此，国务院在制定扶贫战略时将扶贫工作与国家发展有机结合，在鼓励贫困地区发挥资源优势的同时从国家宏观层面实施"西部大开发"等战略。四是制定因地制宜的扶贫措施。随着扶贫开发工作的深入开展，党和政府在制定扶贫措施时呈现出针对性、可操作性强的特点，具体体现在：第一，扶持重点行业因地制宜。从贫困地区的资源优势出发，将扶贫开发的重点放在种植业、养殖业以及相关的加工业等领域。第二，扶贫方式因地制宜。如陆续使用了移民开发扶贫、科教扶贫、金融扶贫、社会力量扶贫等多种整合扶贫方式。

根据农民收入的变化，2000年国家再次调整了贫困标准，以人均年收入低于625元为贫困标准，农村贫困人口发生率为3.4%，我国农村贫困人口规模为3209万人。与1994年相比，在贫困标准上调的前提下，我国农村贫困人口发生率下降了3.3个百分点，农村贫困人口缩减了近3800万人，扶贫攻坚带动下的开发式扶贫战略使我国农村的扶贫减贫工作取得了显著成效。

科左后旗在《国家八七扶贫攻坚计划（1994—2000）》和《内蒙古自治区三七扶贫攻坚计划》的指导下确立了自己的扶贫目标和方式，并以市场为导向、以土地资源为依托，大搞农田基本建设，改善生产条件，调整生产结构，增加收入，稳定解决近 10 万贫困人口的温饱问题。1994 年科左后旗贫困人口 930316 人（温饱线人均收入 441 元），贫困发生率占当年农牧区总人口 295010 人的 31.5%，贫困人口人均稳产高产农田仅 0.5 亩，人均占有粮 250 公斤，平均缺粮为六个月。面对这种严峻的贫困状况，科左后旗党政领导设定的初步目标（1994—1996 年）为：1. 贫困人口人均建设一亩稳产小块农田。2. 使 2000 户无畜户，实现平均一头基础母牛。3. 实现人均稳定产粮 500 公斤，人均年纯收入 500 元以上（1990 年不变价格）。为实现这一目标，采取了以下措施：1. 建设十万亩小块农田；2. 建设十万亩高标准园田；3. 扶持 2000 户无牲畜户；4. 扶持 100 个大棚蔬菜种植户；5. 投资教育改善办学条件；6. 进行科技示范和科技培训等。通过三年的扶贫工作初步达成目标，但每年返贫人口不少，如 1994 年返贫人口达 30027 人，1995 年达 18000 人，分别占当年贫困人口的 32.3%、23%。

为此，从 1997 年起扶贫工作的思路开始转变：把扶贫工作摆在全局工作的首位，动员全社会力量参与扶贫，以恢复保护生态为前提，农牧林有机结合，建设高标准每人三亩旱涝保收基本田，封坨育林，种树种草，变头数畜牧业为效益畜牧业，一乡一业，一村一品，实施农村产业化战略，必保两年脱贫，三年巩固。其工作思路可以形象概括为"换脑子、抓班子、封坨子、种甸子、管蹄子、抓票子"，主要措施是：治沙造林，恢复生态，主推水稻，建经济圈，发展黄牛，草牧场到户，加强科技脱贫致富。通过三年的扶贫攻坚战，到 2000 年全旗扶持贫困户 10913 户 45466 人，其中当年解决温饱 7210 户 34434 人，人均三亩田亦到标准。总之，经过八七扶贫攻坚和三七扶贫攻坚战，全旗建档立卡的贫困人口由 1994 年的近 10 万人减少到

2000 年底的 2 万人，基本达到八七扶贫攻坚计划的目标。但是因该旗当年旱灾严重，返贫致贫人口大幅增加，达 12.6 万人，占农村人口的 38%，贫困形势日益严峻，并且农牧业基础脆弱，生态环境恶化的势头没有得到遏制，同时完成这一目标的力量没有得到完全整合，因而尽管全旗在扶贫攻坚战中付出了巨大努力，也取得显著成效，但距离预期目标仍有一段距离。[①]

三、2001—2012 年：小康社会建设视域下的农村扶贫开发

2000 年 10 月 11 日，中共中央做出了"从新世纪开始，我国将进入全面建设小康社会，加快推进社会主义现代化的新的发展阶段"的科学论断。从此，我国在全面建设小康社会的道路上继续迈进，经济持续快速发展，但是城乡之间、区域之间的贫富差距呈现扩大化趋势，尤其是因贫富差距带来的不稳定隐患增多。因此，着力推进贫困地区的经济发展是全面建设小康社会的前提，加大农村贫困地区的扶贫开发力度成为这一阶段党和政府的重要任务。

第一，在新的起点上继续坚持开发式扶贫方针。2000 年 10 月，中共十五届五中全会提出，要继续坚持开发式扶贫，"增加扶贫投入，加强贫困地区的基础设施建设，注重发展贫困地区的教育、文化、卫生事业，从根本上改善基本的生产和生活条件"。2001 年 1 月 11 日，中共中央、国务院联合发布《关于做好 2001 年农业和农村工作的意见》指出，"经过艰苦努力，我国农村贫困人口的温饱问题已基本解决，《国家八七扶贫攻坚计划》确定的战略目标已基本实现。以此为标志，我国的扶贫开发进入了一个新的阶段"。

第二，确立扶贫工作新目标。2001 年 6 月，国务院颁布了《中

---

① 根据科尔沁左翼后旗扶贫档案资料整理。

国农村扶贫开发纲要（2001—2010 年）》，对这一阶段的扶贫开发工作进行了部署，并明确了奋斗目标，即"尽快解决少数贫困人口温饱问题，进一步改善贫困地区的基本生产生活条件，巩固温饱成果，提高贫困人口的生活质量和综合素质，加强贫困乡村的基础设施建设，改善生态环境，逐步改变贫困地区经济、社会、文化的落后状况，为达到小康水平创造条件"。

第三，确立"整村推进"扶贫工作新路径。《中国农村扶贫开发纲要（2001—2010 年）》中提出要以县为基本单元、以贫困乡村为基础制定扶贫规划，落实扶贫任务。2001 年 9 月，"整村推进"的工作理念和工作方法成为开展参与式村级扶贫开发工作的重要举措。为便于整村推进扶贫开发工作，截至 2002 年，我国共确定了贫困村 148051 个，占全国行政村总数的 21.4%，使扶贫开发工作更加深入细致。在整村推进扶贫开发规划的推动下，各地扶贫资金开始更集中地流向贫困村，从而在一定程度上改进了扶贫项目与贫困群体需求之间错位的问题，成为有效促进扶贫资金精准到位的一项基本制度。

第四，以建立农村最低生活保障制度为扶贫兜底的新举措。2007 年 7 月 11 日，为切实解决农村贫困人口的生活困难问题，国务院决定在全国范围建立农村最低生活保障制度，"将符合条件的农村贫困人口全部纳入保障范围，稳定、持久、有效地解决全国农村贫困人口的温饱问题"。到 2012 年底，全国农村有 545.9 万人纳入"五保供养"范围，5340.9 万人纳入最低生活保障。

第五，形成以专项扶贫、行业扶贫、社会扶贫为三大抓手的大扶贫格局。"消除贫困、改善民生、实现共同富裕"是党和政府在扶贫道路上的初心和使命。为了打好新一轮扶贫开发攻坚战，2011 年，中央扶贫开发会议做出了"着力巩固和发展专项扶贫、行业扶贫、社会扶贫大扶贫格局"的决策，为扶贫开发工作找准了方向。

这一阶段的农村扶贫工作初步实现了预期目标：农村居民的温饱问题得到基本解决，农村贫困人口的生产生活条件明显改善，农村贫困地区的基础设施不断完善，农村社会发展水平进一步提升，生态恶化趋势得到初步遏制。随着我国经济社会的不断发展和人均收入水平的不断提高，中国农村贫困标准也随之发生了变化，中央政府测算的贫困标准从1984年的农民年人均纯收入200元提高到2000年的865元，涨幅达到332.5%。以2000年的绝对贫困标准计算，2010年底我国仍有农村贫困人口2688万人，农村贫困发生率为2.8%。与2000年相比，我国农村贫困人口发生率下降了0.6个百分点，农村贫困人口规模缩减了500多万。尽管减贫人口的绝对数量不多，但在提高标准的前提下减贫成效依然显著。2011年11月，中央决定将农民年人均纯收入2300元（2010年不变价）作为新的国家扶贫标准，将更多低收入人口纳入扶贫范围。全国贫困人口数量和覆盖面也由2010年的2688万人扩大至1.28亿人，占农村总人口的13.4%，占全国总人口（港澳台地区除外）的近1/10。这标志着中国的扶贫开发已经从以解决温饱为主要任务的阶段转入巩固温饱成果、加快脱贫致富、改善生态环境、提高发展能力、缩小发展差距的新阶段。

科左后旗连续几年遭受了干旱、大雪、沙尘暴等严重自然灾害，特别是沙化地区更为严重，使得前一时期扶贫攻坚的成果不仅未能得到巩固，反而雪上加霜，贫困状况进一步加剧，据当地有关部门2001年6月的调查，全旗牧区483个嘎查208251人中人均年收入800元以下的嘎查有292个，占全牧区嘎查的60.4%，贫困人口有83000人，占牧区总人口的39.8%；农区47个村120515人中人均收入625元以下的村有19个，占全农区村的40.4%，贫困人口27640人，占农区总人口的22.9%，因此全旗仍有311个嘎查村110640人处于贫困状态，全旗扶贫开发工作任务长远而艰巨。

在2001年至2012年的十二年里，科左后旗的扶贫工作是根据中央的统一部署而进行的，除了以前抓的工作如三亩田等继续以外，着重抓了以下几件事：

（一）整村推进扶贫。按照国家关于整村推进扶贫的新路径和自治区的千村扶贫开发工程及市里百村扶贫攻坚工程,后旗以311个贫困嘎查村为主战场,以贫困户为扶持对象,改善基本生产条件,提高生活水平和基础设施水平。使贫困村年人均纯收入达到1800元(2004年市值),占有粮800公斤以上;90%的贫困户稳定解决温饱;人均建设三亩基本田,人均养畜10个羊单位;有条件的贫困户在7年内退耕还林还草20亩;户户实现0.5至1亩庭院经济;每个贫困户中有一人掌握1—2门的先进实用生产技术;基本解决人畜饮水问题;所有贫困嘎查村通电、通路、通电话、通广播电视等。

(二)抓主导产业。产业特别是主导产业是带动贫困户的致富之路,也是减贫的长效和长久之路,科左后旗党政领导深刻认识到这一点,一直在探索,从最开始的种植业、养殖业的普遍开花,慢慢地到2007年集中到确定黄牛产业上,把黄牛产业作为该旗的主导产业,走"小规模、大群体"的路子,从资金投入、市场培育、产业服务、贫困户参与等先后出台了一系列政策并全力保障,使得黄牛产业成为扶助贫困户脱贫的主导产业。

(三)移民扩镇。先后在阿古拉、海鲁吐等乡镇实施移民扩镇项目,使得生态恶化嘎查村的贫困人口迁移到生态条件较好的集镇,加快了这些贫困人口的脱贫进度。如2006年实施的海鲁吐镇移民扩镇项目是科左后旗第五期扶贫开发移民扩镇项目,搬迁了该镇敖林嘎查58户272口人、宝斯根嘎查42户163人至该镇以西不足一公里的地方,迁出的两个嘎查地处沙漠与盐碱地带,农牧业基础设施薄弱,生产自救能力差,不能保障农牧业生产,遇上天灾则是雪上加霜,陷入极度贫困。而迁入地则在镇子上,交通方便,是坨沼平缓地带,地下水资源丰富,依托集镇的人口、水、电、医疗、学校等基础条件,使得迁入的贫困户能够快速摆脱贫困状态。

(四)农村劳动力转移培训。这一时期加强了对外出务工特别是贫困人口外出务工人员的培训,提高他们外出在输入地劳动市场上的竞争力，保障其外出就业创收，以帮助家庭摆脱贫困。每年全旗针对贫困人口约培训 2000 人次，重点培训家政服务、餐饮、保安、建筑、加工、制造、计算机等需求量大的行业，以中短期培训为主（15—90 天），通过培训实现就业率达到 80% 以上，一般月收入达到 500 至 1000 元左右（2005 年市值）。[①]

这一时期尽管扶贫工作取得了一定成效，但许多深层次的问题并没有解决，贫困状况得到一定遏制，但返贫的人数一直居高不下，并且在扶持目标和手段的整合上尽管有所明确，但并未完全到位。

四、2013 年至今：精准扶贫视域下的扶贫攻坚

中共十八大以来，以习近平同志为核心的党中央高瞻远瞩，强调"没有农村的小康，特别是没有贫困地区的小康，就没有全面建成小康社会"，清醒地认识到"农村贫困人口脱贫是全面建成小康社会最艰巨的任务"。中国是一个农业大国，如果不能很好地解决农民群体（尤其是贫困地区的农民群体）的贫困问题，其后果将不仅是经济发展不平衡的问题，而且直接影响到国家的稳定发展。为此，习近平总书记提出了精准扶贫的要求，为当前和今后一个时期的农村扶贫脱贫工作指明了方向。

第一，扶贫目标更明确。习近平总书记在 2015 年中央扶贫开发工作会议上指出，新时期脱贫攻坚的目标，就是到 2020 年实现"两个确保"："确保农村贫困人口实现脱贫，确保贫困县全部脱贫摘帽。""十三五"期间脱贫攻坚的目标是：到 2020 年稳定实现"农村贫困人口不愁吃、不愁穿，农村贫困人口义务教育、基本医疗、住房安全有保障"（即"两不愁三保障"），同时"实现贫困地区农民人均可支配收入增长幅度高于全国平均水平、基本公共服务主要领域指

---

① 根据科尔沁左翼后旗扶贫档案资料整理。

标接近全国平均水平"。

第二，扶贫措施更精准。2015 年 6 月，习近平总书记在贵州调研时强调，扶贫开发工作的基本要求是"六个精准"，即扶持对象精准、项目安排精准、资金使用精准、措施到户精准、因村派人（第一书记）精准、脱贫成效精准。围绕"怎么扶"的问题，习近平总书记提出要发展生产脱贫一批、易地搬迁脱贫一批、生态补偿脱贫一批、发展教育脱贫一批、社会保障兜底一批。

第三，扶贫步骤更有序。精准扶贫是为了精准脱贫，因此，建立贫困退出机制，实现有序退出是精准脱贫的重要步骤。习近平总书记指出，在精准脱贫问题上，要设定退出时间表，实现有条不紊地退出，既要防止"拖延病"，又要防止"急躁症"，要在缓冲期内实行"摘帽不摘政策"的保护措施，确保脱贫到人。

第四，扶贫投入力度更大。在资金投入方面，习近平总书记指出："扶贫开发投入力度，要同打赢脱贫攻坚战的要求相匹配。"要从中央和地方的扶贫资金中更多调入，加强监管，实现扶贫资金阳光化管理，对非法行为从严惩处。同时，加强和改善党的领导也是打好扶贫攻坚战的必然要求。

党的十八大以来，我国的扶贫攻坚工作取得了决定性进展。据国家统计局对全国 31 个省（自治区、直辖市）16 万户农村居民家庭的抽样调查，按现行国家农村贫困标准（即"2010 年标准"）测算，全国农村贫困人口从 2012 年末的 9899 万人减少至 2017 年底的 3046 万人，累计减少 6853 万人；贫困发生率从 2012 年的 10.2% 下降至 3.1%，下降了 7.1 个百分点。

"十三五"期间，我国实现农村贫困人口全部脱贫将成为全面建成小康社会的基本标志之一，"让贫困人口和贫困地区同全国一道进入全面小康社会"是我们党的庄严承诺。确保实现到 2020 年我国农村贫困人口"脱真贫、真脱贫"这一目标的切实举措则是精准扶贫、精准脱贫。将扶贫与扶智有机结合，坚持大扶贫格局，为扶贫目标的最终实现共同努力。

科左后旗在这一阶段脱贫攻坚的做法与经验是本书所着重研究的，具体内容详见以后章节。

第四节　科左后旗脱贫攻坚的措施

为了实现脱贫攻坚的目标，科左后旗从党的十八大以来根据当地实际情况因地制宜地采取一系列脱贫攻坚措施，归纳起来如下：

一、谁来整合：加强基层党建，压实帮扶责任

（一）发挥基层党组织的战斗堡垒作用

加强以党支部建设为主的基层组织建设，把基层组织建设与扶贫开发有机结合起来，大力创新民主管理，确保各项扶贫措施切实发挥作用。贫困地区的广大党员干部，特别是镇村干部肩负直接发动群众、组织群众脱贫致富的历史重担，要按照民主、公正、公开、择优的原则，把真正能带领群众脱贫致富的能人选拔到村干部的岗位上。大力开展一对一帮扶、领导干部联系基层群众活动。提高党员干部做好群众工作的能力，密切党群干群关系，尽力为群众办好事、办实事。充分依托群众工作网络，向软弱涣散的嘎查村下派善于抓党建的干部，把经济部门干部下派到经济落后嘎查村，把政法机关干部下派到治安薄弱村，把农牧部门干部下派到特色产业嘎查村，心系贫困农牧民生活冷暖，深入群众，深入基层，听民情，访民意，帮民富，保民安，解民忧，纾民困，解决实际问题。切实发挥好基层党组织领导核心作用和党员干部先锋模范作用。强化对基层党组织运转经费、干

部报酬等保障，着力改善基层干部工作生活条件。

（二）锁定脱贫目标，坚持质量导向，统筹力量向扶贫领域倾斜，全面压实责任

第一，强化组织领导。旗委把脱贫攻坚作为重大政治任务、第一民生工程和头等大事来抓，调整充实旗脱贫攻坚指挥部和领导小组，2014 年以来，召开 42 次旗委常委会会议、27 次政府常务会议、30 次脱贫攻坚领导小组会议、30 次全旗脱贫攻坚推进会议，出台政策和文件 114 个，统筹部署调度，推进任务落实。结合实际编制“十三五”脱贫攻坚规划、脱贫攻坚三年行动计划和巩固提升方案，明确各时期、各行业脱贫攻坚目标任务和工作措施。

第二，强化责任落实。坚持旗镇村三级书记抓扶贫、三级干部齐扶贫，压实各地各部门和各级干部的责任。党政一把手亲自统筹协调、严抓实管，自治区工作总队全面指导，市工作队全力帮扶，旗四机关领导全员出战，旗人大主任负责农村人居环境改善，旗政协主席负责扶贫产业发展，旗委各常委、旗政府各副旗长分兵把口，切实形成了上下联动、齐抓共管、合力攻坚的工作氛围。组建养牛、旅游、电商等 12 个专项扶贫推进组，制定规范 72 条帮扶措施，实施了 24 个行业扶贫行动计划。

第三，强化工作力量。坚持尽锐出战，硬抽人、抽硬人，选派 2147 名干部结对帮扶，选派 1009 名素质好、责任心强的干部驻村开展工作，每个嘎查村至少有 3 名驻村工作队员蹲点帮扶，每个嘎查村都明确一名科级干部任第一责任人。工作队实行 5 天 4 夜工作制，实际上绝大多数扶贫干部奉献了绝大多数的双休日和节假日，与贫困群众同吃同住同学习同劳动，涌现出一批优秀扶贫干部。采取微信课堂、现场观摩、知识竞赛和集中办班等方式，全面加强扶贫干部培训，提高工作能力。先后组织扶贫干部赴河南省兰考县、四川省南部县、赤峰市林西县等地，学习先进经验做法。

第四，强化督查指导。组建 4 个督查组、5 个业务指导组，采取明察暗访等方式，全程跟踪督导，并通过脱贫攻坚督查微信群，随时发布督查信息，通报存在问题，促进工作落实。加快扶贫信息化建设，建立了扶贫大数据管理平台，实时了解干部入村入户和工作情况。实行重点工作日报告、周调度工作制度，及时解决具体问题。

第五，强化党建引领。结合村级"两委"换届，选优配强嘎查村班子，大力整顿软弱涣散党组织，全面推进"五面红旗嘎查村"争创活动。实施了嘎查村集体经济清零行动，全旗 262 个嘎查村全部拥有集体经济收入，其中收入 5 万元及以上的嘎查村 111 个，占嘎查村总数的 42.37%。完善激励保障机制，2015 年和 2017 年先后选拔 30 名优秀嘎查村党组织书记，给予了事业单位人员工资待遇，2019 年底拟再选拔 30 名。

第六，强化监督问责。聚焦扶贫领域资金、项目落实，纪检监督、审计监督、巡察监督、群众监督共同发力，对不作为、乱作为、徇私舞弊的严肃查处，保证各项工作公开公正公平、规范有序运行。2014 年以来，扶贫领域共立案 101 件，结案 95 件，给予党政纪处分 97 人，其中科级 12 人；组织处理 60 人，其中科级 30 人；通报曝光 13 期 44 件 68 人。

第七，强化资金保障。2014 年以来，累计投入财政专项扶贫资金 8.28 亿元，整合资金 5.71 亿元，用于改善贫困嘎查村生产条件和产业发展；共投入风险抵押金 6500 万元，银行放大十倍给贫困户贷款，扩大贷款规模，累计投入贷款 12.67 亿元，实现了有贷款意愿且符合条件的贫困户都得到了贷款扶持。制定《财政专项扶贫资金管理办法》《统筹整合使用财政涉农涉牧资金管理办法》等，规范资金管理。

第八，强化社会扶贫。科左后旗与北京市怀柔区相互对接 74 次，签订帮扶协议 34 份；怀柔区对口帮扶科左后旗共投入京蒙扶贫项目资金 7295 万元、捐资 601 万元，支持科左后旗发展肉牛、光伏等产业。北京交通大学先后选派挂职干部6人和4批16名支教学生到科左后旗常驻开展工作，培训当地农牧民（干部）1341人次，帮助制定了旅游、物流、工业园区等规划，累计投入帮扶资金及物资折合773.6万元，引入项目资金938.73万元，实施各类帮扶项目60个。成立社会扶贫工作促进会、慈善总会，搭建社会扶贫平台，已募集社会各界款物1309万元。15家民营企业与15个贫困村结对，100名非公有制经济人士帮扶400户贫困户。利用社会扶贫网发布贫困户需求信息，与社会爱心人士实现有效对接。

二、谁"进"谁"出"：优化精准识别、精准退出工作流程

全旗先后大规模开展精准识别动态调整3次，并随时关注各家各户的生产生活情况，将因病因灾等出现特殊困难的及时纳入帮扶对象，做到真扶贫、扶真贫。一是严把识别标准。按照"两不愁三保障"标准，逐户核实算账，既算收入账，又算支出账，既看收入多少，又看保障水平。二是全面调查摸底。每次动态调整都组织包联干部和嘎查村"两委"班子成员共同走村入户进行调查核实，特别是对低保户、五保户、残疾户、重大疾病户、危房户等11种人进行逐户逐人调查核实。明确谁核查谁签字谁负责，保证信息真实准确，坚决防止漏评、错评、错退。三是严格履行程序。每次调整都坚持"三个必核"（新识别户反复核对、待脱贫退出户认真核对、群众反映问题户再次核对）、"三个印证"（左邻右舍相互印证、民主评议现场印证、调取信息档案核实印证），按照精准识别、精准退出工作流程和嘎查村"532"工作法，认真开展分析研判、民主评定等工作，做到不少一个环节、不落一道程序，让群众全程参与、全程监督，确保帮扶对象公开、公正，群众认可。围绕"精准识别退出、政策措施落实、项目资金管理、信息数据质量、基础设施和公共服务、干部

作风、抓党建促脱贫攻坚"7 个方面开展"回头看"，组织各地各有关部门逐村逐户逐人排查存在问题、评估扶贫成效，全面开展自查自纠。

三、怎么帮扶：以黄牛为产业主导，多措并举促进扶贫增收

（一）发展优势特色产业

科左后旗是一个典型的农牧结合旗，种植业和草牧业资源禀赋突出，农村牧区的黄牛养殖基础较好，传统优势较为明显。因此，在精准扶贫实践过程中，该旗从农村牧区贫困现状出发，立足黄牛产业发展和贫困人口生产实际，明确了"大力发展黄牛产业，促进农牧民增收致富"的基本思路。首先，制定了一系列政策措施推进黄牛产业全产业链发展，通过做大做强黄牛产业，将农村牧区贫困群体全部吸纳进入产业链，实现脱贫增收。其次，在实施黄牛产业精准扶贫过程中，创新构建了以政府贴息、企业担保、群众联保等方式为主的扶贫资金保障体系，使金融机构扶贫贷款资金发放实现最大化，累计发放养牛贷款 11.5 亿元，其中为建档立卡贫困户发放 3.7 亿元，做到了贫困户养牛贷款全覆盖，每户可获得用于购买基础母牛贷款 3 万—5 万元。再次，根据贫困户参与养殖黄牛的能力，精细划分为能贷能养、能贷不能养、不能贷能养和不能贷不能养四种类型，推行自养、托管和代养为主的养殖模式，实现因户精准施策全覆盖，贫困户养牛头均收益达 0.2 万—0.4 万元。通过建立旗镇村三级服务网络、组建专业技术服务团队和搭建信息交流平台，构建完善的科技服务保障体系，对技术培训和技术推广形成了有力支撑，全旗种养殖技术培训受益农牧民年均 10 万人次。最后，不断加强养牛基础设施建设促进提档升级，帮助贫困户建设棚舍窖池，结合饲草料基地建设实施天然草

原恢复工程，全面禁垦禁牧，形成了"为牧而农，为养而种，草畜平衡"的生态持续改善、黄牛产业同步发展的良好态势。补齐品牌建设、交易平台和龙头企业等产业链短板，"企业+合作社+农户+基地""合作社+贫困户"等产业化经营模式基本形成。2018年全旗黄牛饲养量达81万头，贫困户（含已脱贫户）养牛6.18万头，人均养牛2.2头，养牛成为群众增收致富的主渠道，被列入全国首批养殖大县名录。

（二）精准施策、多措并举，积极拓宽产业增收渠道

一是推广高效节水农业。采取工程治理、"民干公助"等方式，大力实施浅埋滴灌为主的农业高效节水工程建设，促进种植业提质增效。为5462户贫困户实施浅埋滴灌11.7万亩，每亩增收200元左右。二是搞活庭院经济。通过政策扶持、企业带动、技术培训等措施，积极引导贫困户利用庭院种植蔬菜瓜果、发展特色养殖。与北京交通大学、北京中百世贸商城签订了农产品进校园、进超市协议，建立了蔬菜供应基地，解决了蔬菜销售问题。全旗贫困户发展庭院经济8300亩。三是突出绿色发展，搞活生态文化旅游促增收。实施"全域、四季、旅游+"发展战略，着力打造大青沟地质公园、"一带一路"敖包相会主题小镇、乌旦塔拉七彩园林等景区景点，带动贫困农牧民参与旅游产业增收。其中散都苏木车家村开发建设草甘沙漠旅游区，带动33户贫困户117人整体脱贫，被评为内蒙古自治区旅游扶贫示范项目。四是发展光伏产业。总投资2.4亿元，实施海鲁吐镇新艾里嘎查地面集中式光伏扶贫电站项目，惠及建档立卡贫困户1572户，持续20年每户年增收3000元；投资2亿元实施了68个村级光伏扶贫电站项目，6月末并网发电后可再带动4973户每户每年收益3000元。五是推进电商+扶贫。支持可意网、玛拉沁E店、乐村淘等电商企业向基层延伸，带动贫困户网上销售农副产品，全旗现有电子商务服务网点452处。2017年被评为国家级电子商务进农村综

合示范县。巴胡塔苏木农民永胜利用快手卖牛，2018 年收入 600 多万元。六是鼓励自主创业增收。坚持培训一人、就业一人、致富一户、带动一片，开展实用技术培训 6.5 万人次，举办汽车驾驶、家政服务、母婴护理、电气焊、烹调等技能培训班 42 期，培训学员 1884人，建设"扶贫车间"7 个，带动贫困户就业创业。七是密切利益联结。探索建立股份合作、订单帮扶、价格保护、生产托管、流转聘用等企业与贫困户利益联结机制，推广"龙头企业+专业合作社+贫困户""龙头企业+贫困户+基地"等产业化经营模式，吸纳贫困人口融入产业链增收。科尔沁牛业、禾丰米业等 12 家规模以上农牧业产业化企业带动 9015 户农牧民户均增收 3000 元以上。

（三）多举措治理沙地，发展生态产业促进增收

近年来，旗委、政府牢固树立"绿水青山就是金山银山"的理念，紧紧围绕生态文明、构筑北方重要生态安全屏障、打造祖国北疆亮丽风景线的战略任务，把加强生态治理与促进富民增收有机结合，把加强生态建设与推进脱贫攻坚有机结合，加快生态产业发展，认真贯彻落实习近平生态文明思想，牢记习近平总书记"把内蒙古建成我国北方重要生态安全屏障"重要嘱托。按照市委"北保护、中节水、南治沙"和实施"四个千万亩"重大生态工程部署要求，2014年以来，平均每年治理 100 万亩，现已完成治理 688 万亩，实现从"沙进人退"到"绿进沙退"的良性逆转。

科左后旗采取退耕还林、综合治沙造林等 9 种模式进行综合治理，重点项目区苗木成活率达到 95% 以上，重点项目区造林保存率达到 90% 以上。坚持"在高质量发展中推进高水平保护，在高水平保护中促进高质量发展"，推进产业生态化、生态产业化，建设五角枫、榛子等经济林基地 5 万亩，道地药材基地 2 万亩，饲草料基地 5万亩，苗木花卉基地 2 万亩，年可实现经济效益 1.6 亿元。

生态环境的改善，增强了生态旅游软实力，以森林、草原、湖

泊、沙漠、蒙古族风情等地域和民族特色为主的生态文化旅游产业已成为该旗经济发展新的增长点。在实施生态建设工程中，不断探索生态益贫机制，释放生态红利，通过土地流转、苗木培育、务工管护等举措，促进贫困人口在生态建设保护修复中收益，把加强生态保护建设同促进农牧民增收致富结合起来，让群众在生态良好的基础上实现共同富裕。

第二章

以脱贫攻坚统揽经济社会发展全局

消除贫困、改善民生、实现共同富裕，是社会主义的本质要求，是我们党坚持全心全意为人民服务根本宗旨的重要体现。党的十八大以来，以习近平同志为核心的党中央把扶贫开发纳入"五位一体"的总体布局和"四个全面"的战略布局中进行部署，把贫困人口脱贫作为全面建成小康社会的底线任务和标志性指标，这表明，脱贫攻坚的阶段性成果着眼于经济社会发展全局的长远需要，要坚持以脱贫攻坚统揽经济社会发展全局。

以整合性治理理论分析脱贫问题具有高度契合性。首先，确保2020年现行标准下我国农村贫困人口全部脱贫，已经成为当前脱贫攻坚的政治任务和贫困群体的急切诉求。面对深度贫困地区的脱贫治理必须依靠中央政府运用整合性思维统筹指导。其次，为保持脱贫成果的持续性，防止陷入返贫陷阱。从致贫原因的复杂性、多样性以及脱贫治理的困难性来分析，深度贫困地区的脱贫问题已经不是单靠政府或者政府某个部门能够解决，而是需要以政府为主导，通过对社会组织、市场主体和贫困户的协调整合才能根治。最后，当前脱贫治理中存在着在返贫致因、扶贫资源配置和各扶贫主体间的碎片化问题严重困扰着脱贫攻坚的胜利实现，"大扶贫"格局思想的提出也印证了运用整合性治理理论分析脱贫问题的应然性。基于以上分析，深度贫困地区脱贫问题的棘手性、脱贫攻坚的紧迫性和脱贫治理主体的多元性等特点与整合性治理理论的三个假设不谋而合，同时脱贫问题的碎片化倾向也与整合性治理理论的治理目标和治理策略高度契合。因此，运用整合性治理理论破解新时期深度贫困地区的脱贫问题及其碎片化困境具有理论指导性和实践操作性。[①]

第一节 以脱贫攻坚统揽经济社会
发展全局的逻辑基点

治理理论语境下，碎片化强调的是一种治理主体相互独立、治理政策实施散乱、治理目标容易背离初衷的现象。[②] 我国地方政府组织架构的功能化、机械化、封闭性特点，以及农村贫困及其治理的复杂性，都使得脱贫攻坚在实践工作中也同样遭遇到一些"碎片化"的困境。总体来说，扶贫主体的"碎片化"的存在，使得真正意义上的"全社会大扶贫"格局未能形成。协调、整合是整合性治理的核心理念，以脱贫攻坚统揽经济社会发展全局的理念正是塑造"整体政府"、破解"碎片化"治理困境在扶贫领域的有益尝试。

习近平总书记在深度贫困地区脱贫攻坚座谈会上的讲话中指出，深度贫困地区党委和政府要坚持把脱贫攻坚作为"十三五"期间的头等大事和第一民生工程来抓，坚持以脱贫攻坚统揽经济社会发展全局。[③] 习近平总书记的这些重要论述，为国家推进精准扶贫重大工程提供了科学指南。以脱贫攻坚统揽经济社会发展全局的战略论断，其逻辑基点不仅是国家的宏观战略部署，也是基于地区消除贫困、实现全面建成小康社会的必由路径的考虑。

---

① 焦克源、陈晨：《整体性治理视角下深度贫困地区返贫阻断机制构建——基于西北地区六盘山特困区 L 县的调查》，《新疆社会科学》2019 年第 1 期。
② 张必春、许宝君：《整体性治理：基层社会治理的方向和路径——兼析湖北省武汉市武昌区基层治理》，《河南大学学报（社会科学版）》2011 年第 6 期。
③ 习近平：《在深度贫困地区脱贫攻坚座谈会上的讲话》，2017 年 8 月 31 日，见 http://www.xinhuanet.com//politics/2017-08/31/c_1121580205.htm。

一、以脱贫攻坚统揽经济社会发展全局是基于国家宏观的战略部署

整合性治理要求不同层级政府及部门的协调与整合，要进一步加强中央政府的权威，在精准扶贫工作上强化对地方政府的领导力与监管力。整合性治理"立足全局"的治理理念间接强调了中央政府在公共政策得以准确、合理执行方面的战略作用，从而能够保证公共政策在各层级的下达与执行的过程中不失连续和统一。①

（一）必然性：以脱贫攻坚统揽经济社会发展全局是社会主义的本质追求

邓小平明确指出，贫穷不是社会主义，发展太慢也不是社会主义。发展才是硬道理。实现共同富裕是社会主义的本质要求。党的"三个代表""两个先锋队"的性质，全心全意为人民服务的宗旨，为人民谋幸福、为民族谋复兴的初心与使命，决定了脱贫攻坚是坚持和发展中国特色社会主义的根本要求，也是坚持以新发展理念推动区域协调发展、实现平衡发展和充分发展的必然要求。"两个大局"的战略思想是社会主义本质要求的具体体现，是实现共同富裕目标在我国特殊国情条件下的现实路径选择，是邓小平运用辩证唯物主义原理解决区域发展不平衡问题的生动体现。②

以习近平同志为核心的党中央把"全面建成小康社会"纳入"四个全面"战略布局，彰显出强烈的历史使命感和责任感。在中央扶贫开发工作会议上，习近平总书记指出"脱贫攻坚战的冲锋号已

---

① 张必春、许宝君：《整体性治理：基层社会治理的方向和路径——兼析湖北省武汉市武昌区基层治理》，《河南大学学报（社会科学版）》2011 年第 6 期。

② 钟国云、陈欢：《习近平关于新时代脱贫攻坚战略重要论述的多维度探析》，《理论导刊》2018 年第 12 期。

经吹响"，要求"坚决打赢脱贫攻坚战，确保到 2020 年所有贫困地区和贫困人口一道迈入全面小康社会"①。2018 年 2 月到四川凉山州考察时，他指出，"全面建成小康社会，最艰巨繁重的任务在贫困地区，特别是在深度贫困地区，无论这块硬骨头有多硬都必须啃下，无论这场攻坚战有多难打都必须打赢"②。习近平总书记在参加十三届全国人大二次会议甘肃代表团审议时郑重指出，"脱贫攻坚是一场必须打赢打好的硬仗"③。把做好脱贫攻坚工作比喻为打赢且打好一场硬仗，足见脱贫攻坚工作的战略地位。习近平总书记对当前脱贫攻坚工作面临的压力和困难的清醒认识及科学研判，有效地激发了全党众志成城、攻坚克难的昂扬斗志。他多次强调"全面建成小康社会，是中国共产党对中国人民的庄严承诺"，面对这场硬仗，中国共产党毫不畏惧，举全党全社会之力，扎实推进脱贫攻坚工作。中国共产党的初心和使命，就是为中国人民谋幸福，为中华民族谋复兴。习近平总书记提出坚决打赢脱贫攻坚战，就是要确保全面建成小康社会"一个都不能少"，提出精准扶贫的目的在于将发展成果切实惠及真正的贫困群众，以脱贫攻坚统揽经济社会发展全局正是社会主义本质的新时代体现和发展要求。

（二）可能性：以脱贫攻坚统揽经济社会发展全局是优越制度的强力体现

利用体制优势发挥统揽作用才能集中力量办大事。扶贫开发已经不仅是政府的职责，而且是全党的任务，更是需要全社会共同关注和承担的责任。广泛动员社会力量参与扶贫开发是中国特色扶贫开发事

---

① 习近平：《脱贫攻坚战冲锋号已经吹响 全党全国咬定目标苦干实干》，《人民日报（海外版）》2015 年 11 月 29 日。
② 习近平：《二〇一八年春节前夕赴四川看望慰问各族干部群众时的讲话》，《人民日报》2018 年 2 月 14 日。
③ 习近平：《在参加十三届全国人大二次会议甘肃代表团审议时的讲话》，《人民日报》2019 年 3 月 18 日。

业的重要组成部分，集中体现了社会主义制度的优越性和中华民族扶贫济困的传统美德。习近平总书记指出，对于扶贫开发工作，全党全社会要继续共同努力，形成扶贫开发工作强大合力。要坚持精准扶贫，广泛动员社会力量扶危济困。2015 年 6 月，习近平总书记在部分省区市党委主要负责同志座谈会上强调："扶贫开发是全党全社会的共同责任，要动员和凝聚全社会力量广泛参与。要坚持专项扶贫、行业扶贫、社会扶贫等多方力量、多种举措有机结合和互为支撑的'三位一体'大扶贫格局。"[1] 这是我国农村扶贫开发工作取得举世瞩目伟大成就的经验之一，也是我们今后打好脱贫攻坚战必须继续坚持的扶贫工作方针。

习近平总书记主张构建扶贫大格局，强调"坚持中国制度的优势，构建省市县乡村五级书记一起抓扶贫，层层落实责任制的治理格局"的重要性。党的十八大以来，习近平总书记在多个重要场合进行了相关论述，强调"要大力弘扬中华民族扶贫济困的优良传统，凝聚全党全社会力量，形成扶贫开发工作强大合力"，还为我国首个"扶贫日"作出重要批示，指出"扶贫日"的设立对凝心聚力、凝聚共识、共同向贫困宣战具有重要意义。习近平总书记强调，要坚持专项扶贫、行业扶贫、社会扶贫等多方力量、多种举措有机结合和互为支撑的"三位一体"大扶贫格局，为扶贫大格局的构建作出了机制性安排。此外，他还重视扶贫领域的东西部协作问题，强调"东部地区要增强责任意识和大局意识，下更大气力帮助西部地区打赢脱贫攻坚战"[2]。在 2018 年 2 月召开的打好精准脱贫攻坚战座谈会上，习近平总书记对构建全面参与的扶贫大格局有了更为全面的阐述——"构建专项扶贫、行业扶贫、社会扶贫互为补充的大扶贫格局，调动各方面积极性，引领市场、社会协同发力，形成全社会广泛参与脱贫

---

[1] 习近平：《在部分省区市扶贫攻坚与"十三五"时期经济社会发展座谈会上的讲话》，《人民日报》2015 年 6 月 19 日。

[2] 习近平：《在东西部扶贫协作座谈会上的讲话》，《人民日报》2016 年 7 月 22 日。

攻坚格局"①，既抓关键领域又注重广泛发动，为各地将脱贫攻坚推向深入提供了具体的实施策略。② 构建扶贫大格局、发挥东西部协作、以脱贫攻坚统揽经济社会发展全局等思路正是基于我国能够"集中力量办大事"的国情考虑，同时也是社会主义社会的优越制度的强力显示。

（三）现实性：以脱贫攻坚统揽经济社会发展全局是习近平总书记扶贫开发战略思想的现实应用

党的十八大以来，在习近平总书记扶贫开发战略思想的指引下，全党全社会高度动员，上下齐心，脱贫攻坚取得了巨大成就。截至 2018 年的数据，6 年来，我国农村贫困人口从 2012 年底的 9899 万人减少到 2018 年底的 1660 万人，累计减少贫困人口 8239 万人。贫困发生率从 10.2% 下降到 1.7%，减少了将近 9 个百分点。建档立卡贫困村从 12.8 万个减少到 2.6 万个，有 10 万多个贫困村已经脱贫退出。全国 832 个贫困县已经有 153 个宣布摘帽，2018 年预计还有 280 个左右要脱贫退出。2018 年是脱贫攻坚三年行动的开局之年，经过各方的共同努力，2018 年共减少贫困人口 1386 万人，贫困发生率也比 2017 年下降了 1.43 个百分点，连续 6 年超额完成千万以上减贫任务。③

习近平总书记把脱贫攻坚纳入"五位一体"的总体布局和"四个全面"的战略布局进行部署，将其摆在治国理政的重要位置，提出"以脱贫攻坚统揽经济社会发展全局"重要理念，这是对贫困治

---

① 习近平：《提高脱贫质量聚焦深贫地区　扎扎实实把脱贫攻坚战推向前进》，《人民日报》2018 年 2 月 15 日。

② 张光辉：《习近平推进脱贫攻坚的方法论探析》，《广西师范学院学报（哲学社会科学版）》2019 年第 7 期。

③ 欧青平：《在国务院政策例行吹风会上答记者问》，2019 年 2 月 20 日，见 http://www.sohu.com/a/295996120_120054019。

理与经济社会发展关系理论的重大创新。[①] 以脱贫攻坚统揽经济社会发展全局，正是坚持以习近平新时代中国特色社会主义思想为指导，深入学习贯彻习近平总书记关于扶贫工作重要论述和重要指示精神的体现，是中央精神的贯彻落实。

二、以脱贫攻坚统揽经济社会发展全局是科左后旗发展的必由之路

科左后旗贫困发生的历史表明贫困发生原因是制约其经济社会长远发展的重要因素，以整合性的视角和方法，强调政府各机构和层级间的协调整合应对贫困发生问题，才能实现科左后旗地区乃至整个国家的可持续理念基础上的经济社会协同发展[②]。

（一）科左后旗贫困发生历史

2011 年，科左后旗被确定为国家级扶贫开发重点旗、革命老区，全旗有贫困农牧民 3 万户（8 万人），占农村牧区人口的 25%。从该旗贫困发生历史及其历史治理成果来看，科左后旗作为少数民族地区，农村牧区交通不畅、生态环境脆弱、农牧业基础设施薄弱、公共服务设施不足、区域发展不平衡等因素，是其农村牧区经济发展缓慢、贫困面广、贫困程度深的主要成因。下面以农业和林业为例进行说明：

从农业来看，新中国成立前的科左后旗，从"群马踩播"到粗放耕作延续了几百年，农业产量低，向来为缺粮旗。新中国成立后，党和人民政府重视农业水利建设，治理境内河流，筑堤坝、改河道、挖干渠、修水库，变水害为水利，同时打机电井、修畦田，利用低洼易涝盐

---

① 黄承伟、袁泉：《论中国脱贫攻坚的理论与实践创新》，《河海大学学报（哲学社会科学版）》2018 年第 4 期。
② 焦克源、陈晨：《整体性治理视角下深度贫困地区返贫阻断机制构建——基于西北地区六盘山特困区 L 县的调查》，《新疆社会科学》2019 年第 1 期。

碱地开发水稻生产，注重科学，加强管理，粮食和油料产量不断提高。

从林业来看，科左后旗原是"长林丰草之地"，由于历史上的种种原因，森林资源遭到破坏，经过大规模的植树造林和采取保护植被等措施，1988 年有林面积 161 万亩，林木总蓄积量 80 万立方米，森林覆被率为 9.3%。国家"三北"防护林横跨全旗。[①]

（二）贫困发生的原因是制约科左后旗整体经济社会发展的重要因素

全旗贫困调查结果显示，因病、因残、因学、因灾、缺资金、缺劳动力、自身发展动力不足、缺土地、缺技术是农村牧区的主要致贫原因，其中因病、因学、因残占比较大，目前分别为 58.3%、11.8%、8.7%，同时农区、半农半牧区和牧区的贫困人口占比有所不同，农区最低，牧区最高。对于因残和缺劳动能力的贫困对象而言，由于缺乏个人劳动能力，他们很难获得必要的劳动收入，他们的脱贫需求主要在于满足基本生活，这部分人只能通过社保政策兜底脱贫。与此同时，同一类贫困对象在不同的扶贫阶段，其主要扶贫需求也存在差异，这就要求在不同阶段采取不同的扶贫措施，例如，针对技术缺乏型贫困对象的扶贫，首先是要通过技术培训或职业教育提高他们的职业技能，然后再让他们参与到各类产业扶贫当中来。[②]

除了针对个体贫困发生的不同原因，采取不同的扶贫措施，还要注重贫困群众素质能力的提升和思想观念的更新。习近平总书记多次提出"注重扶贫同扶志、扶智相结合"，"治贫先治愚，扶贫先扶智"的观点，认为"贫困地区发展要靠内生动力"，只有培育贫困群众自力更生的意识和观念，解决"素质贫困"，才能提高农村贫困地区的

---

① 科尔沁左翼后旗志编纂委员会主编：《科尔沁左翼后旗志》，内蒙古人民出版社 1993 年版，第 54 页。

② 陈成文、陈建平：《论习近平的精准扶贫理论与井冈山的创造性扶贫实践》，《华中农业大学学报（社会科学版）》2018 年第 4 期。

自我建设发展和可持续发展能力，进而从根本上脱贫。

个体的贫困成因是地区贫困具象化的表现和在个体层面的映射，只有政府各机构和层级间整合资源、协调合作、精准识别、精准施策，解决好个体的贫困问题，才能实现地区经济社会的全局发展。

（三）解决眼前贫困问题是未来全旗实现全面建成小康社会的基础

增强脱贫攻坚成效的持续性，是为了实现把我国建成富强民主文明和谐美丽的社会主义现代化强国的长远目标，而不是仅仅基于眼前的、暂时的、专项的脱贫工作。科左后旗的贫困治理历史和成果证明，贫困发生的原因是制约科左后旗整体经济社会发展的重要因素，只有以脱贫攻坚工作为抓手，解决眼前的、局部的、阶段性的贫困问题，才能实现全旗的经济社会的全局性、持续性、长远的发展，即不是"为脱贫而脱贫"。

"全面建成小康社会目标能不能如期实现，很大程度上要看扶贫攻坚工作做得怎么样"。打赢脱贫攻坚战与全面建成小康社会紧密关联，意味着我们在从"短板"的角度审视经济社会的发展，这不仅是社会主义建设理论的重大创新，也是中国特色社会主义道路、面向共产主义理想的探索。[1]

第二节　以脱贫攻坚统揽经济社会
发展全局的总体思路

整合性治理在脱贫攻坚上的实践尤其强调政府内部的整体性运

---

[1]　黄承伟、袁泉：《论中国脱贫攻坚的理论与实践创新》，《河海大学学报（哲学社会科学版）》2018 年第 4 期。

作，要求全国上下一盘棋，将脱贫攻坚视为全旗所有职能部门的头等大事，消除部门之间的隔阂，加强部门联动，整合政府内部机构和业务，力往一处使。以脱贫攻坚统揽经济社会发展全局的整体思路也要贯彻好协调性、整合性的原则：做好所有部门的功能和组织整合，做好主体维度上的整合；兼顾未来地区发展的长远利益，做好时间维度上的整合；强调党员干部的引领性，形成长效工作机制；突出贫困群众的主体性，以内生动力巩固脱贫成效。

一、把握全局性，把脱贫攻坚重任视为全旗所有职能部门的头等大事

习近平总书记强调，凡是有脱贫攻坚任务的地方党委和政府，都必须倒排工期、落实责任，抓紧施工、强力推进。特别是脱贫攻坚任务重的地区党委和政府要把脱贫攻坚作为"十三五"期间头等大事和第一民生工程来抓，坚持以脱贫攻坚统揽经济社会发展全局。① 建立脱贫攻坚动员体系，需要发挥社会主义制度集中力量办大事的优势，动员各方面力量合力攻坚。

过去三十多年间，中国政府主导的扶贫开发事业之所以能够取得举世瞩目的成就，其基本经验之一在于始终加强党对扶贫开发工作的领导、充分发挥好中国特色社会主义集中力量办大事的制度优越性，汇集全党全社会的力量，集中优势资源全力以赴响应贫困地区的发展需求和贫困人口的脱贫期盼。科左后旗坚持以脱贫攻坚统揽经济社会发展全局，体现在旗委政府把脱贫攻坚作为"头等大事"和"第一民生工程"来抓，将制度优势充分体现，最大限度地聚合各种资源，把分散的项目、资金、人力有效整合向脱贫攻坚聚焦，更好地运用政

---

① 习近平：《脱贫攻坚战冲锋号已经吹响 全党全国咬定目标苦干实干》，《人民日报》2015 年 11 月 27 日。

府、市场和社会三种力量、三种机制，形成强大合力，从而为赢得脱贫攻坚战提供制度上、组织上、资源上的保障。

以脱贫攻坚统揽经济社会发展全局的论断，很大程度上突破了过去专项贫困治理的局限，而且将贫困问题解决和经济社会整体健康发展紧密联系在一起，不仅体现了中国特色社会主义制度优越性，也成为未来扩大国内需求、促进经济增长的重要途径部署和举措，是推动农村全面发展、共享"中国梦"的内在要求。

二、注重长效性，将脱贫攻坚成果与科左后旗未来的可持续发展有机衔接

脱贫攻坚是实现中国发展战略目标的重大战略，是实现社会主义现代化的必然选择，也是实现"两个一百年"奋斗目标的内在要求和必然选择。脱贫攻坚与其他宏观战略的有效衔接体现了可持续发展的需求。

第一，"共同富裕"根本原则是脱贫攻坚的理论源流。共同富裕是中国特色社会主义的本质规定、奋斗目标和根本原则，也是中国特色社会主义理论体系中的重要基石。党的十八大重申，中国必须坚持走共同富裕道路。偏离了"共同富裕"原则的导向，中国特色社会主义理论体系的基础就不复存在。习近平总书记指出："消除贫困、改善民生、实现共同富裕，是社会主义的本质要求。"做好扶贫开发工作，支持困难群众脱贫致富，帮助他们排忧解难，使发展成果更多更公平惠及人民，是我们党坚持全心全意为人民服务根本宗旨的重要体现，也是党和政府的重大职责。脱贫攻坚工作就是要帮助每一个贫困人口都摸索出适合的致富路线，这正是"共同富裕"理论原则的发展和延伸。

第二，"全面建成小康社会"宏伟目标是脱贫攻坚的发展方向。在 2020 年完成"全面建成小康社会"的宏伟目标，是党的十八大根据中国经济社会实际作出的重大决策，将为中华民族的伟大复兴奠定

坚实基础。习近平总书记强调，全面建成小康社会，标志性的指标是农村贫困人口全部脱贫、贫困县全部摘帽。既要解决好眼下问题，更要形成可持续的长效机制。习近平总书记关于脱贫攻坚被定位于补齐全面建成小康社会短板的论断无疑是深刻的，不仅为脱贫攻坚奠定了理论基础，也为其明确了发展方向。如果说"全面小康与中国梦相互激荡，凝聚为全社会的'最大公约数'"，那么，扶贫、脱贫则是全面小康的"最后一公里"。①

第三，乡村振兴深远战略是脱贫攻坚的必然趋势。要把脱贫攻坚同实施乡村振兴战略有机结合起来，推动乡村牧区产业兴旺、生态宜居、乡风文明、治理有效、生活富裕，把广大农牧民的生活家园全面建设好。没有农村的发展稳定繁荣和现代化，就不可能有中国特色社会主义的现代化，也就不可能实现真正意义上的全面小康和民族伟大复兴中国梦。党的十九大要求坚定不移地贯彻以人民为中心的发展思想，实行乡村振兴战略、区域协调发展战略，从而进一步"推进精准扶贫、精准脱贫，促进社会公平正义，不断增强人民获得感、幸福感、安全感"②。让农业成为有奔头的产业，让农民成为有吸引力的职业，让农村成为安居乐业的美丽家园，正是脱贫攻坚伟大工程完成后中国广大农村地区的发展方向。

三、强调引领性，借脱贫攻坚实践锤炼一支能打胜仗的党员干部队伍

习近平总书记指出，要加强党对脱贫攻坚工作的全面领导，建立各负其责、各司其职的责任体系，在实践中发现人才、锤炼队伍，改善干群关系，建立起工作长效机制。从贫困治理的角度来看，中国国

---

① 唐任伍：《习近平精准扶贫思想阐释》，《人民论坛》2015 年第 10 期。
② 钟国云、陈欢：《习近平关于新时代脱贫攻坚战略重要论述的多维度探析》，《理论导刊》2018 年第 12 期。

家贫困治理体系中，政府主导的减贫行动是基本推动力量。"火车跑得快，全靠车头带。"代表国家意志的党员和干部队伍不仅仅是今天脱贫攻坚战役中的引领者，更是明天奔向更为远大目标的带头人。借助脱贫攻坚战役，锤炼一支能打胜仗的党员干部队伍，不仅能够解眼下之急，亦能预谋未来之利。根据习近平总书记的指示，科左后旗的脱贫攻坚思路如下：

第一，把脱贫攻坚实践作为检验干部能力的"大考场"。习近平总书记强调，"要把脱贫攻坚实绩作为选拔任用干部的重要依据，在脱贫攻坚第一线考察识别干部，激励各级干部到脱贫攻坚战场上大显身手。要把贫困地区作为锻炼培养干部的重要基地，对那些长期在贫困地区一线、实绩突出的干部给予表彰并提拔使用"[①]。要把脱贫攻坚"主战场"变成检验干部能力和实绩的"大考场"。一方面，对在脱贫攻坚中担当意识强、措施办法多、工作作风实、脱贫成效好的党员干部，大张旗鼓表彰、不拘一格重用，以正向激励激发正能量；另一方面，对落实脱贫攻坚工作重视不够、工作不力、成效不明显的单位和个人也要严肃追责问责。

第二，把脱贫攻坚实践作为建设干部队伍的"训练营"。首先，要以脱贫攻坚政策理论指导实践。通过系统学习精准扶贫的政策理念和政策体系，提高各级干部的政治站位，深刻理解打赢脱贫攻坚战的重大意义，指导旗内各项工作有序开展。确保在每个时间节点上、在每个岗位上的工作人员，能够理解自身当前工作对于整个旗脱贫攻坚大局的作用与意义，能够在实践中形成工作标准。其次，要在脱贫攻坚实践中促进理论的提升和学习的深化。一方面，要在实践中体认、巩固和深化对脱贫攻坚战略意义、精准扶贫理论方法的认识，特别是施策过程中感受学习到国家精准扶贫政策体系和治理体系安排的科学

---

① 中共中央文献研究室编：《十八大以来重要文献选编》（下），中央文献出版社 2018 年版，第 47 页。

性；另一方面，要以进一步学习的方式解决困惑和疑难，因地制宜开展旗内具体工作，促进工作方法的优化和改善。通过脱贫攻坚实践，不仅贫困群众生产生活条件能有较大改观，贫困地区以及非贫困地区的干部培养和社会治理能力也会获得根本性的提升。

第三，把脱贫攻坚实践作为改善干群关系的"培育场"。要夯实农村基层党组织，改善干群关系。习近平总书记指出："要把夯实农村基层党组织同脱贫攻坚有机结合起来，选好一把手、配强领导班子，特别是要下决心解决软弱涣散基层班子的问题，发挥好村党组织在脱贫攻坚中的战斗堡垒作用。"① 与以往的驻村帮扶和向农村派驻工作队不同，脱贫攻坚时期的驻村帮扶应充分体现精准扶贫的顶层设计，明确责任、严格监管，使驻村帮扶获得稳定的帮扶资源，并与第一书记、党员干部联系贫困户相结合，形成更加完善的制度。在实施精准扶贫中，驻村帮扶有效地完善了基层的贫困治理、扩大了扶贫资源，与贫困群众一起制定更加可行的脱贫发展规划，并保障规划的落实，更切实改善了干群关系。

四、突出主体性，用脱贫攻坚效应固化广大群众脱贫方能致富的信念

贫困治理能否取得好的绩效，很大程度上取决于能否发挥好政府和群众两个方面的积极性，其中贫困社区和贫困农户的有效参与至关重要。如果贫困社区和贫困人口没有自我发展的愿望，等靠要的思想严重，自然难以取得好的成效。把国家脱贫攻坚各项政策和老百姓的发展愿望结合起来，不仅是保证扶贫开发取得实效的根本，也是增进贫困人口对扶贫开发政策认同、夯实党的执政根基的关键。

一方面，要通过"扶志"消除思想上的贫困。脱贫致富贵在立

---

① 《习近平谈治国理政》第二卷，外文出版社 2017 年版，第 91 页。

志。物质贫困往往只困住了人的一时，但精神贫困常常限制住了人的一生。2015 年 11 月，习近平总书记在中央扶贫开发工作会议上指出，"贫困群众是扶贫攻坚的对象，更是脱贫致富的主体"，"穷固然可怕，但靠穷吃穷更可怕"，"没有脱贫志向，再多扶贫资金也只能管一时、不能管长久"，[①] 强调政府在扶贫开发工作上要注重激发贫困群众脱贫致富的内生动力，不能助长"等靠要"思想。对于如何激发贫困群众的内生动力，习近平总书记强调"扶贫必先扶志"。要扶志，必须帮助贫困群众树立追求美好生活的信心，坚定勤劳致富的决心，用贫困群众的内生动力支撑脱贫攻坚的深入推进。

另一方面，通过"扶智"消除能力上的贫困。授人以鱼不如授人以渔，能力上的贫困要通过后天的学习、训练去解决，仅仅通过"扶志"不能完全消除贫困代际传递的问题。习近平总书记同时提出"治贫先治愚"，要治愚，就得扶智，这要求切实保证教育扶贫工作的深度推进，确保贫困地区的适龄儿童接受良好的教育，让贫困群众的下一代不再吃没文化的亏。2012 年 12 月，习近平总书记在河北省阜平县考察扶贫开发工作时指出："把贫困地区孩子培养出来，这才是根本的扶贫之策。"[②] 2017 年 2 月，习近平总书记在主持中共中央政治局第三十九次集体学习时又进一步强调："贫困群众既是脱贫攻坚的对象，更是脱贫致富的主体"，要"引导贫困群众树立主体意识，发扬自力更生精神，激发改变贫困面貌的干劲和决心，靠自己的努力改变命运"。[③] 脱贫攻坚实践中必须强调物质扶贫与精神扶贫相统一，实现输血式扶贫向造血式扶贫转变。要注重扶贫同扶志、扶智相结合，把贫困群众积极性和主动性充分调动起来，引导贫困群众树

---

① 中共中央文献研究室编：《十八大以来重要文献选编》（下），中央文献出版社 2018 年版，第 37—38 页。

② 习近平：《做焦裕禄式的县委书记》，中央文献出版社 2015 年版，第 24 页。

③ 习近平：《更好推进精准扶贫精准脱贫　确保如期实现脱贫攻坚目标》，《人民日报》2017 年 2 月 23 日。

立主体意识，发扬造血式扶贫转变，把扶贫与扶志扶智结合起来，坚定贫困群众勤劳方能致富的信念和决心，激发脱贫内生动力，增强其自我发展的能力。

第三节 以脱贫攻坚统揽经济社会 发展全局的具体做法

在科学地、系统地、具体地认识科左后旗贫困成因的基础上，旗政府统筹了各类资源、协调了各种力量，形成合力，采取了有效的贫困治理措施，系统性地改善了贫困地区的发展面貌。2014 年，科左后旗有建档立卡贫困户 13065 户 34261 人。近年来，科左后旗全面贯彻习近平新时代中国特色社会主义思想，坚持精准扶贫、精准脱贫基本方略，全面落实中央、自治区党委、通辽市委关于扶贫开发的各项决策部署，坚持以脱贫攻坚统揽经济社会发展全局，以小康路上不落一人为目标，全面构建大扶贫格局，牢牢把握精准要义，抓好产业扶贫，强化保障措施，全面推进脱贫攻坚扎实深入开展。

一、主体协同，构建以脱贫攻坚统揽经济社会发展全局的格局体系

构建以脱贫攻坚统揽经济社会发展全局的格局体系必须以"大扶贫"思想为基础，坚持以政府部门为主导，协同引导社会组织、市场主体、贫困户等多元主体共同参与脱贫攻坚。从整合治理的理论视角出发，一是要厘清各主体在脱贫治理中的权责，构建职能明晰、权责清楚、角色精准的协同扶贫体系。二是充分利用社会组织扶贫的优势，给予其更多的资源和政策支持。三是增强市场主体的社会责任

感和公益精神，积极参与到脱贫攻坚的战役中来。运用整合性的思维方式和治理理念，构建政府、社会、市场协同推进的大扶贫格局，形成跨地区、跨部门、跨单位、全社会共同参与的多元主体的社会扶贫体系。

扶贫开发不是政府"单打独斗"，而是要整合一切资源，动员一切社会力量，形成政府主导的精准扶贫大格局，实现上令下行的指臂之效。习近平总书记的精准扶贫大格局思想也充分体现在他所发表的一系列扶贫重要论述中。2015 年 6 月，他在贵州召开部分省区市党委主要负责同志座谈会上强调："要坚持专项扶贫、行业扶贫、社会扶贫等多方力量、多种举措。有机结合和互为支撑的'三位一体'大扶贫格局。"同年 7 月，他在吉林调研时又指出，要"广泛动员社会力量扶危济困"。同年 10 月，他在 2015 减贫与发展高层论坛上再次指出："我们坚持动员全社会参与，发挥中国制度优势，构建了政府、社会、市场协同推进的大扶贫格局，形成了跨地区、跨部门、跨单位、全社会共同参与的多元主体的社会扶贫体系。"① 科左后旗锁定脱贫目标，坚持质量导向，统筹人力、物力、财力向扶贫领域倾斜，全面压实责任，强力推进落实。

根据《中国农村扶贫开发纲要（2011—2020 年)》的要求，科左后旗构建了专项扶贫、行业扶贫、社会扶贫的"三位一体"的扶贫工作格局。专项扶贫主要指国家安排专门投入、各级扶贫部门组织实施，通过既定项目，直接帮助贫困乡村和贫困人口。包括易地扶贫搬迁、以工代赈、产业扶贫、就业促进、扶贫试点等。科左后旗先后印发了《科左后旗就业扶贫三年行动规划和科左后旗 2018 年就业扶贫行动计划》《关于进一步规范扶贫资金托管养牛项目的指导意见》《科左后旗脱贫攻坚项目库建设实施方案》《科左后旗 2018 年金融精

---

① 陈成文、陈建平：《论习近平的精准扶贫理论与井冈山的创造性扶贫实践》，《华中农业大学学报（社会科学版）》2018 年第 4 期。

准扶贫工作实施方案》《2018—2020年科左后旗农牧业产业扶贫规划》等专项扶贫相关文件，组建了养牛、旅游、电商等19个专项扶贫推进组，并采取了以下措施保障专项扶贫工作的推进：结合实际编制"十三五"脱贫攻坚规划、脱贫攻坚三年行动计划和巩固提升方案，明确各时期、各行业脱贫攻坚目标任务和工作措施；坚持旗镇村三级书记抓扶贫、三级干部齐扶贫，压实各地各部门和各级干部的责任；坚持尽锐出战，硬抽人、抽硬人，每个嘎查村至少有3名驻村工作队员蹲点帮扶，每个嘎查村都明确一名科级干部任第一责任人；先后组织扶贫干部赴河南省兰考县、四川省南部县、赤峰市林西县等地，学习先进经验做法；采取明察暗访等方式，全程跟踪督导；建立了扶贫大数据管理平台，实时了解干部入村入户和工作情况；结合村级"两委"换届，选优配强嘎查村班子，大力整顿软弱涣散党组织，全面推进"五面红旗嘎查村"争创活动。

行业扶贫主要指各行业部门履行行业管理职能，支持贫困地区和贫困人口发展的政策和项目，承担着改善贫困地区发展环境、提高贫困人口发展能力的任务。包括明确部门职责、发展特色产业、开展科技扶贫、完善基础设施、发展教育文化事业、改善公共卫生和人口服务管理、完善社会保障制度、重视能源和生态环境建设等。科左后旗先后印发了《科左后旗健康扶贫工程三年行动计划（2018—2020）》《科左后旗2018年农村牧区住房保障工作实施方案》《科左后旗2018年农村牧区安全饮水水质监测工作方案》《科左后旗社会保障兜底工作实施方案》《科左后旗义务教育阶段控辍保学实施办法》等行业扶贫相关文件，制定规范72条帮扶措施，实施了24个行业扶贫行动计划。财政资金投入方面，2014年以来，累计投入财政专项扶贫资金8.28亿元，整合资金5.71亿元，用于改善贫困嘎查村生产条件和产业发展；共投入风险抵押金6500万元，银行放大十倍给贫困户贷款，扩大贷款规模，累计投入贷款12.67亿元，实现了有贷款意愿且符合条件的贫困户都得到了贷款扶持。规范资金管理方面，制定《财政专项扶贫资金管理办法》《统筹整合使用财政涉农涉牧资金管理办法》等。

社会扶贫主要指社会各界参与扶贫开发事业，从不同角度扩大扶贫资源，提高扶贫工作水平。包括加强定点扶贫、推进东西部扶贫协作、发挥军队和武警部门的作用、动员企业和社会各界参与扶贫等。科左后旗先后印发了《科尔沁左翼后旗 2018 年扶贫协作和支援合作工作计划》《京蒙对接科左后旗招商引资优惠政策》《京蒙扶贫协作资金和项目管理实施细则》等社会扶贫相关文件，与北京市怀柔区相互对接 74 次，签订帮扶协议 34 份；怀柔区对口帮扶科左后旗共投入京蒙扶贫项目资金 7295 万元、捐资 601 万元，支持科左后旗发展肉牛、光伏等产业。北京交通大学先后选派挂职干部 6 人和 4 批 16 名支教学生到科左后旗常驻开展工作，培训当地农牧民（干部）1341 人次，帮助制定了旅游、物流、工业园区等规划，累计投入帮扶资金及物资折合 773.6 万元，引入项目资金 938.73 万元，实施各类帮扶项目 60 个。科左后旗成立社会扶贫工作促进会、慈善总会，搭建社会扶贫平台，已募集社会各界款物 1309 万元。15 家民营企业与 15 个贫困村结对，100 名非公有制经济人士帮扶 400 户贫困户。利用社会扶贫网发布贫困户需求信息，与社会爱心人士实现有效对接。

以脱贫攻坚统揽经济社会发展全局的基础就在于，政府、社会、市场等多元主体能够通力合作、共襄盛举，而不是各行其是、事不关己。只有做到"力往一处使"，构建有机结合、互为支撑的"三位一体"大扶贫格局，才能实现地区经济社会全方位、可持续的长效发展。

二、统筹未来，远谋以脱贫攻坚统揽经济社会发展全局的可持续性

整合性治理注重政策的整体设计、统一规划、整合使用和衔接互嵌，不以短视、割裂的眼光看待政策的实施、落地，而是以发展、联

系的观点看待脱贫攻坚战役和我国人民未来生活的关系。实施产业扶贫、生态扶贫的相关政策，采取完善社会保障兜底、加强基础设施建设等措施，都是从可持续性的角度，不仅看重一时之利，更远谋科左后旗经济社会的未来发展全局。

（一）产业扶贫是科左后旗以脱贫攻坚统揽经济社会发展全局的持续性推力

产业扶贫是解决贫困农户生存和发展的根本手段，是脱贫的必由之路。习近平总书记认为要想提高扶贫措施的有效性，必须重视扶贫经济实体的培育，他提出，要"突出产业扶贫，提高组织化程度，培育带动贫困人口脱贫的经济实体"。要把发展产业作为拔掉"穷根"、稳定脱贫的"金钥匙"，坚持资金跟着贫困户走、贫困户跟着产业走、产业跟着市场走，推动有发展意愿的贫困户产业发展全覆盖，不断增强贫困户"造血"功能。《人民日报》、人民网、中国网等媒体多次对科左后旗脱贫攻坚工作进行深入报道。

抓好黄牛主导产业。立足于建设全国黄牛第一旗，推行贫困户贷款饲养基础母牛"四种模式"，实现了有劳动能力的家家有牛养，无劳动能力的户户有分红。创新金融产品，推出"肉牛贷""繁育贷""惠农 e 贷"等贷款政策。扶持"牛经纪人"创办"活牛超市"、通过"快手"卖牛，助力农牧民增收。养牛成为群众增收致富的主渠道，科左后旗被列入全国首批养殖大县名录。黄牛产业扶贫减贫案例入选全国脱贫攻坚典型案例。科左后旗的黄牛产业不仅仅着眼于解决眼前的贫困问题，更发展成为全旗产业支柱，带动了整个地区的经济社会发展。

（二）生态扶贫是科左后旗以脱贫攻坚统揽经济社会发展全局的长远性保障

整合是社会系统使内部各部分联系在一起相互协调一致的能力，

它体现了社会系统自身之间的关系。整合性治理要求从人类社会系统的整体出发，以完善社会管理和改善民生为重点，在治理理念上回归公共性，建立区域可持续发展观念。在脱贫工作中，切忌无视地方发展的长远利益，盲目引进高能耗、高污染的扶贫项目，侵害地区发展的长远利益。

坚持生态产业惠民。认真贯彻落实习近平生态文明思想，牢记习近平总书记"把内蒙古建成我国北方重要生态安全屏障"重要嘱托，按照市委"北保护、中节水、南治沙"和实施"四个千万亩"重大生态工程部署要求，以功成不必在我的胸怀和决心，一张蓝图、一干到底，持续发力，久久为功。2014年以来，科左后旗实现从"沙进人退"到"绿进沙退"的良性逆转。采取退耕还林、综合治沙造林等9种模式进行综合治理，苗木成活率达到95%以上，年节约造林成本2000万元以上，造林保存率达到90%以上。坚持"在高质量发展中推进高水平保护，在高水平保护中促进高质量发展"，推进产业生态化、生态产业化，建设五角枫、榛子等经济林基地5万亩，道地药材基地2万亩，饲草料基地5万亩，苗木花卉基地2万亩，年可实现经济效益1.6亿元。把加强生态保护建设同促进农牧民增收致富结合起来，通过推动土地流转、引导务工就业等方式，让群众在生态良好的基础上实现共同富裕。"生态产业扶贫案例"入选全球优秀减贫案例，受邀在意大利罗马举行的"2019全球减贫伙伴研讨会"上作了交流发言。

科左后旗起始于解决地区土地沙漠化问题的生态扶贫，采取禁牧、因地制宜建设生态林园等措施，改善了居民生态环境保护意识，有效促进了地方小气候的形成，也为地区旅游资源的开发、畜牧业的长远发展打下了基础。尽管生态扶贫可能给地方财政在短时间内带来一定的负担，且需要长时间才能收获效益，但生态扶贫无疑是功在当代利在千秋之举，我们绝对不能只顾及眼前的利益，把金山银山变成穷山恶水。从短期来看，生态扶贫对地方旅游资源开发有所裨益，从长期来看，地方小气候的形成、群众环保观念的改变所带来的积极作用是着眼于人民群众的长远利益和子孙后代的福泽的。科左后旗的生态扶贫工程是遵循可持续发展原则、以脱贫攻坚统揽全局经济社会发展全局的有益体现。

（三）社会保障是科左后旗以脱贫攻坚统揽经济社会发展全局的长效性基础

紧紧围绕"两不愁三保障"，落实教育、医疗、社会保障等各项扶持政策，下足绣花功夫，保证精准落地。

强化教育保障，先后投入 5.3 亿元改善重点农村牧区办学条件，2018 年 10 月通过国家义务教育均衡发展评估验收；全面落实助学金、助学贷款、交通补助等教育扶贫政策；2017 年开始，对贫困家庭读小学、初中、高中和大学的学生每学年分别补助 1800 元、2000 元、2400 元、10000 元；出台未脱贫建档立卡贫困家庭在校学生校车费补助一半等旗级政策，切实减轻贫困家庭负担，坚决不让一个学生因贫失学、一个家庭因学返贫。

强化医疗保障，全面实施健康扶贫"三个一批"行动计划，先诊疗后付费"一站式"结算服务已惠及 12854 人次、核销费用 7743.4 万元；在全区率先为因病卧床、生活不能自理贫困人口提供"家庭病床"服务，累计建床治疗 25893 人次，核销金额 889 万元；为所有建档立卡贫困人口提供签约服务、健康体检；完善管理办法，实行分级诊疗，避免"过度医疗""小病大治"。

强化住房保障，2014 年以来，共投入资金 3.27 亿元，改造危房 16517 户，全面解决贫困户住房安全问题。建设 19 所农村牧区互助养老幸福院，现已入住 72 户 119 人，还可供 127 户临时返乡贫困家庭入住。

强化社会兜底保障，推进最低生活保障和扶贫开发两项政策有效衔接，贫困户中享受低保人员 3343 户 7805 人，占建档立卡贫困人口的 27.1%，占低保总人数的 60.1%；加大社会救助力度，建档立卡贫困户中，4756 人次享受过医疗救助政策，1051 户享受过临时救助待遇。

（四）基础设施建设是科左后旗以脱贫攻坚统揽经济社会发展全局的长远性保证

基础设施建设的意义在于从硬件上补齐制约农村经济社会发展的短板，缩小城乡基础设施建设上的差距，切实提升农民的生活水平和生产水平，为更进一步实现农村地区"产业兴旺、生态宜居、乡风文明、治理有效、生活富裕"的长远目标夯实基础。

2014 年以来，科左后旗投资 28.62 亿元建设公路 5493.53 公里，其中嘎查村、撤并建制村通村水泥路建设 1965.7 公里，畅通率达 100%，彻底解决了群众出行难的问题；投入资金 2.89 亿元，通过集中供水和分散供水相结合的方式，实现安全饮水工程全覆盖，跟踪开展水质检测，全旗 858 个村屯水质、水量、用水方便程度、供水量等全部达标；全面加强基层文化活动阵地建设，建设文化活动室 292 个、文化广场 277 个，村村都有了草原书屋，群众精神文化生活进一步丰富；建设标准化嘎查村卫生室 516 个，实现了群众家门口就医，小病不出村；提升改造便民连锁超市 290 家，实现全旗 262 个行政村全部都有便民超市；实施广播电视和网络信号全覆盖工程，电视信号、手机通信和无线网络覆盖千家万户；投入 4.97 亿元实施农村电网改造工程，建设 66 千伏线路 76.5 公里、10 千伏线路 1420.6 公里、0.4 千伏线路 551.11 公里，解决了一些嘎查村电压低、用电不稳的问题；加强美丽乡村建设，实施绿化行动，共完成乡村绿化 2.5 万亩、道路绿化 6 万亩、种植树木 805 万株，实现了路路有林、村村见绿；大力推进农村人居环境治理工作，是自治区农村牧区人居环境整治试点旗，建设垃圾压缩转运站 4 座、户用生活污水处理设施 681 个，加大畜禽粪污资源化利用，推进厕所革命。通过定期组织党员干部集中清理、雇用贫困户当保洁员、开展"三美一净"评选活动等措施,改善生活环境;实施电子商务进农村,支持可意网、玛拉沁E店、乐村淘等电商企业向基层延伸,带动贫困农牧民网上销售农副产品,农村电子商务服务网点达到452个,实现网上交易额4.45亿元,科左后旗2017年被评为国家级电子商务进农村综合示范县。

三、人才整合,组建以脱贫攻坚统揽经济社会发展全局的干部队伍

中国共产党是一个高度组织化的政党,其政治资源、组织资源和党政资源等比较优势,在实现扶贫资源的有效整合中占据着主导作用。党的基层组织在整合中发挥的重要作用有赖于党员干部队伍中的优秀人才资源的整合。具体而言:首先,脱贫攻坚涉及众多的行动主体,以党的领导作为统揽的力量,有利于形成统一的认识、统一的行动,有利于集中各类资源、聚合各级力量,形成脱贫攻坚的广泛合力。其次,通过"驻村工作队""结对帮扶""干部下乡"等扶贫工作,打破传统各层体制的封闭运转逻辑,促进国家精准扶贫各项政策在嘎查村层面、农户层面有效落实,并将一线的信息,迅速反馈到决策层面,为进一步优化各项政策提供了信息上的整合。再次,脱贫攻坚不仅是检验干部能力和实绩的"大考场",也是干部在实践中历练、学习和成长的"主战场",干部在脱贫攻坚工作中获得的成长又将反过来促进该项工作,乃至未来地区经济社会发展全局相关工作的良性进展。最后,夯实基层组织建设,选优配强嘎查村"两委"班子主要负责人,提高党组织的创造力、凝聚力、战斗力,改善干群关系,增进农户对党和国家政策的认同,巩固党的执政基础。

科左后旗高度重视党员干部队伍建设对脱贫攻坚的引领和促进作用,着力通过党建工作为脱贫攻坚提供强大的政治保障、组织保障,

以抓党建带动群众有效参与，发挥群众优势，建立起一支"能打胜仗"的党员干部队伍，完善工作长效机制。其主要工作包括以下三个方面的内容：

（一）完善党员干部包联制，工作中检验党员干部能力

统筹组织推进。成立旗脱贫攻坚指挥部，下设 19 个专项推进组和 4 个脱贫攻坚专项督查组，全力推进脱贫攻坚工作落实。抽调 262 名年轻干部担任嘎查村"第一书记"，选派工作队员 1009 名、包联干部 2147 名结对开展帮扶工作。全面压实各级责任，形成了人人扛任务、层层抓落实的工作格局。深入开展帮扶干部与贫困户同吃、同住、同学习、同劳动"四同"活动，进一步提高群众的满意度。

压实工作责任。抓好脱贫攻坚这件天大的事，关键要层层压实责任，一级一级拧紧螺丝、上紧发条，做到干部真担责、能尽责。坚持旗、镇、村三级书记抓扶贫、三级干部齐扶贫的工作机制。具体而言，驻村工作队队长（第一书记）对所包联嘎查村的脱贫攻坚工作负直接责任，既抓面上统筹，也抓具体帮扶，一体推进基层党的建设与脱贫攻坚工作：一要保证工作时间，严格执行五天四夜工作制度，坚持驻村期间吃住在村，切实做到真驻村、真到岗、真帮扶。二要聚焦工作重心，驻村工作队要与本单位业务工作脱钩，要将驻村扶贫摆在第一位。三要统筹调度指挥，解决好包联干部包户工作遇到的实际困难，及时向单位主要领导反映存在问题。四要具体落实推进，既安排好包联干部包户工作，也逐户逐人摸底调查、因户因人施策，做到指挥工作队员干、带着包联干部干、会同镇村干部一起干。

夯实基层基础。结合嘎查村"两委"换届，选优配强嘎查村"两委"班子，持续整顿软弱涣散党组织，开展好"五面红旗"活动，建立健全苏木镇、嘎查村便民服务体系，完善嘎查村治理体系，

开展集体经济"清零递增"行动，切实发挥出农村牧区基层党组织战斗堡垒作用。

（二）以多种形式带动学习，实践中提升干部队伍素质

请外援，充分利用帮扶资源学习。2015年，北京交通大学教授学者赴科尔沁左翼后旗开展了为期4天的干部培训工作，百余名科级干部参加培训。2018年7月3日，举办了高铁经济专题培训会，武剑红教授、焦敬娟博士围绕相关课题作了深入系统的讲授。2018年12月至2019年12月期间，北京交通大学分两次共选派4名专家教授到科左后旗举办电商及农产品品牌培训，受训人数达800余人。此外，2019年，共选派5批次18名干部、4批次40名专业技术人才到怀柔区挂职，选派6名干部到怀柔区插班培训、跟班学习、考察交流。通过与北京及高校的对口帮扶工作衔接，利用发达地区资源带动全旗干部深入学习相关课题、拓展知识领域、培养实践经验，提升了脱贫攻坚一线干部队伍的工作能力。

抓培训，狠抓干部帮扶能力提升。首先，旗扶贫办联合旗委组织部采取分级培训、现场观摩和集中培训等方式，仅2018年就对扶贫干部开展集中培训7批、1.1万人次。先后组织扶贫干部赴河南省兰考县、四川省南部县、赤峰市林西县、兴安盟乌兰浩特市等地交流学习。利用电视和各类网络媒体等选树各类扶贫干部典型40余个，充分发挥模范带动作用。其次，印发《科左后旗精准扶贫精准脱贫基本常识汇编》《科左后旗精准扶贫精准脱贫口袋书》等学习材料，要求干部带在身上，随时随地学、反复深入学，努力让扶贫干部做到政策、家底、工作、收入"一口清"，提高做群众工作的能力。再次，坚持逢训必考，2019年内举办了三期脱贫攻坚知识和业务能力测试，实现以考促学、比赛促学，组织开展"联户连心"大走访活动，其间，全旗驻村干部走访群众2万余人次，为贫困群众办好事、实事7000余件，进一步提升了扶贫政策知晓率和群众满意度。除此之外，

对于基层干部，每年至少组织 2 次旗苏木镇驻村工作队员精准扶贫政策理论培训，采取以会代训、列任务清单等形式培训指导苏木镇场干部、工作队、结对帮扶干部和嘎查村"两委"干部，使他们清楚要干什么、怎么干、干到什么程度，确保精准、高效、有序推进，培育懂扶贫、会帮扶、作风硬的扶贫干部队伍。

（三）严格督查落实奖惩，激励中建设长效工作机制

激励关怀，让扶贫干部策马扬鞭、有为有位。加大脱贫攻坚一线干部选拔力度，截至 2019 年底，共提拔和进一步使用扶贫干部 178 人，占总数的 80.54%。2015 年和 2017 年先后选拔 30 名优秀嘎查村党组织书记，给予了事业单位人员工资待遇。嘎查村干部工资待遇与脱贫攻坚成效挂钩。充分发挥示范带动作用，2019 年以来，33 个先进集体和个人受到市级表彰。落实第一书记、驻村工作队工作经费，按月足额发放驻村干部生活补助，为驻村干部提供必要的生活和工作保障。开展"五谈四倾听"活动，随时掌握扶贫干部思想、工作和生活动态，帮助解决实际困难。春节期间实施"暖心行动"，对 151 名驻村干部（含 19 名带病坚守岗位驻村干部）进行走访慰问（发放慰问金 17 万元），关心关怀奋战在脱贫攻坚工作一线的扶贫干部。

联动考核，让考评机制落实到位、发挥实效。督导组切实担负起督促指导责任，旗脱贫攻坚督查考核组要深入所督导的苏木镇场，围绕考核重点任务落实、推进情况开展督查指导工作；实行半年考评加年终考评制度，从严考核苏木镇主体责任和职能部门、驻村工作队及帮扶责任人责任，苏木镇通过责任状、旗直部门通过责任书作出承诺，落实旗委政府关于脱贫攻坚具体要求，年终接受考核，旗委组织部对包联单位驻村干部、第一书记、帮扶负责人进行考核；把扶贫考核与党建述职评议考核、年度绩效考核和领导干部日常考核监督联动起来。

四、志智协同，激发以脱贫攻坚统揽经济社会发展全局的内生动力

以脱贫攻坚统揽经济社会发展全局要求实现主体整合、志智整合。首先，脱贫攻坚实践要求在本质上发挥各个主体的作用，这里的主体主要包括国家党员干部和贫困户自身。其次，非止"扶智"，还需"扶志"，唯有"扶志"方能更好地"扶智"，要将"扶志"和"扶智"协同起来。通过教育、劝导、示范等方式祛除贫困户的贫困文化痼疾，增强其适应新的经济环境的能力，调动贫困群体生产积极性，提升返贫群体的内生动力，阻断贫困文化的代际传递。[①]强化扶贫扶正、志智双扶，引导贫困群众树立"勤劳致富光荣，懒惰致贫可耻"的理念，让贫困群众认识到好日子是干出来的。具体而言，科左后旗的志智整合相关治理措施主要涉及以下几个方面：

一是移风易俗树新风。创新推出移风易俗"3+2+X"工作方法，通过抓好村规民约、红白理事会、"五美一示范"三个载体，利用好嘎查村"移风易俗监督榜"和"嘎查村明星榜"两个榜单，推广特色创新做法，引导贫困农牧民转变思想观念，勤俭持家、勤劳致富。2018年以来，全旗2800余名学生家长签订不办升学宴承诺书，节约开支2亿元以上；为800余位老人举办"集体寿宴"121场次。

二是技能培训促就业。坚持培训一人、就业一人、致富一户、带动一片，年开展实用技术培训6.5万余人次，举办汽车驾驶、家政服务、母婴护理、电气焊、烹调等技能培训班42期，培训学员1884人。通过打造"扶贫车间"，推广"企业+合作社+贫困户"模式，

---

① 张必春、许宝君：《整体性治理：基层社会治理的方向和路径——兼析湖北省武汉市武昌区基层治理》，《河南大学学报（社会科学版）》2011年第6期。

带动技能扶贫。提供就业信息 1 万余条，建立贫困家庭本科以上学生就业"绿色通道"，帮助贫困农牧民务工就业 2010 人。

三是高利贷化解减负担。开展高利贷化解专项行动，一户一户梳理债权关系，一笔一笔对接协商，对违法放贷行为坚决予以打击，全力化解贫困户债务，已化解 4016 户、12926 万元，化解率分别为 78% 和 85.6%，其中以零利率协调化解的占化解总金额的 50%。

四是爱心超市强动力。在全旗建立 133 家"爱心超市"，引导贫困群众通过勤奋创业、参加公益劳动等方式获取积分，凭积分卡到爱心超市免费兑换所需日用品，有效激发了贫困群众进取精神，做到既扶贫又扶志。

第四节　以脱贫攻坚统揽经济社会
发展全局的经验总结

一、体制优势是以脱贫攻坚统揽经济社会发展全局的基础

整合性治理仍然强调政府在整合资源过程中的主导地位，政府担负着脱贫攻坚工作中的主体责任，强调打破现有的模块化的分工模式，在组织结构的设立上必须围绕着脱贫攻坚这一阶段性目标，如成立脱贫攻坚领导小组，给贫困户提供一种整合性的服务，而不是在不同的部门和组织间消耗政治资源。只有发挥中国特色社会主义的制度优势和党的领导的政治优势，才能有信心、有条件"采取超常规举措，拿出过硬办法，举全党全社会之力，坚决打赢脱贫攻坚战"。而只有通过整合资源构建扶贫开发大格局，形成脱贫攻坚的强大合力，

才能实现"全面小康路上一个都不掉队"①。

科左后旗委旗政府在脱贫攻坚战中发挥着主导作用，把脱贫攻坚作为重大政治任务、第一民生工程和头等大事来抓。从组织内部来看，旗内成立脱贫攻坚指挥部和领导小组，党政一把手亲自调度、指导、协调，压实各地各部门和各级干部的责任，抽取各级干部精锐参与到驻村帮扶工作中，选优配强嘎查村班子，检查组则规范监督各项工作、保障扶贫领域资金，上下一心发挥指臂之效。总的来看，科左后旗的社会扶贫，包括党政机关定点扶贫、"单位包村、干部包户"的财政供养单位"双包"制度、企业和居民参与，强化专项扶贫、行业扶贫和社会扶贫三位一体的格局，形成政府、市场、社会互为支撑的机制，无不基于强大的党政动员能力，这是一般发展中国家无法比拟的，应该被概括为中国独特的政治优势。

我国在体制上的权威性是政府发挥统领作用的政治基础和组织基础，"集中力量办大事"的体制优越性能够实现在全社会的范围内有效且快速调动各方面各类型资源，合力解决长远问题，避免组织内部相互消耗，实现政府为主体统筹经济社会发展全局。

二、目标深远是以脱贫攻坚统揽经济社会发展全局的精髓

"碎片化"的治理模式通常忽视能源的使用节制问题和集约化发展路线对环境的负面影响，而以服务为基础的整合性治理则认真考虑民生需要和生态保护问题，将着眼于未来可持续性发展的需要内在为脱贫工作的一部分。脱贫攻坚成果是阶段性的，但产业扶贫、基础设施建设都是着眼于未来的，短视的项目只能造成负面效益，要因地制

---

① 钟国云、陈欢：《习近平关于新时代脱贫攻坚战略重要论述的多维度探析》，《理论导刊》2018 年第 12 期。

宜，科学制定可持续发展战略。科左后旗利用纬度优势打造黄金苞谷带、发展黄牛产业，并结合生态扶贫双管齐下；教育扶贫改善农村办学条件，义务教育阶段保证适龄青少年"有学上""上得起学"，从根源上切断贫困在代际上的传递；完善医疗保障、社会保障以及基础设施建设，与乡村振兴战略有效衔接，和整个地区"奔小康"、实现现代化结合起来，打造消除致贫因素、不返贫乃至致富的长效机制。

发展生产是治本之策。引导和支持所有有劳动能力的人依靠自己的双手开创美好明天，立足当地资源，实现就地脱贫。科左后旗发展黄牛产业，成为"就地转移就业"的脱贫攻坚经典案例，因地制宜、因户制宜精准实现"家家有牛养，户户有分红"。习近平总书记指出，脱贫攻坚是发展社会主义生产力的要求，要通过发展的方式解决贫困问题。扶贫经验证明，特色产业扶贫是解决生存和发展的根本手段，更是精准扶贫的根本途径。如果能够通过对贫困地区特色产业的扶持让越来越多的农村贫困人口稳定脱贫，那么打赢脱贫攻坚战就有了可靠的保障。即，脱贫的核心是增收，增收的条件是就业，就业的前提是产业发展。如果贫困地区没有产业发展和好的致富门路，单靠给钱给物，只输血不造血，只能是权宜之计，是不可持续的。只有推动贫困地区特色产业的发展，激活其内生活力和动力，才是扶贫的治本之策。①

教育脱贫阻断贫困传递。治贫先治愚，扶贫先扶智，国家教育经费要继续向贫困地区倾斜、向基础教育倾斜、向职业教育倾斜，帮助贫困地区改善办学条件，对农村贫困家庭子女特别是留守儿童给予特殊关爱。除重点改善农村牧区办学条件、全面落实各项补助等教育扶贫政策，科左后旗因地制宜出台未脱贫建档立卡贫困家庭在校学生校车费补助一半等旗级政策，真正做到从贫困户的切身利益出发，切实减轻贫困家庭负担，杜绝义务教育阶段适龄儿童失学现象，让贫困群众的下一代不再吃没文化的亏。

---

① 廖富洲：《习近平精准扶贫思想研究》，《学习论坛》2018 年第 8 期。

完善社保保障生存需求。对贫困人口中完全或部分丧失劳动能力的人，由社会保障来兜底，统筹协调农村扶贫标准和农村低保标准，加大其他形式的社会救助力度。要加强医疗保险和医疗救助，新型农村合作医疗和大病保险政策要对贫困人口倾斜。科左后旗在全区率先为因病卧床、生活不能自理贫困人口提供"家庭病床"服务，进一步完善重大疾病救助机制，切实解决了贫困人口就医负担。

三、党员引领是以脱贫攻坚统揽经济社会发展全局的关键

对不同层级政府及部门的协调与整合，要求进一步加强党员干部在脱贫攻坚实践中的引领性作用，要求加强对扶贫干部的思想素质和业务能力培训，逐步增加对基层扶贫干部的绩效激励和福利补贴，同时加大对在脱贫工作中不作为的党员干部的监管力度，充分运用脱贫攻坚的战场锤炼一支能打胜仗的党员干部队伍。习近平指出，要加强贫困村"两委"班子建设，深入推进抓党建促脱贫攻坚工作，选好配强村"两委"班子，培养农村致富带头人，促进乡村本土人才回流，打造一支"不走的扶贫工作队"[1]。党员是党组织的细胞，是党的战斗力的基础，在脱贫攻坚中理应走在先、走在前，成为帮扶到户、精准脱贫的强大牵引，更要借脱贫攻坚实践锤炼一支"能打胜仗"的党员干部队伍，成为统揽经济社会发展全局的坚实力量。

落实领导责任制，发挥表率作用。习近平总书记强调，"要层层签订脱贫攻坚责任书、立下军令状"，"加强督查问责，把导向立起来，让规矩严起来"。[2] 脱贫攻坚既然是一项极其严肃的政治任务，

---

[1] 习近平：《更好推进精准扶贫精准脱贫 确保如期实现脱贫攻坚目标》，《人民日报》2017年2月23日。

[2] 中共中央文献研究室编：《十八大以来重要文献选编》（下），中央文献出版社2018年版，第46—47页。

是全面建成小康社会最艰巨的任务，就必须放在"头等大事"的位置上来，真正落实领导责任，尤其是主要领导的主体责任。要严格落实各级脱贫攻坚领导责任制，层层签订脱贫攻坚责任书，立下军令状，定期报告脱贫攻坚进展情况。

选派人才去基层，做好引领工作。首先，要选优配强基层党支部书记，稳定脱贫攻坚的"主心骨"。农村富不富，关键看支部；支部强不强，要看"领头羊"。其次，要注重选派思想好、作风正、能力强的优秀年轻干部参与驻村帮扶，根据贫困村的实际需求精准选配第一书记、精准选派驻村工作队，切实增强帮扶人员紧迫感责任感，切实增强引领群众自力更生、艰苦奋斗、靠辛勤劳动脱贫致富的能力。再次，要充分发挥农村党员的先锋带头作用，培养基层党员干部后备力量，打造脱贫攻坚"主力军"。最后，对第一书记、驻村工作队和帮扶责任人加强管理，既要明确任务，落实责任，严格考核，充分发挥其帮扶作用，也要对他们加倍关心，帮助他们解决生活、工作中的实际困难和问题，解除其后顾之忧。

用实绩检验人才，完善长效机制。习近平总书记强调，"要把脱贫攻坚实绩作为选拔任用干部的重要依据"，形成"五级书记抓扶贫、全党动员促攻坚"的良好局面。要结合脱贫攻坚实践，不断改进和完善考核评估的机制，使其更好地发挥指挥棒的作用。只有通过较真碰硬的考核，才能促进真抓实干，保证脱贫工作务实，脱贫过程扎实，脱贫结果真实，能够获得群众认可和经得起历史检验。

四、志智双扶是以脱贫攻坚统揽经济社会发展全局的动力

以脱贫攻坚统揽经济社会发展全局要求实现主体整合、志智整合。首先，脱贫攻坚实践要求在本质上发挥各个主体的作用，这里的主体主要包括国家党员干部和贫困户自身。其次，通过教育、劝导、

示范等方式祛除贫困户的贫困文化痼疾，增强其适应新的经济环境的能力，调动贫困群体生产积极性，提升返贫群体的内生动力，阻断贫困文化的代际传递，切实将"扶志"和"扶智"协同起来。习近平总书记多次强调，信心和斗志比什么都重要，搞帮扶不能只送钱给物，最重要的是扶志气、扶思想、扶路子。要按照习近平总书记的要求，引导贫困地区干部群众树立"宁愿苦干、不能苦熬"的思想理念，激发贫困群众自力更生、艰苦奋斗的斗志，靠自己的辛勤劳动改变落后面貌，靠自己双手摆脱贫困。

一要对贫困群众做好耐心细致的思想工作，激发其内生动力。要深入贫困群众家中，真正走进他们内心，准确把握他们的所思所想，找准"志短"病灶，把脉问诊、对症下药，因势利导，帮助他们增强其自强自立、自我发展的意识，增强脱贫的信心。通过思想帮扶，使贫困人口认识到自身优势以及主观能动性的重要性，认识到只要有志气就一定能够走出贫困，让贫困群众认识到脱贫致富的重大意义和致富要靠自己的理念，树立脱贫的信心，在精神上与贫困绝缘。要把扶贫同扶志、扶智相结合，充分调动贫困群众积极性和主动性，激发贫困群众改变贫困面貌的干劲和决心，实现"要我脱贫"向"我要脱贫"的转变。

二要通过宣传教育树立正面典型，形成勤劳致富光荣的氛围。人们只有充分发挥主观能动性，通过实实在在的行动，利用规律和条件，才能改造世界，创造美好的生活。坚持人民群众的主体地位，处理好国家和社会帮扶与贫困地区贫困群众自力更生的关系，注重培育精准扶贫的内生动力。干部群众是脱贫攻坚的重要力量，贫困群众既是脱贫攻坚的对象，更是脱贫致富的主体。要注重扶贫同扶志、扶智相结合，把贫困群众积极性和主动性充分调动起来，引导贫困群众树立主体意识，发扬自力更生精神，激发改变贫困面貌的干劲和决心，靠自己的努力改变命运。

三要大力发展乡村教育，将其作为脱贫攻坚的重要突破口抓紧抓好。习近平总书记强调，"将贫困地区的教育水平提升起来，让贫困人口的受教育水平得到根本提高，才是扶贫工作能够做好的基础"。只有大力发展教育事业，为贫困地区创造更好的接受教育的条件，才能从根本上解决农村贫困问题。

四要通过各种形式的教育和技术技能培训，提高贫困群众的素质和致富能力。要有针对性地为当地扶持对象开展实用技能培训，让他们真正掌握一技之长，靠自己的技术和辛勤劳动脱贫致富，实现"培训一人，脱贫一户"的目标。

习近平总书记强调："贫困地区独特的地理位置和经济发展的具体条件，决定了它的发展变化只能是渐进的过程。根本改变贫困、落后面貌，需要广大人民群众发扬'滴水穿石'般的韧劲和默默奉献的艰苦创业精神，进行长期不懈的努力，才能实现。"①

---

① 习近平：《摆脱贫困》，福建人民出版社 1992 年版，第 10 页。

第三章

以社会整合为基础构建脱贫攻坚政策体系

第一节　社会整合：科左后旗整合性脱贫攻坚政策体系的理论依据

　　我国当前扶贫工作正在逐步由原先以政府一元主体为核心的扶贫向广泛动员市场、社会力量参与的多元主体参与的扶贫转变。但在现实扶贫工作中，各扶贫主体之间尚存在协同不力的问题。这表现为：第一，集体行动的困境和目标一致的困难。由于各个主体处在不同的网络节点且信息不对称，很难形成集体行动的局面。而各个参与主体由于自身的价值观和使命的差异，在应对扶贫的工作中往往会考虑到自身利益，从而加大了目标一致的难度。第二，缺失有效的运行规则。多元主体协同参与网络的特质之一就是高度虚拟性，这种虚拟性导致传统实体环境支撑下的传统运行规则已经不再适应当前的局面。运行规则的缺陷导致多元主体互动活动中缺乏有效约束。第三，协同扶贫的政策法规不完善，当前有关社会组织管理的大部分条例并没有专门的法律依据，只是在各种法规中有所提及，市场参与扶贫也没有具体的实施依据。第四，各方面的扶贫资源不能得到充分的整合使用，浪费现象明显，不利于扶贫效率的提高。解决多元扶贫参与扶贫中存在的这些问题，要充分发挥各方面的力量，就必须建立完善的扶贫整合机制。

一、社会整合的含义

　　在《中国大百科全书》中，对社会整合的解释为，它是指"社会不同的因素、部分结合为一个统一、协调整体的过程及结果。亦称社会一体化，社会整合的可能性在于人们共同利益以及在广义上对人们发挥控制、制约作用的文化、制度、价值观念和各种社会规范"。

社会整合的基本功能是实现社会的规范化和秩序化，其主要目的是为了避免社会结构的各个部分因为缺乏亲和力而发展失控，最终造成整个社会的无序和混乱。

中国学者宁德安提出，社会整合的对应范畴是由于社会分化引起的社会解组和解体。[①] 其本质规定应该包括人、物、过程、结果等几方面的内容。其一，从社会整合的主体方面来说，必须有足够的社会成员参与整合。基于人类解决社会矛盾、处理社会关系、有效促进社会进步的需要，一方面，社会整合必须有执行主体，即在什么人、什么团体的操作、指引下进行社会整合；另一方面，社会整合还必须有足够的社会成员参与。不管出于什么样的目的，社会整合是为了实现社会一体化，即使社会成员的思想统一、行动协调一致，这就需要有足够多的社会成员参与其中，按其角色行动。其二，从社会整合的客体方面来讲，社会整合的对象是社会体系的各种要素或子系统。社会由各领域、各子系统构成。社会的公共领域即经济领域、政治领域和思想文化领域，个人领域即人们的日常生活即民生领域，另外，还有人类与自然之间关系的生态环境领域，与此相对应的是经济子系统、政治子系统、思想文化子系统、民生子系统和生态子系统。其三，社会整合是一个过程。社会整合需要把不同因素、部分结合起来，这就要经过一个动态的过程。从过程方面来说，社会整合是说明如何整合的问题，即实现社会整合所经由的程序，主要包括社会整合目标的确立、社会整合手段的选择、社会整合的实施、社会整合结果的反馈和对整合目标手段的调整等环节。

二、社会整合的基本特征

第一，社会整合的系统性特征。社会整合的系统性就是指其整体

---

① 宁德安：《社会整合初论》，中共中央党校 2013 年博士学位论文。

性，即整合构成社会的不同要素和部分，使社会在整体上保持一体化状态。社会中一个局部的变化往往会牵动整体的各个部分发生变化。社会整合就是维持社会的整体性，以防止因过度分化或其他因素而导致社会解体。促进社会各系统之间及社会其他因素之间的有机统一性，防止破坏社会统一性的因素的产生和蔓延，是社会整合的内在要求。因此，系统性是社会整合的主要特点。

第二，社会整合的协调性特征。由社会整合的系统性特点可知，社会整合既是社会各子系统、各要素之间的协调，也是人与人、人与群体、群体与群体之间的联系互动；既体现为社会发展的各方面、各层级的整合，也体现为人们的思想、行为目标与方向的整合。从一般意义来说，当社会各子系统、各要素发生适度变化时，健康的社会机体具有自我整合功能。但从根本上来讲，社会整合是通过规范制度的、组织的与文化的方式，消除不同利益主体之间的矛盾与冲突，协调个人、群体、民族、国家甚至全人类等利益主体之间的关系，构建一种和谐的利益关系格局，以此形成有利于个人与社会公平、健康、全面发展的合力。

第三，社会整合的制约性特征。作为一个有机整体，社会由各子系统或要素构成。社会整合是协调各组成要素和子系统，使社会呈现一体化状态。社会各子系统和要素要保持协调一致，它们之间就要相互制约。社会整合的制约性指的就是社会机体各子系统和因素之间相互制约、牵制的关系。具体来说，从微观层面讲，社会个体的思想、行为不同，社会整合就要统一个体的价值观念、思想，规范制约个体的行为，使社会个体的价值观念和行为方式符合社会发展的总体目标；从中观层面讲，各利益群体的社会地位、目标任务不同，难免会产生矛盾和纠纷，社会整合就要在保持创造活力的前提下对其进行规定、限制、缓和和消解利益主体的矛盾甚至冲突；从宏观层面讲，社会各子系统、各要素也需要实现功能互补，以便良性运行、协调发展、产生增值效应。从这个意义上来说，社会整合有社会控制的意蕴。而在社会控制、社会整合的手段中，主要有规范的、制度的整合方式和文化的、道德的整合方式。

三、类别视角：机械社会整合和有机社会整合

总体而言，社会整合是参与实践活动的各种力量的"历史合力"而实现的。社会整合的动力建立在人们追求共同利益的基础之上，是通过社会分工引起的社会分化而推动的，社会分工引发的社会分化是社会整合的直接动力。但是，过度的社会分化与分化不足及错位又形成了社会整合的阻力因素。

在一个具体的社会中，社会整合的方式有刚性与柔性之分。刚性整合方式以一种外在的刚性、强制性硬力量对社会发挥着整合作用，整合客体一旦违反整合目标就要受到惩罚，整合主体以此来保证社会秩序的稳定，如政治权力、法律制度、规范契约等；而柔性整合方式是指整合主体对整合客体通过舆论、信仰、教育、伦理道德和社会评价等方面的引导，使整合客体按照整合主体的意愿行事。它以一种内生的柔性、非强制性软力量整合着社会，如经济、道德和文化等。

从人类历史发展方面来讲，按照涂尔干的社会团结理论，社会整合的方式可以被划分为机械整合与有机整合。机械整合通过强烈的集体意识将同质性、相似性个体整合在一起，原始社会或传统农业社会是其典型形式。在这类社会中，由于社会分工不发达，人们的经历、活动和生活方式都十分相同或相近，因而所有社会成员在宗教信仰、价值观念、行为规范、道德评价标准乃至情感反应方式上都具有高度的一致性，形成强大的集体意识，维系着社会秩序及成员间的联系，每个人的个性都被湮没在对集体的遵从之中，如整齐的士兵方队；有机整合则以社会高度分化、社会成员充分分工为前提，建立在社会成员异质性、差别性相互依赖的基础之上，如熙攘集贸市场中的人们，现代工业社会和大都市是其典型形式。在这种社会里，由于高度发达社会

分工的存在，某种专门的职能由专人执行，发挥着不同于他人的独特能力，这使得社会成员只能相互依赖而不能相互取代，彼此之间的内在联系性密切，因而具有极强的相互依赖感和团结感。社会分工使社会从机械整合向有机整合转变，这种转变实质是一个深刻的社会转型过程。

第二节　社会整合理论视角下的扶贫体系建构

一、"碎片化"与扶贫体系的跨主体整合

政府部门、企业、社会组织和贫困户作为扶贫的重要主体，在整合度缺失的环境下面临着自身功能角色的"碎片化"状况。

其一，就政府内部而言，首先，部门之间缺乏有效的沟通与协调。扶贫部门"议事协调"的功能特征决定了其在扶贫具体事项中与其他职能部门的合作必不可少；同样，在区域连片扶贫的过程中，各地方政府、基层政府之间的配合互助同样不可或缺。然而，由于条块分割的行政管理格局和部门利益的存在，加之各职能部门、地方政府间沟通与协调机制的缺乏，扶贫政策难免政出多门，甚至相互冲突，责任推诿、相互扯皮等不良现象也不断显现。以产业开发为例，扶贫办能做的是前期的资金投入，但是产业后期的技术指导、管理咨询等离不开农业、林业、科技等部门的支持，现实是"在很多地方的产业扶贫过程中条块化、碎片化的治理格局使得产业扶贫只注重前期的资金投入、而在后期的经营过程中缺乏扶贫部门与当地农业、林业、科技、民政等部门的有效衔接"①。其次，乡镇基层政府与上级

---

① 李博、左停：《精细社会视角下中国农村精准扶贫的制度选择》，《中国延安干部学院学报》2016 年第 9 期。

政府职能部门之间在扶贫工作上同样面临协调困难的问题。一方面，乡镇政府是精准扶贫工作最直接、最重要的责任主体，在经费来源缺乏的现实约束下，又得疲于应付上级下达各项精准扶贫烦琐工作与任务；另一方面，乡镇政府在精准扶贫工作上又面临着权责不对等的现状，即掌握的财政资源与其承担的事务和责任极不对称，加之与上级职能部门存在不对等的地位关系，这些都限制了乡镇政府在精准扶贫工作上的自主性与灵活性，乡镇政府也很难根据扶贫的现实问题与实际需要与上级职能部门进行有效的沟通与协调。

其二，就社会扶贫主体而言，企业和社会组织等扶贫主体作为重要的社会扶贫力量，在参与扶贫的过程中呈现出鲜明的"个体化"特征。如社会组织"公益化"的行动逻辑与部分企业"趋利化"的行动逻辑无法形成扶贫合力。一方面，在"趋利化"的行动逻辑下，一些企业参与扶贫的目的值得推敲，企图获取政策支持的"利益交换扶贫"、广告宣传式的"商业公关扶贫"以及炒作式的"跟风作秀扶贫"等现象层出不穷；另一方面，社会组织在近些年蓬勃发展，在我国农村扶贫领域已经走出了空心社会、隐形社会的形态，开始逐渐体现出市民社会组织的功能特征。[1] 纵然如此，扶贫亟须社会组织，但也正如一些学者所认为的，"'NGO扶贫'尚处于发展初期，资源匮乏，所从事的扶贫活动大多有名无实，对政府部门依附性强，相应的法制与社会环境欠缺，资源动员能力也十分有限"[2]，加之专业人员的匮乏和志愿行为的少有，支持"NGO扶贫"的文化氛围没有形成，NGO对政府部门扶贫工作的监督作用也得不到发挥。

而在社会整合理论的扶贫治理理念下，消除"扶贫就是政府来扶、扶贫工作就是扶贫部门来做"的局限思维，着力构建各主体的衔接、单主体内部的衔接以及各项政策制度的衔接，才能最终形成综

---

① 许源源、陈书弈：《空心社会、隐形社会、市民社会与行政国家——中国农村扶贫中的国家与社会关系解读》，《中南大学学报（社会科学版）》2011年第3期。

② 郑功成：《中国的贫困问题与NGO扶贫的发展》，《中国软科学》2002年第7期。

合性、整体化的扶贫治理体系。

一是不同层级政府及部门的协调与整合。首先，要进一步加强中央政府的权威，在精准扶贫工作上强化对地方政府的领导力与监管力。整体性治理"立足全局"的治理理念间接强调了中央政府在公共政策得以准确、合理执行方面的战略作用，从而能够保证公共政策在各层级的下达与执行的过程中不失连续和统一。中央政府强大的调控能力和权威的监督行为不仅能有效遏制地方政府的"一己私利"，亦使地方政府在思想和行为上与其保持一致，从而保障精准扶贫的政令通畅，切实提高扶贫政策在地方层面的执行力度。其次，要动态整合省、县、乡（镇）各级政府在精准扶贫工作的功能与作用。当前，旗县、苏木镇政府是精准扶贫最重要的责任主体，最能发现精准扶贫的真实问题与真实需要。但是，县、乡镇政府在精准扶贫中的权责是不对等的。因此，需要进一步下放专项扶贫资金的管理权限，在中央、省级政府做好监督与考核的前提下，增强与扩大县、乡镇两级政府在精准扶贫中的自主权，赋予旗县、苏木镇政府更大的资源使用支配权，根据本地区的实际状况做好资金分配的规划，从而保证扶贫资金能在乡村基层得到有效的整合，以满足各种类型的扶贫项目与各种需求的贫困户的无缝对接。最后，是加强部门之间的合作与协调，进一步强化县、乡（镇）扶贫开发领导小组职能，建立以扶贫办为牵头单位，其他农业、林业、科技、教育等多部门参与的扶贫治理联动机制，实现部门之间的信息互通、资源共享，保障精准扶贫政策的统一性与协调性。

二是对社会扶贫力量的协调与整合。公民权利意识的觉醒、社会组织的发展、社会自组织能力的提升都为协同治理创造了条件。因此，需要有效整合与引导民营企业、公益组织、慈善机构及公民个人等社会力量参与精准扶贫的实际工作，健全扶贫治理的协同合作机制。首先，通过引入社会组织作为中介力量，在政府与村级组织之间扮演评估、监督和服务角色来参与到扶贫工作中。一方面，社会组织要致力于与上级政府的扶贫考核形成优势互补，充分发挥自身的专业性和中立性，防止"人情考核"的现象滋生，避免地方政府在扶贫的整个过程中"自弹自唱"；另一方面，社会组织的评估不能仅局限于政策和项目落实后，其实施前的可行性评估，实施中的跟进评估和基于此的改进建议也要尤其重视，以协助地方政府提升扶贫决策的科学性。其次，政府要大力宣扬和提倡公益组织和慈善机构进驻扶贫工作队伍，积极培育扶贫志愿者，有效整合慈善扶贫资金，壮大社会扶贫群体。再次，一些能产生直接效益的扶贫项目应尽可能地交给民营企业来做，辅之以政府、社会组织的引导和监管，从而有序调动更多的社会资本参与到扶贫开发中来。最后，究竟有没有"真扶贫""扶真贫"，感悟最深的莫过于民众自身，因此要致力于拓宽贫困户对于扶贫工作的反馈渠道，强化民众在扶贫考核中的发言权。

二、"分散化"与扶贫体系的多资源整合

一是精准扶贫资源分配的"分散"，主要是指扶贫资金的运用和扶贫项目的开展趋于离散、无法集中起来施展，从而造成扶贫效率低下。从我国的精准扶贫实践来看，扶贫资金和项目的分散化运作现象较为普遍。以 2014 年审计署对贵州省丹寨县的调研为例，中央对该贫困县专项拨款达 5 亿元，共涉及 260 多个扶贫项目，交付于 40 个政府部门加以管理。其中，单个扶贫项目涉及的资金最多的达到 500 万元，最少的仅有数千元。[①] 2015 年在集中连片特困地区的实地调查中发现，某贫困县的专项扶贫资金分为整村推进资金、发展资金、以工代赈资金等九大块。[②] 可以看出，扶贫资金种类繁多、项目分布和

---

① 姚冬琴：《整合扶贫资金办大事 审计署在扶贫实践中出新招》，《中国经济周刊》2016年第 12 期。

② 杜国明、冯悦、杨园园：《黑龙江省农村贫困地域特征与精准扶贫策略研究》，《农业经济与管理》2016 年第 6 期。

管理零散致使扶贫的资源配置呈现出"撒胡椒面"式的形态。事实上，贫困县或其下辖的乡镇政府一方面有着对专项扶贫资源进行整合的强烈意愿，另一方面又受制于上级主管部门对专项资金运用的检查和对项目成效的考核压力，或是对于整合后相关专项的取消同时带来资金来源的丧失等顾虑，从而倾向于安于现状。

二是精准扶贫偏差执行的"再分散化"。近年来，随着扶贫制度设计的与时俱进，扶贫项目的立项、审批等权限，以及扶贫资金的分配权开始逐步下沉，由贫困县自主调配、自主统筹的扶贫资源配置模式开始在全国推广。然而，扶贫资源配置的"分散化"问题并未由此得到根治。一方面，一些基层政府存在以"灵活运用"之名随意挪用、胡乱使用扶贫资金或长时间滞留扶贫资金的现象；另一方面，自主性权力的增大带来责任的加重和工作难度的相应提升，这对扶贫资金的管理和扶贫项目的规范运行都提出了巨大的挑战，而囿于基层政府自身能力建设的滞后和相应监管力度的缺失，致使一些扶贫资源并未用在"刀刃上"，最终造成扶贫资源配置的"再分散化"问题。譬如，地方政府的政绩诉求，一些地方政府对集中有限资源对精准扶贫工作示范点的着力打造在带来示范和带动效应的同时，其背后存在着应对绩效考核的政绩诉求。又如，村干部的维稳诉求，葛志军等[1]、万江红等[2]在乡村基层进行田野调查的学者注意到一个类似现象，即在分配扶贫资源的过程中，村民们"争贫""闹访"的事例不在少数，而维稳工作在乡村基层治理内容中地位突出，因此一些村干部倾向于利用扶贫资源息事宁人，把部分扶贫资源分配给经常上访、闹事的非贫困户。再如，村庄内的精英俘获，村庄精英阶层凭借着其相对于普通农户的结构性优势（信息获取能力、资源动员能力、经

---

[1] 葛志军、张淑萍：《西部民族地区休闲农业发展研究——以宁夏为例》，《生态经济》2015年第9期。

[2] 万江红、苏运勋：《精准扶贫基层实践困境及其解释——村民自治的视角》，《贵州社会科学》2016年第8期。

济基础、政治地位等）对下达到乡村基层的扶贫资源进行"过滤"，干扰扶贫资源的合理配置。上述现象都反映出精准扶贫资源在基层执行环节面临着"再分散化"问题，造成扶贫资源偏离其既定目标对象。

扶贫资源配置过程中出现的各种"分散化"现象亟待进行规范与治理，社会整合理论所蕴含的公民需求、信息技术与公共责任等有益养分同样为提升精准扶贫资源配置的精准度与有效度提供了新的思路。

第一，构建扶贫资源配置的需求导向机制。扶贫的过程，实际上也是一个致力于满足贫困户差异化需求的过程。因而在社会整合理论视角下，扶贫工作也必然是以贫困地区和贫困户的需求为导向来进行扶贫的资源的配置。如此来看，扶贫政策要充分了解和考虑到贫困户真正的需求所在，这就意味着贫困户要有相应的渠道和平台去表达他们的诉求。因此，扶贫应从习近平总书记提出的"充分发挥亿万农民主体作用和首创精神"的角度出发，在扶贫过程中，要避免农民在扶贫过程中"集体失语"的现象发生。首先，要让农民有效地参与扶贫工作的各个环节，如标准的设立、贫困户的识别与动态管理、发展产业的选择等；其次，"一户一对策，一人一办法""因户制宜"等以人为本的扶贫理念要付诸扶贫的实践中去，真正落实"六个精准"和"五个一批"，尊重农民在整个扶贫过程中的"主角"地位，激发农民的主人翁意识，处理好基层政府管理与村民自治的动态平衡关系，在相互认同与信任中构建扶贫资源配置的需求导向机制，要致力于满足不同致贫原因所导致的贫困户差异化需求，包括子女教育需求、劳动技能需求、改建房屋需求、规模经营需求等。

第二，建立扶贫资源配置的信息共享机制。当前，现代信息技术的运用在实现扶贫治理的精细化的过程中扮演着尤为重要的角色，理性的数据分析、便捷的信息沟通、开放的信息共享将不断地促使扶贫工作的决策、执行和管理迈向科学化、精准化，进而大大提高扶贫资源的配置效率。因此，政府在扶贫开发中应开拓互联网思维，着力构建精准扶贫的大数据平台，完善网络基础设施建设，建立起"用数据说话、用数据决策、用数据创新"的精准扶贫数据管理机制，以实现贫困识别、帮扶工作的科学化、精准化。通过大数据平台，不仅要实现扶贫系统中自上而下的数据资源共享，更要整合与共享相关职能部门的数据资源，以准确把握贫困人群的需求与意愿，分析贫困地区的资源禀赋及贫困原因的差异性与多样性，测量已有扶贫资源的利用效率，为贫困户建档立卡，实现帮扶对象的识别、管理、考核等环节全流程的信息化与公开化。

三、基于社会整合理论的扶贫体系配套机制

（一）政府组织架构提供组织依据

扶贫开发是一种政府行为，是政府的主要职能之一，也是反贫困成功的关键。我国以政府为主导的扶贫开发具有诸多不可替代的优势。首先，政府主管扶贫项目的审批过程，制定明确的审批程序和方法，保证扶贫项目具有较好的社会经济效益。其次，建立了全国统一的扶贫工作系统，使扶贫政策能够有秩序分环节的实施下去，保障了国家扶贫政策的有效实施，也突出了扶贫在社会公共事务中的重要地位。从1986年6月开始，我国政府成立了国务院贫困地区经济开发领导小组，1993年更名为国务院扶贫开发领导小组，作为扶贫的专职机构。扶贫开发领导小组从中央到地方实行垂直管理，下设扶贫办公室负责日常事务。再次，政府在扶贫政策实施中应充分发挥倡导、立法执法、带动、组织、示范、宣传、协调、评价及激励等功能，而这些都是一个社会组织所无力承担起来的，只有政府这样一个具有权威性的对全社会具有辐射力的机构才能发挥这样的作用。由于扶贫工作的广泛性，涉及了政府的各个组成部门，如科技部、农业部、水利

部、民政部等，只有政府才能协调好各个方面。最后，解决贫困问题是一项长期而艰巨的任务，必将伴随我国经济社会发展而长期存在，扶贫政策由政府主导，具有可持续性，政府作为这样一个主体，可以避免短期行为，保证扶贫政策的稳定性，产生长期效应。

从贫困治理的角度来看，中国国家贫困治理体系中，政府主导的减贫行动是基本推动力量，各项改革措施、各项政策扶持构成了农村减贫与发展的有力支撑体系。从改革与发展的制度和政策支持来看，农村改革、各项强农惠农政策、扶贫开发政策投入为中国农村贫困治理营造了良好的制度和政策环境。政府组织面对群众工作，是否能够自觉践行中国共产党人"实事求是"的思想路线和从群众中来、到群众中去的工作路线，是否下足了"绣花"功夫，把国家脱贫攻坚各项政策和老百姓的发展愿望结合起来，不仅是保证扶贫开发取得实效的根本，也是增进贫困人口对扶贫开发政策认同、夯实党的执政根基的关键。

（二）国家扶贫体系提供政策依据

改革开放后，经过前四个阶段扶贫工作的有力推进，我国农村的扶贫事业取得了巨大成就，农村的绝对贫困人口大幅减少，农民的收入水平稳步提高，贫困地区的基础设施得到明显改善，社会保障不断进步。[①] 但是，由于扶贫开发是长期的历史任务，加之我国仍处于社会主义初级阶段，总体经济社会发展水平不高，地区发展不平衡问题突出，农民的返贫现象时有发生。与此同时，随着我国社会发展的不断深化，经济发展方式也在加快转变，综合国力明显增强，社会保障体系逐步健全。因此，我国的扶贫开发已从以解决温饱阶段转入巩固温饱成果、深化社会发展的新阶段。

为进一步加快贫困地区脱贫，促进社会共同富裕，2011 年底，

---

① 张静：《我国行政决策体制存在的问题及对策探析》，《经营管理者》2013 年第 7 期。

中共中央发布了《中国农村扶贫开发纲要（2011—2020年)》，就未来10年的扶贫开发工作作出全面的统筹部署，以便坚决打好新一轮的扶贫攻坚战。我国新时期的扶贫开发工作将进一步强化专项扶贫、行业扶贫、社会扶贫"三位一体"的工作大格局。应该说，扶贫纲要的颁布为地方扶贫体系的建设提供了政策基础。

我国2011—2020年扶贫开发的总体要求是：高举中国特色社会主义伟大旗帜，以邓小平理论和"三个代表"重要思想为指导，深入贯彻落实科学发展观；坚持开发式扶贫方针，实行扶贫开发和农村最低生活保障制度的有效衔接；坚持"政府主导、分级负责，突出重点、分类指导，部门协作、合力推进，自力更生、艰苦奋斗，社会帮扶、共同致富，统筹兼顾、科学发展，改革创新、扩大开放"七大原则。此纲要总的奋斗目标是：到2020年实现扶贫对象不愁吃、不愁穿，保障其义务教育、基本医疗和住房。贫困地区农民人均纯收入增长幅度高于全国平均水平，基本公共服务主要领域指标接近全国平均水平，扭转发展差距扩大趋势。根据这个奋斗目标，这10年扶贫攻坚的主要任务为：一是改善生产生活条件，二是建立健全教育制度、医疗卫生服务网、公共文化服务体系、完善社会保障制度，三是有效控制贫困人口增长、保护生态环境。

（三）科学反思贫困提供认识依据

科学认识是有效行动的先导，形成关于中国贫困问题的成因的科学认识，是制定有效减贫政策，合理安排贫困治理结构，从而确保打赢脱贫攻坚战的基础。总体而言，准确理解中国农村贫困问题的实质，不仅要掌握贫困问题研究的一般理论工具和研究方法，还需要结合中国农村改革与发展，在历史性、现实性、趋势性的历史思维框架下厘清中国农村贫困问题的复杂成因。我们认为，中国农村贫困问题受到多重因素共同影响，既体现了中国农村改革与发展的一般性问题，又具有自身的特殊性。从致贫因素来看，农村贫困地区的减贫与发展面临着基础设施支撑不足，公共服务水平不高，产业基础薄弱，基层组织战斗堡垒作用弱化等多重短板因素制约。因而，有效的贫困治理必然是在认识到贫困成因具有系统性、综合性的基础上，统筹各类资源，协调各种力量，形成合力，系统性地改善贫困地区的发展面貌。综上所述，以脱贫攻坚统揽经济社会发展全局，源于对中国农村贫困问题本质和对农村贫困治理基本规律的科学认识，是打赢全面建成小康社会背景脱贫攻坚战的基本方法论。

必须清醒地认识到，打赢脱贫攻坚战是中央既定的战略部署，是补齐全面建成小康社会突出短板的关键之举。过去三十多年间，中国政府主导的扶贫开发事业之所以能够取得举世瞩目的成就，其基本经验之一在于始终加强党对扶贫开发工作的领导、充分发挥好中国特色社会主义集中力量办大事的制度优越性，汇集全党全社会的力量，集中优势资源全力以赴响应贫困地区的发展需求和贫困人口的脱贫期盼。县一级是统筹各类资源，推进脱贫攻坚工作有序开展的"一线战场"。县域坚持以脱贫攻坚统揽经济社会发展全局，体现在县一级党委政府把脱贫攻坚作为"头等大事"和"第一民生工程"来抓，将制度优势充分体现，最大限度地聚合各种资源，把分散的项目、资金、人力有效整合向脱贫攻坚聚焦，更好地运用政府、市场和社会三种力量、三种机制，形成强大合力，从而为赢得脱贫攻坚战提供制度上、组织上、资源上的保障。

第三节 体系架构：科左后旗整合性脱贫攻坚政策体系的主要构成

科左后旗以实现"六个精准"（扶贫对象精准、项目安排精准、资金使用精准、措施到户精准、因村派人精准、脱贫成效精准）为依托，以"五个一批"（发展生产脱贫一批、易地扶贫搬迁脱贫一批、生态补偿脱贫一批、发展教育脱贫一批、社会保障兜底一批）为参照，以"四个切实"（切实落实领导责任、切实做到精准扶贫、切实强化社会合力、切实加强基层组织）为保障，以"四个问题"（扶持谁、谁来扶、怎么扶、如何退）为重点，以社会整合理论为理论基础，在加快整合政策、人力、主体等扶贫资源的基础上，分步骤、有重点地制定了一套相对较为完善的脱贫攻坚政策体系。

一、科左后旗脱贫攻坚政策体系之建档立卡类

长期以来，贫困人口底数不清、情况不明，是制约国家减贫干预精细化、精准化程度提升的根本问题。解决好"扶持谁"的问题，找准贫困人口，掌握减贫与发展需求，并在此基础上形成科学合理的扶持方案，是精准扶贫精准脱贫基本方略的要义所在。2014 年，被誉为精准扶贫"一号工程"的"建档立卡"工作在全国范围铺开。按照"建档立卡"的工作要求，县级层面的"精准识别"，需要严格按照国家贫困标准，结合地方贫困实际，形成具体的识别方案。从各地经验来看，贫困识别是否科学、规范，很大程度上决定了老百姓对精准扶贫工作的认可与满意。

2014 年以来科左后旗在整合相关扶贫资源的基础上，按照国家、自治区和通辽市安排部署，严格执行扶贫标准，规范相关程序，严把工作时间节点，规范有序地开展了扶贫对象动态调整和建档立卡"回头看"工作，做到应纳尽纳、应扶尽扶、应退尽退，为全旗精准扶贫精准脱贫奠定了坚实的基础。先后出台了十五项相关政策文件：1. 科左后旗扶贫开发领导小组关于印发《科左后旗扶贫开发建档立卡工作方案》的通知（后扶组发〔2014〕28 号）；2. 中共科左后旗委员会办公室、科左后旗人民政府办公室关于印发《科左后旗扶贫开发建档立卡"回头看"工作方案》的通知（后党办发〔2015〕97

号）；3. 科左后旗扶贫开发领导小组关于印发《科左后旗扶贫开发建档立卡"回头看"工作方案》的通知（后扶组发〔2015〕2号）；4. 科左后旗扶贫开发领导小组办公室关于落实《科左后旗扶贫开发建档立卡"回头看"工作方案》的通知（后扶办发〔2015〕57号）；5. 科左后旗人民政府办公室关于转发《通辽市人民政府办公厅关于进一步核查建档立卡贫困户情况的通知》的紧急通知（后政办字〔2016〕1号）；6. 科左后旗扶贫开发领导小组办公室关于转发自治区扶贫办《关于进一步做好建档立卡"回头看"和审计整改工作的通知》的通知（后扶办发〔2016〕2号）；7. 中共科左后旗委员会办公室印发《关于开展精准扶贫工作"回头看"实施方案》的通知（后党办发〔2017〕41号）；8. 科左后旗扶贫开发领导小组办公室关于印发《科左后旗进一步打牢精准扶贫基础工作方案》的通知（后扶办发〔2017〕40号）；9. 科左后旗扶贫开发领导小组办公室关于开展扶贫对象精准识别精准退出再核查工作的通知（后扶办发〔2017〕56号）；10. 科左后旗扶贫开发领导小组办公室关于做好科左后旗2017年扶贫对象动态管理和信息采集工作的通知（后扶办发〔2017〕91号）；11. 科左后旗扶贫开发领导小组关于印发《科左后旗2017年扶贫对象动态管理工作实施方案》的通知（后扶组发〔2017〕28号）；12. 科左后旗2017年动态管理工作报告（后扶办发〔2017〕118号）；13. 科左后旗扶贫开发领导小组关于进一步做好贫困识别退出不精准问题整改"回头看"工作的意见（后扶组发〔2018〕15号）；14. 科左后旗扶贫开发领导小组关于印发《科左后旗2018年脱贫攻坚"回头看"工作实施方案》的通知（后扶组发〔2018〕21号）；15. 科左后旗扶贫开发领导小组关于印发《科左后旗2018年度扶贫对象动态管理和信息采集工作方案》的通知（后扶组发〔2018〕51号）。

二、科左后旗脱贫攻坚政策体系之产业扶贫类

习近平总书记指出："产业扶贫是最直接、最有效的办法，也是增强贫困地区造血功能、帮助群众就地就业的长远之计。要加强产业扶贫项目规划，引导和推动更多产业项目落户贫困地区。"这一重要论述，深刻阐述了产业扶贫在打赢脱贫攻坚战中的重要作用。产业是脱贫之基、富民之本、致富之源，一个地方要发展，就必须有产业的支撑。产业扶贫是盘大棋，要下好这盘大棋并不容易，必须打好"组合拳"，做到"一子落而满盘活"。近年来，科左后旗认真贯彻习近平总书记扶贫开发重要论述，全面落实自治区党委、通辽市委关于扶贫开发的各项决策部署，围绕实现"两不愁三保障"，落实"六个精准"要求、"五个一批"措施，推动脱贫攻坚深入开展。该旗始终坚持把产业扶贫作为根本性举措来抓，坚持资金跟着贫困户走、贫困户跟着产业走、产业跟着市场走，推动有劳动能力的贫困户产业发展全覆盖，不断增强贫困户"造血"功能。《人民日报》、人民网等多次对科左后旗黄牛产业扶贫工作进行深入报道，黄牛产业扶贫入选全球减贫案例。为确保产业扶贫工作的顺利实施，科左后旗先后出台了相关政策：主要包括：1. 科左后旗人民政府办公室关于印发《科左后旗扶贫攻坚工程"三到村三到户"项目资金管理办法》的通知（后政办发〔2014〕54 号）；2. 科左后旗人民政府办公室关于印发《科左后旗"十三五"产业精准扶贫规划》的通知（后政办字〔2016〕26 号）；3. 科左后旗人民政府办公室关于印发《科左后旗2018 年贫困户浅埋滴灌"民干公助"模式实施方案》的通知（后政办字〔2017〕159 号）；4. 科左后旗扶贫开发领导小组办公室关于印发《关于进一步规范扶贫资金托管养牛项目的指导意见》的通知（后扶办发〔2018〕53 号）；5. 科左后旗人民政府办公室关于印发《2018—2020 年科左后旗农牧业产业扶贫规划》的通知（后政办字

〔2018〕155 号）；6. 科左后旗扶贫开发领导小组关于印发《科左后旗脱贫攻坚项目库建设实施方案》的通知（后扶组发〔2018〕18 号）；7. 科左后旗扶贫开发领导小组办公室关于进一步落实脱贫攻坚项目库建设工作的通知（后扶办发〔2018〕178 号）。

三、科左后旗脱贫攻坚政策体系之保障扶贫类

为了贯彻实施党和国家的保障扶贫大计，科左后旗前后共计出台了近三十项政策文件，主要包括：1. 科左后旗人民政府办公室关于印发《科左后旗健康扶贫工程实施意见》的通知（后政办发〔2016〕83 号）；2. 科左后旗人民政府办公室关于印发《科左后旗健康扶贫工程"三个一批"行动计划工作方案》的通知（后政办字〔2017〕78 号）；3. 科左后旗人民政府办公室关于印发《科左后旗健康扶贫先诊疗后付费"一站式"结算服务工作实施方案》的通知（后政办发〔2017〕79 号）；4. 中共科左后旗委员会办公室、科左后旗人民政府办公室关于印发《科左后旗关于健康和完善健康扶贫"三兜底"保障的实施意见》的通知（后政办发〔2017〕98 号）；5. 科左后旗人民政府办公室关于印发《科左后旗健康扶贫大病救治兜底工作实施方案》等 6 个实施方案、实施细则的通知（后政办字〔2017〕145 号）；6. 科左后旗扶贫开发领导小组关于印发《科左后旗健康扶贫工程三年行动计划（2018—2020)》的通知（后扶组发〔2018〕12 号）；7. 科左后旗卫计委关于印发《科左后旗患病贫困人口分类救治方案》的通知（后卫计发〔2017〕38 号）；8. 科左后旗卫计委关于印发《科左后旗贫困人口慢性病"送医送药"实施方案》的通知（后卫计发〔2017〕65 号）；9. 科左后旗卫计委关于印发《科左后旗卫生计生系统"专家服务基层开展健康扶贫活动"实施方案》的通知（后卫计发〔2018〕235 号）；10. 科左后旗卫计委关于全旗各类卫生院、嘎查村卫生室全部如期达标的通知（后卫计发〔2018〕217

号）；11. 中共科左后旗委员会办公室、科左后旗人民政府办公室关于印发《科左后旗 2018 年农村牧区住房保障工作实施方案》的通知（后党办发〔2018〕59 号）；12. 中共科左后旗委员会办公室、科左后旗人民政府办公室关于印发《科左后旗确保农村牧区住房安全保障工作实施方案》的通知（后党办发〔2018〕69 号）；13. 科左后旗人民政府办公室关于印发《科左后旗 2018 年建档立卡贫困户及"档外建档"户住房保障项目实施方案》的通知（后政办字〔2018〕90号）；14. 科左后旗人民政府办公室关于印发《科左后旗社会救助与扶贫开发政策衔接实施方案》的通知（后政办发〔2016〕57 号）；15. 科左后旗人民政府办公室关于印发《科左后旗关于进一步加强农村牧区最低生活保障制度与扶贫开发政策有效衔接的实施方案》的通知（后政办字〔2018〕23 号）；16. 科左后旗扶贫开发领导小组关于印发《科左后旗社会保障兜底工作实施方案》的通知（后扶组发〔2018〕40 号）；17. 科左后旗扶贫开发领导小组关于印发《科左后旗 2018 年农村牧区安全饮用水水质监测工作方案》的通知（后扶组发〔2018〕38 号）；18. 科左后旗教体局、科左后旗扶贫开发办公室关于印发《科左后旗义务教育阶段控辍保学实施办法》的通知（后教联发〔2018〕386 号）；19. 中共科左后旗委员会办公室、科左后旗人民政府办公室关于印发《科左后旗补贴未脱贫建档立卡贫困家庭学生校车费的实施方案》的通知（后党办发〔2018〕45 号）；20.科左后旗人民政府办公室关于印发《科左后旗光伏扶贫项目收益分配监督管理办法》的通知（后政办字〔2017〕6 号）；21. 科左后旗人民政府办公室关于成立科左后旗光伏扶贫村级电站发电项目推进工作领导小组的通知（后政办发〔2018〕25 号）；22. 科左后旗人民政府办公室关于印发《科左后旗就业扶贫三年行动规划和科左后旗2018 年就业扶贫行动计划》的通知（后政办字〔2018〕26 号）；23.科左后旗人民政府办公室关于印发《科左后旗建档立卡扶贫人口生态护林员选（续）聘实施方案》的通知（后政办字〔2018〕27 号）；

24. 科左后旗社会保险局关于建档立卡贫困户养老保险工作方案；

25. 科左后旗扶贫开发领导小组办公室关于全旗 2018 年建档立卡贫困户参加城乡居民养老保险工作的指导意见（后扶办发〔2018〕153号）；26. 科左后旗扶贫开发领导小组关于印发《科左后旗启动"中国社会扶贫网"上线工作实施方案》的通知（后扶组发〔2018〕30号）；27. 科左后旗扶贫开发领导小组办公室关于印发《京蒙扶贫协作资金和项目管理实施细则》的通知（后扶办发〔2018〕200号）；28. 中共科左后旗委员会办公室、科左后旗人民政府办公室关于印发《京蒙对接科左后旗招商引资优惠政策》的通知（后党办发〔2018〕89号）；29. 科左后旗人民政府办公室关于印发《科尔沁左翼后旗2018 年扶贫协作和支援合作工作计划》的通知（后政办字〔2018〕106号）。

四、科左后旗脱贫攻坚政策体系之产业金融类

产业扶贫是脱贫攻坚的重要举措。金融可以通过制度创新，将金融资源与产业政策、财政政策、扶贫政策等有效对接，在贫困地区产业发展初期至成熟期的各个阶段发挥积极作用。应该看到，用于产业扶贫的金融资本，主要目标是实现相关产业的可持续发展，使扶贫资金真正发挥"造血"功能。可以说，产业扶贫能否达到预期效果，在很大程度上取决于金融能否对产业发展提供实质性助力。

实施产业扶贫一是要发挥好金融在产业扶贫中的资金融通作用，在产业扶贫工作中，金融的最基本作用就是解决贫困地区产业发展的资金短缺问题，筹措生产性投资资金，各级财政部门、银行等金融机构、资本市场等都是产业扶贫的资金来源。[①] 贫困地区产业发展的融

---

① 全承相、贺丽君、全永海：《产业扶贫精准化政策论析》，《湖南财政经济学院学报》2015 年第 31 期。

资重在外源融资，主要包括向地方性政策银行、小额信贷机构、抵押贷款机构、农村合作社等融资，以及在资本市场上进行股权融资、债券融资等。产业发展初期，资金来源和融资方式都较为单一，主要依托政府资金投入，通过设立产业扶贫专项资金撬动社会资金。二是发挥好金融在产业扶贫中的风险管理作用。目前，产业扶贫主要集中于农林种养等抵御风险能力较差的产业，大多还是一种超常规集中式的帮与扶，扶贫机构在风险控制和成本控制上压力较大。应通过恰当的机制设计，建立健全融资风险分担与补偿机制，发挥金融在风险管理方面的作用。比如，创新农业保险保障服务，通过农产品价格指数保险，对农业生产经营者因市场价格大幅波动、农产品价格低于目标价格造成的损失给予经济赔偿，切实发挥保险行业特有的风险管理专长。三是发挥好金融在产业扶贫中的资源整合作用。通过调研发现，产业扶贫能否取得实效，在很大程度上取决于在产业扶贫中能否将信息、资金、技术、土地和劳动力等生产要素更好地整合起来。在贫困地区，金融是促成并激发生产要素聚集的一个重要手段。

为了实现借助金融助力保障产业扶贫工作的顺利实施，科左后旗前后共计出台了十五项政策文件，主要包括：1. 关于印发《科左后旗金融精准扶贫工作三年行动方案（2018—2020 年)》的通知（后金发〔2018〕6 号）；2. 科左后旗人民政府办公室关于印发《科左后旗金融扶贫富民工程实施方案（2013—2017 年)》的通知（后政办发〔2013〕51 号）；3. 关于印发《科左后旗 2018 年金融精准扶贫工作实施方案》的通知（后金发〔2018〕7 号）；4. 科左后旗处置非法集资工作领导小组办公室关于印发《科左后旗防范化解金融风险专项行动方案》的通知（后金办字〔2018〕6 号）；5. 科左后旗人民政府金融工作办公室关于印发《科左后旗扶贫小额贷款风险防控预案》的通知（后金办字〔2018〕9 号）；6. 中共科左后旗委员会办公室、科左后旗人民政府办公室印发《关于综合治理农村牧区高利贷的实施方案》的通知（后党办发〔2017〕83 号）；7. 科左后旗人民政府办公室关于印发《化解建档立卡贫困户高利贷的实施方案》的通知（后政办字〔2018〕74 号）；8. 科左后旗人民政府办公室关于印发《2018 年全旗银行业不良贷款化解方案》的通知（后政办字〔2018〕175 号）。

五、科左后旗脱贫攻坚政策体系之驻村帮扶类

为了实现到 2020 年全面消除贫困的目标，《中共中央、国务院关于打赢脱贫攻坚战的决定》再次提出要"注重选派思想好、作风正、能力强的优秀年轻干部到贫困地区驻村，选聘高校毕业生到贫困村工作。根据贫困村的实际需求，精准选配第一书记，精准选派驻村工作队，提高县以上机关派出干部比例。加大驻村干部考核力度，不稳定脱贫不撤队伍。对在基层一线干出成绩、群众欢迎的驻村干部，要重点培养使用"。国家精准扶贫的各项支持举措，如何有效传递到贫困社区和贫困农户，从而切实保证"两不愁三保障"的目标实现，是精准扶贫取得实效的关键。从既往的扶贫开发实践来看，政策资源传递过程中，出现了一定程度的偏差现象，研究者发现"精英俘获"的现象较为普遍。为了更为有效、精准地传递各类国家政策资源，解决好"谁来扶"的问题至关重要。驻村干部是连接村子与外界的重要纽带，是扶贫工作中的桥头堡。选好驻村干部无疑是扶贫工作中的坚实地基，有着至关重要的作用。

脱贫攻坚工作开展以来，科左后旗着力从抓人员选派、日常管理、教育培训、督查考评、激励关怀等多方面着手，严管厚爱扶贫干部，为打好打赢脱贫攻坚战提供强有力的干部队伍保障。为了保障驻村帮扶工作的顺利实施，科左后旗前后共计出台了十三项政策文件，主要包括：1. 科左后旗扶贫开发领导小组关于印发《科左后旗脱贫攻坚工作队管理办法（试行）》的通知（后扶组发〔2017〕2 号）；2. 科左后旗扶贫开发领导小组关于印发《科左后旗 2017 年扶贫开发

工作成效考核工作方案》的通知（后扶组发〔2017〕36号）；3.科左后旗扶贫开发领导小组关于印发《科左后旗嘎查村第一书记、驻村工作队员、结对帮扶干部、旗直（中区市直）包联单位脱贫攻坚工作年终考核及"四同"活动开展情况考核工作方案》的通知（后扶组发〔2017〕37号）；4.科左后旗脱贫攻坚驻村工作队管理办公室关于印发《2018年全旗脱贫攻坚培训工作实施方案》的通知（后扶管办发〔2018〕4号）；5.科左后旗扶贫开发领导小组关于印发《科左后旗脱贫攻坚驻村工作队、嘎查村第一书记工作经费和驻村干部生活补助管理办法（试行）》的通知（后扶组发〔2018〕10号）；6.中共科左后旗委员会办公室关于印发《科左后旗脱贫攻坚一线干部奖惩暂行办法》的通知（后党办发〔2018〕34号）；7.中共科左后旗委组织部关于印发《科左后旗脱贫攻坚工作队管理办法（修订）》的通知（后组通字〔2018〕37号）；8.关于印发《科左后旗派驻嘎查村党组织第一书记管理办法（试行）》的通知（后组通字〔2018〕39号）；9.中共科左后旗委组织部关于印发《科左后旗脱贫攻坚结对帮扶干部管理办法（试行）》的通知（后组通字〔2018〕40号）；10.科左后旗委组织部关于印发《科左后旗旗直部门（中区市直单位）和包联干部脱贫攻坚工作考核评价办法（试行）》的通知（后组通字〔2018〕41号）。

六、科左后旗脱贫攻坚政策体系之综合管理类

第一，组织领导类。在扶贫过程中，党员干部要强化组织领导，做到责任精准。一是夯实工作队伍，成立精准扶贫工作组，严格执行"工作到村、扶贫到户、责任到人"和"月走访、季登记、年汇总"的工作机制，督促各级帮扶干部与贫困户"结对认亲"，实现每个贫困村都有驻村工作队，每个贫困户都有帮扶责任人；二是健全机制保障，结合扶贫工作实际，制定了制度措施，层层落实指标任务，推动

精准扶贫各项工作有序开展；三是加强绩效考核，加大对驻村工作队的考核力度，切实做到扶贫工作周汇报、月总结。不定期开展走访督查，将精准扶贫工作纳入各村（社区）年终考核的重要内容，把扶贫成效与干部绩效考核相结合，进一步唤醒了扶贫干部工作的内在活力。科左后旗出台有关组织领导类的政策文件主要包括：1. 中共科左后旗委员会办公室关于印发《科左后旗旗级领导干部包联苏木镇场（街道）工作责任制度》的通知（后党办发〔2015〕52 号）；2. 中共科左后旗委员会办公室、科左后旗人民政府办公室关于印发《科左后旗构建"大扶贫"工作格局的实施方案》的通知（后党办发〔2018〕22 号）；3. 中共科左后旗委员会办公室、科左后旗人民政府办公室关于印发《科左后旗关于开展"三同"活动月推进脱贫攻坚工作的实施方案》的通知（后党办发〔2017〕78 号）；4. 中共科左后旗委员会办公室、科左后旗人民政府办公室印发《关于科左后旗脱贫攻坚工作问责办法》的通知（后党办发〔2017〕77 号）；5. 中共科左后旗纪律检查委员会印发《科左后旗纪委关于 2018 年至 2020 年开展扶贫领域和作风问题专项治理的实施方案》的通知（后纪发〔2018〕9 号）。

第二，规划计划类。贫困社区和贫困人口的需求具有多样性、多层次性。有效的贫困治理，意味着贫困治理的重心下移，以贫困社区和贫困农户真实的致贫因素组合和资源禀赋为基础，形成分类支持的政策体系，精准回应差异化的需求。县域是脱贫攻坚的"一线战场"，合理且完善的规划计划非常重要。一方面，县一级需要将中央和省级的决策部署，结合地方实际有效贯彻，特别是要坚持因地制宜的方法，形成符合实际需求的政策体系。另一方面，县一级要统筹资源、协调各方，形成脱贫攻坚的合力，确保各项工作有序推进。科左后旗的经验表明，在习近平扶贫开发战略思想指引下，"精准扶贫"的国家减贫治理体系顶层设计具有科学性、有效性，关键是结合县域实际抓落实。并且，在抓落实的过程中既要有全局观，又要坚持重点论，注重脱贫攻坚与县域经济社会发展之间的关联性。科左后旗制定的规划计划类文件包括：1. 中共科左后旗委员会、科左后旗人民政府关于《打赢脱贫攻坚战的实施意见》（后党发〔2016〕32号）；2. 科左后旗发展和改革局、科左后旗扶贫开发领导小组办公室关于上报科左后旗"十三五"脱贫攻坚规划的报告（后发改〔2016〕275号）；3. 科左后旗人民政府关于《科左后旗脱贫攻坚十三五规划》的批复（后政字〔2016〕174号）；4. 中共科左后旗委员会办公室、科左后旗人民政府办公室关于印发《科左后旗2016年扶贫开发行动计划》的通知（后党办发〔2016〕37号）；5. 关于印发《科左后旗2017年扶贫开发工作行动计划》的通知（后党办发〔2017〕19号）；6. 科左后旗扶贫开发领导小组关于印发《科左后旗2018年精准扶贫精准脱贫行动计划》的通知（后扶组发〔2018〕5号）；7. 科左后旗扶贫开发领导小组关于印发《科左后旗精准脱贫攻坚（2018—2020）三年行动计划》的通知（后扶组发〔2018〕7号）。

第三，退出机制类。精准扶贫精准脱贫，不仅要找准政策对象，开对治理贫困的"药方"，有序有效传递政策资源，更要把好"精准脱贫"关卡，让精准扶贫的成效经得起历史和人民的检验，赢得人民的认可。"精准脱贫"意味着通过有效的政策干预，解决好贫困人口"两不愁三保障"的问题，严格按照退出标准、退出程序，和老百姓一起算账，让贫困农户对脱贫"认账"。同时还意味着要提升内生发展动力，推出后续政策支持，让脱贫成效稳定长效，提升贫困村和贫困农户的自我发展能力。科左后旗制定的退出机制类文件包括：1. 中共科左后旗委员会办公室、科左后旗人民政府办公室印发《关于建立贫困退出机制的工作方案》的通知（后党办发〔2016〕93号）；2. 科左后旗扶贫开发领导小组关于印发《进一步做好贫困退出工作的指导意见》的通知（后扶组发〔2018〕14号）；3. 科左后旗扶贫开发领导小组关于印发《科左后旗贫困旗退出工作方案》的通知（后扶组发〔2018〕33号）；4. 科左后旗扶贫开发领导小组关于印发《科左后旗贫困旗退出工作方案》的通知（后扶组发〔2018〕52 号）；5. 科左后旗扶贫开发领导小组关于印发《科左后旗贫困退出后续巩固提升方案》的通知（后扶组发〔2018〕59 号）；6. 中共科左后旗委员会、科左后旗人民政府《关于打赢脱贫攻坚战三年行动实施意见》（后党发〔2018〕71 号）。

第四，推进措施类。打赢脱贫攻坚战是一项复杂的系统工程。科左后旗以习近平总书记关于扶贫工作重要论述为引领，通过学习凝聚共识，形成全面的脱贫攻坚认识体系；通过结合实际逐级落实，形成完善的精准扶贫政策体系；通过做到"六个精准"，实施"五个一批"，形成解决好"四个问题"的科学方法体系。具体而言，扶贫攻坚推进措施包括两个方面的内容：一是按照专项扶贫、行业扶贫、社会扶贫三位一体的"大扶贫"工作格局，统筹各类资源，协调各参与主体的行动，形成脱贫攻坚的合力。二是抓好政策落实，解决好政策落实"最后一公里"问题，保证各项政策举措能够落到实处、取得实效。科左后旗制定的推进措施类政策主要包括：1. 科左后旗扶贫开发领导小组关于印发《科左后旗扶贫措施清单》的通知（后扶组发〔2017〕8 号）；2. 中共科左后旗委员会办公室关于抓党建促脱贫攻坚工作的落实意见（后党办发〔2017〕93 号）；3. 中共科左后旗委员会办公室关于印发《科左后旗妇联推进脱贫攻坚工作实施方案》《共青团科左后旗委员会助力脱贫攻坚实施方案》的通知（后党办发〔2017〕106 号）；4. 科左后旗扶贫开发领导小组关于印发《科左后旗嘎查村基础设施和公共服务设施建设方案》的通知（后扶组发〔2018〕34 号）；5. 中共科左后旗委员会办公室、科左后旗人民政府办公室印发《关于加快发展嘎查村集体经济的意见》的通知（后党办发〔2018〕62 号）；6. 中共科左后旗委员会办公室、科左后旗人民政府办公室印发《科左后旗开展"三美一净"活动实施方案》的通知（后党办发〔2018〕42 号）；7. 中共科左后旗委员会办公室、科左后旗人民政府办公室关于印发《科左后旗农村牧区人居环境整治三年行动实施方案》的通知（后党办发〔2018〕83号）；8.中共科左后旗委员会办公室、科左后旗人民政府办公室印发《关于开展"建美丽乡村·做文明主人"主题实践活动的指导意见》的通知（后党办秘字〔2016〕6号）；9.中共科左后旗委员会宣传部关于印发《科左后旗"文明全覆盖·美在农家"评选活动方案》的通知（后宣发〔2016〕7号）；10.中共科左后旗委员会办公室、科左后旗人民政府办公室关于开展"五美一示范"评选创建活动的通知（后党办发〔2016〕49号）；11.中共科左后旗委宣传部关于进一步推进"五美一示范"评选创建活动助力脱贫攻坚工作的通知（后宣发〔2018〕14号）；12.中共科左后旗委宣传部关于印发《文化扶贫工作方案》的通知（后宣发〔2018〕53号）；13.科左后旗精神文明建设委员会关于开展移风易俗活动助力脱贫攻坚工作的指导意见（后文明委字〔2018〕1号）。

第四节　经验总结：科左后旗整合性脱贫攻坚政策体系的执行成效

　　贫困的成因具有综合性和复杂性的特征。有效的贫困治理，意味着避免资源错配，增进国家减贫政策供给对于贫困社区和贫困农户差异化需求的回应能力。在习近平总书记扶贫开发战略思想指导下，新一轮国家贫困治理体系在顶层设计层面破解了长期制约国家减贫行动中的"资源错配"问题。一方面，加强中央层面的统筹协调，按照"五个一批"的工作思路，各行业扶贫部门陆续推出了一系列重大政策举措，从基础设施、公共服务、基层组织、产业体系等方面，形成全方位的综合性政策支持体系。另一方面，赋予县一级结合县域减贫与发展的实际情况，因地制宜安排项目、安排资金的权限。上述体制机制创新的安排，极大地提升了国家贫困治理的精细化程度。按照习近平总书记"把提高脱贫质量放在首位"的要求，我们不断强化基本保障，对症下药、精准滴灌、靶向治疗，不搞大水漫灌、走马观花、大而化之，确保了脱贫的实效和质量。科左后旗在县级"精准扶贫"政策体系制定和落实中积累了相当的工作经验。

一、科左后旗内部整合机制的成效

科左后旗政府内部整合机制建立后所取得的成效主要体现在以下两个方面。

其一，上下级政府间的整合成效。实施精准扶贫，完善基础设施建设，实现精准扶贫，转变资金投入方向，调整扶贫格局，实现国家地方政府之间的有效合作，整合各个组织扶贫资源，融合发展，实现有机统一。科左后旗按照不同的扶贫对象制定不同的扶贫项目，在相应的扶贫目标指导下，实现有效的扶贫操作，实现资金、人员、物资有效整合，跨界融合发展，整合资源，满足农民的脱贫需求。个别项目能够打通扶贫资源，但目前的大规模项目基金难以实现整合，比如水利部门资金不能用于教育投资，无关联的机构之间难以实现打通。怎样更好发挥各环节合作共赢的作用，联通各个部门的资源，统筹管理，需要政府和社会各阶层深入探索。在政府扶贫资源整合的同级、上、下各级之间，实现多方面资源整合。党的十八大以来，中央层面"精准扶贫"的政策体系逐步完善，内容涉及"精准扶贫"的战略意义、目标体系、专业扶贫、行业扶贫、社会扶贫、重点领域、改革措施、工作方法等多方面的内容。省一级根据中央的总体部署，结合省域脱贫攻坚工作特点出台了一揽子政策文件，将中央和省一级的各项政策结合县域实际细化部署、分工协作，是县域"精准扶贫"工作的基本内容。为让贫困户得到更多实惠，科左后旗认真制定各项扶贫政策，构建益贫性扶贫工作机制，出台了产业扶贫、健康扶贫、教育扶贫等行业扶贫规划，梳理出 72 条扶贫政策措施，扶持贫困户增收致富。科左后旗的扶贫开发工作紧跟党中央国务院的"指挥棒"，旗委旗政府把脱贫攻坚作为重大政治任务、第一民生工程和头等大事来抓，总揽全局、协调各方，构建起党政主导、行业协同、社会参与、群众主体"四位一体"的大扶贫格局，形成脱贫攻坚的强大合力。

其二，政府工作作风和工作效率提升明显。包括：第一，组织领导得到强化。成立旗脱贫攻坚指挥部和领导小组，组建 19 个专项扶贫推进组，层层签订脱贫攻坚责任书、立下军令状，制定规范 72 条帮扶措施，实施了 24 个行业扶贫行动计划，建立年度脱贫攻坚报告和督查制度，把脱贫攻坚实绩作为选拔任用干部的重要依据，把夯实农村牧区基层党组织同脱贫攻坚有机结合起来，为脱贫攻坚提供坚强政治保障。第二，工作责任更加明确。坚持三级书记抓扶贫、三级干部齐扶贫，明确各级党员干部脱贫攻坚职责，构建科学有力的责任体系，形成了上下联动、齐抓共管、合力攻坚的工作氛围。自治区工作总队全面指导，市包联领导和工作队全力帮扶，北京市怀柔区对口帮扶，北京交通大学定点帮扶。旗党政一把手既统筹协调，也冲锋陷阵，把脱贫职责扛在肩上，把脱贫任务抓在手上。旗四机关领导全员出战、分兵把口。驻村工作队实行 5 天 4 夜工作制，实际上，绝大多数扶贫干部奉献了绝大多数的双休日和节假日，与贫困群众同吃同住同学习同劳动，用顽强的工作作风和拼劲，倾注自己的心血、精力和情感，满腔热情做好脱贫攻坚工作，坚决把脱贫攻坚战进行到底。落实"三个一"调度制度、日报告周调度工作制度、包联调度制度、台账清单管理制度、日常管理和监督考评制度，组建 4 个督查组、5 个业务指导组强化督查指导，发挥纪委监委监督执纪职能进行严格有效监督，切实保障责任到人、责任到位。第三，工作作风发生转变。科左后旗扶贫干部一直保持顽强的工作作风和拼劲狠劲，撸起袖子、沉下身子，深入实际、深入群众，真正做到走村入户掌握群众所想所需所盼，与群众促膝而谈，倾听最真实的心声，全面摸清村情民情，找准症结、找准短板，切实解决好群众的实际问题，确保了脱贫工作作风务实、过程扎实、结果真实。全旗涌现出一批爱岗敬业、深耕基层、无私奉献、深受群众拥戴的"扶贫干部"。如敢教套海换新天的李永明、"警察村官"额尔敦图、驻进村民心中的女书记乌云塔娜等，他们呕心沥血为扶贫、苦口婆心做工作、任劳任怨作贡献、舍弃小家顾大家，在脱贫攻坚第一线谱写了一篇篇可歌可泣的感人乐章。

二、科左后旗整合市场力量的成效

市场和产业化的力量因其"高效率、高精确度、高度灵活"等优势为科左后旗改善贫困局面作出了突出贡献。把发展产业作为拔掉"穷根"、稳定脱贫的"金钥匙"，坚持资金跟着贫困户走、贫困户跟着产业走、产业跟着市场走，推动有发展意愿的贫困户产业发展全覆盖，不断增强贫困户"造血"功能。《人民日报》、人民网、中国网等媒体多次对科左后旗脱贫攻坚工作进行深入报道，黄牛产业扶贫和生态扶贫减贫案例入选全球减贫案例。

其一，坚持抓好黄牛主导产业。科左后旗立足于建设全国黄牛第一旗，推行贫困户贷款饲养基础母牛"四种模式"，对能贷能养的贫困户，即对符合征信条件，能养牛、会养牛的贫困户全部给予贷款支持，帮助建棚舍、建窖池，鼓励群众自繁自育自养，形成"小规模大群体"；对能贷不能养的贫困户，利用贷款购牛，通过合作社合养、大户托养、亲友代养等方式养牛；对不能贷能养的贫困户，通过协调企业、合作社、养殖大户和包联干部实行反担保贷款买牛，或使用项目资金统一购买"扶贫牛"；对既不能贷又不能养的贫困户，由镇村帮助协调贷款和项目资金，入股龙头企业、合作社或养殖大户，贫困户享受分红，实现了有劳动能力的家家有牛养，无劳动能力的户户有分红。2018年全旗黄牛饲养量达81万头，贫困户（含已脱贫户）养牛 6.18 万头，人均养牛 2.2 头，养牛成为群众增收致富的主渠道，科左后旗被列入全国首批养殖大县名录。

其二，坚持生态产业惠民。贯彻绿水青山就是金山银山的发展理念，大规模开展治沙造林，每年完成科尔沁沙地综合治理 100 万亩以上，通过种树种草、发展林果产业、以造代育、参与管护等途径，累计带动建档立卡贫困人口增收 1.22 亿元，年户均增收 1150 元，实现治沙与治贫"双赢"，其做法已确定在全球减贫案例交流会上作经验交流。

其三，大力发展光伏产业。海鲁吐镇新艾里嘎查 39.3 兆瓦地面集中式光伏扶贫项目已并网发电，实现 1572 户贫困户连续 20 年每年每户增收 3000 元。68 个贫困村村级光伏电站已经进场开工，计划明年上半年全部完成，并网发电后将带动 4973 户贫困户连续 20 年每年每户增收 3000 元。

其四，切实推进种植业提质增效。推广浅埋滴灌，采取工程治理、"民干公助"等方式，为 5462 户贫困户实施浅埋滴灌 11.7 万亩，每亩增收 200 元左右。优化种植结构，种植青贮 170 万亩、水稻 32 万亩、杂粮杂豆 26 万亩、药材 50 万亩。

其五，重点搞活庭院经济。针对全旗农牧户庭院面积大、利用不充分的实际，通过政策扶持、企业带动、技术培训等措施，积极引导贫困户利用庭院种植蔬菜瓜果、发展特色养殖。与北京交通大学、北京中百世贸商城签订了农产品进校园、进超市协议，解决了蔬菜销售问题。全旗贫困户发展庭院经济 8300 亩。

其六，坚决实施旅游扶贫。加快大青沟、阿古拉、乌旦塔拉、僧格林沁王府、草甘沙漠等重点景区提档升级，打造乡村旅游示范户，举办"敖包相会"国际文化旅游节、乌旦塔拉枫叶节等系列活动，带动周边群众参与旅游产业增收。散都苏木车家村以村集体经济的形式开发建设草甘沙漠旅游区，带动 32 户贫困户 117 口人整体脱贫，被评为自治区旅游扶贫示范项目。

三、科左后旗整合社会力量的成效

社会力量利用其专业性、服务性、灵活性等特点在科左后旗的扶贫工作中作出了突出贡献。社会力量改善科左后旗贫困局面的努力主要体现在：

其一，党员干部结对帮扶破解悬浮状态。科左后旗的大量党员干部走出机关，深入到每一家贫困户，听取民声、了解实情。基层党员干部甚至成了包括基础设施建设、产业发展、社会公益事业、社会救助发展等项目的"帮扶责任人"，深入每一家贫困户，详细询问并认真观察实际情况，具体如实填写"帮扶措施"，其项目内容包括基础设施、产业发展、公共服务社会事业、雨露计划等多项内容。

其二，社会人士弥补扶贫力量不足。科左后旗的扶贫工作中活跃着一大批热心公益的社会扶贫人士，他们积极通过自身的努力和人民的力量来解决贫困问题，摆脱单一力量的"一对一"脱贫弊端，例如科左后旗爱心人士会对部分特困户采取输血式和造血式扶贫相结合的帮扶方法：一方面直接给予特困户生活用品，比如米面油等；另一方面积极为困难家庭中的劳动力介绍工作，增加其收入来源。

其三，社会组织促使扶贫更加精准。科左后旗的各类慈善社会组织在政府的领导下，在扶贫方面积极开展各环节资源整合工作，在扶贫初期解决贫困农民的生存生活问题，提供帮扶方案；在中后期，根据该计划，找出贫困源头，一个接一个地解决，以确保扶贫工作顺利展开，帮助农民脱贫。通过参与精准扶贫的全过程，帮助政府主体更加精准地明确贫困人群，并对政府主体和市场主体的扶贫效果进行有效的监督。

其四，提升贫困人口自主脱贫能力。教育培训类社会组织为贫困村提供致富技能培训，帮助贫困村群众学习脱贫致富技能。科左后旗坚持培训一人、就业一人、致富一户、带动一片，开展实用技术培训

6万人次，举办汽车驾驶、家政服务、母婴护理、电气焊、烹调等技能培训班 36 期，培训学员 1548 人。通过打造"扶贫车间"，推广"企业+合作社+贫困户"模式，带动技能扶贫。提供就业信息 1 万余条，建立贫困家庭本科以上学生就业"绿色通道"，帮助贫困农牧民务工就业 1752 人。

第四章

完善脱贫攻坚综合保障体系

党的十八大以来，科左后旗认真贯彻落实中央、自治区党委和通辽市委关于扶贫开发的各项决策部署，完善脱贫攻坚综合保障体系。通过增强力量、合理分工，形成扶贫开发的组织保障；通过精准识别、动态调整，构建扶贫开发的识别机制保障；通过筹措调度、强化监管，打造扶贫开发的资金保障；通过外部聚合、内源激活，集聚扶贫开发的动力保障。最终整合专项扶贫、行业扶贫、社会扶贫、内源力量四项力量，形成了"四位一体"的大扶贫保障格局。

第一节　增强脱贫攻坚组织保障

打赢脱贫攻坚战，离不开人的作用，重中之重要充分发挥好各级党组织和扶贫干部的作用，构建脱贫攻坚合力体系，真正让各项扶贫政策落到实处、取得实效。科左后旗在脱贫攻坚工作中，锁定脱贫目标，坚持质量导向，充分发挥党组织战斗堡垒作用，层层压实责任，强化党员干部责任担当，不断增强群众获得感，为全面打赢精准脱贫攻坚战提供坚强的组织保障。

一、加强组织领导

中共中央、国务院《关于打赢脱贫攻坚战的决定》提出坚持党的领导和夯实组织基础的重要性，要求"充分发挥各级党委总揽全局、协调各方的领导核心作用，严格执行脱贫攻坚一把手负责制，省市县乡村五级书记一起抓。切实加强贫困地区农村基层党组织建设，使其成为带领群众脱贫致富的坚强战斗堡垒"。正是基于中央文件的贯彻和对地方现实的结合，科左后旗将加强组织领导放在重要位置上。

（一）组织设置

科左后旗把脱贫攻坚作为重大政治任务、第一民生工程和头等大事来抓，总揽全局、协调各方，构建起党政主导、行业协同、社会参与、群众主体的"四位一体"大扶贫格局。该旗成立了由旗委书记为总指挥，旗长为常务副总指挥，旗委副书记、分管副旗长为副总指挥，旗人大、政协主要负责人、党政班子成员和各部门主要负责人为成员的脱贫攻坚指挥部，下设综合协调、产业扶贫、易地搬迁、生态补偿、教育扶贫、医疗扶贫、社会保障、光伏扶贫、旅游扶贫、文化扶贫、电商扶贫、督查考核12个专项推进组，实施了24个行业扶贫行动计划，层层签订责任书、立下军令状，建立年度脱贫攻坚报告和督查制度，把脱贫攻坚实绩作为选拔任用干部的重要依据，把夯实农村牧区基层党组织同脱贫攻坚有机结合起来，为脱贫攻坚提供坚强政治保障。

（二）政策规划

科左后旗坚持深谋实抓，进一步提高政治站位，深化思想认识，按照常态化、科学化、规范化、简约化思路，持续用力、巩固提升，推进脱贫攻坚各项工作持续健康良性发展。该旗结合实际编制"十三五"脱贫攻坚规划、脱贫攻坚三年行动计划，制定规范72条帮扶措施，实施24个行业扶贫行动计划，出台一系列方案措施，加快脱贫攻坚工程项目实施和资金支出进度，从政策体系、帮扶举措、责任落实、产业增收、工作力度等方面强化指导统筹，制定一整套指向明确、重点突出、含金量高的政策措施，明确各时期、各行业脱贫攻坚目标任务和工作措施，确保脱贫攻坚科学谋划、统筹布局、高位推进。2014 年以来，全旗共召开 42 次旗委常委会会议、27 次政府常务会议、30 次脱贫攻坚领导小组会议、30 次全旗脱贫攻坚推进会议，出台政策和文件 114 个，统筹部署调度，及时传导压力，确保了脱贫攻坚工作的顺利推进。

二、明确责任分工

科左后旗坚持把习近平总书记关于脱贫攻坚的重要讲话精神作为做好工作的根本遵循，持续增强脱贫攻坚工作的政治自觉、忧患意识和紧迫感，以解决突出问题为重点，坚持三级书记抓扶贫、"四位一体"扶贫包联，明确各级党员干部脱贫攻坚职责，构建科学有力的责任体系，形成了上下联动、齐抓共管、合力攻坚的工作氛围。

（一）层层压实责任

一是旗委、旗政府一把手亲自统筹协调、严抓实管，自治区工作总队全面指导，承担领导推动责任，主要负责上下衔接、域内协调、资金筹措及使用、进度安排、项目落地、人力调配、推动实施、督促检查等工作。二是苏木镇党委政府承担脱贫攻坚主体责任，做好调查摸底、精准识别、制定规划、发展产业、实施项目、发动群众等工作。三是扶贫办、旗直有关部门承担专项扶贫和行业扶贫主要责任，制定和落实好全旗扶贫各项规划，指导、协调、配合苏木镇推进扶贫开发各项工作。其中，旗四机关领导全员出战，旗人大主任负责农村人居环境改善，旗政协主席负责扶贫产业发展，旗委各常委、旗政府各副旗长"分兵把口"。四是包联单位和包联干部承担包联和驻村帮扶责任，指导嘎查村和贫困户制定脱贫规划并抓好实施，协调帮助嘎查村和贫困户解决脱贫攻坚实际困难和问题。

（二）包联责任精准

科左后旗完善处级领导包镇联村、旗直部门包村联户、党员干部包户联人、镇村协调配合的"四位一体"扶贫包联帮扶机制，上下联动，确保包扶到村、到户、到人，坚决做到不稳定脱贫不脱钩。结合"五级示范抓引领"和通辽市"三推进一促进""干部下基层联系服务群众全覆盖"等活动，进一步完善"四位一体"的扶贫包联帮扶机制，全旗所有嘎查村都派驻了驻村工作队，每个贫困户都确定了一个包联责任人，做到不脱贫不脱钩。包联干部通过厘清发展思路、协调项目资金、担保扶贫贷款等措施有效帮助贫困户解决了生产、就业、就学、就医和救灾等方面困难。

三、增强工作力量

打赢脱贫攻坚战，夺取中国特色社会主义扶贫事业伟大胜利，说到底还是要依靠人来战斗。作为扶贫工作"主力军"，广大扶贫干部责任重大、压力巨大。唯有在关心脱贫攻坚事业的同时，关心广大扶贫干部，才能充分调动扶贫"主力军"的积极性，充分发挥其在脱贫攻坚中的战斗力。诚如习近平总书记所言，选派扶贫工作队是加强基层扶贫工作的有效组织措施，要做到每个贫困村都有驻村工作队、每个贫困户都有帮扶责任人。

（一）基层党组织

科左后旗坚持抓好以基层党组织为领导核心的村级组织配套建设，集中整顿软弱涣散嘎查村党组织，选好配强嘎查村级领导班子，切实发挥好基层党组织在脱贫攻坚中的战斗堡垒作用。

第一，抓好嘎查村"两委"班子建设，整顿软弱涣散的党组织。一是选优配强嘎查村"两委"干部。结合嘎查村"两委"换届，坚持选能人进班子，注重把党员致富带头人、外出务工经商返乡人员、本土大学毕业生和退伍军人选为嘎查村党组织书记，并注重后备干部培养。二是强化嘎查村干部尤其是对书记的培训。将基层党建、脱贫攻坚、乡村振兴等方面纳入培训重点内容，持续提升嘎查村班子综合素质和履职能力。三是完善激励保障机制。将每年嘎查村运转经费、嘎查村干部基本报酬、正常离任嘎查村"两委"正职生活补贴列入财政预算，与脱贫攻坚成效直接挂钩。全面推进"五面红旗嘎查村"争创活动，评选在抓党建、推进脱贫攻坚等工作中实绩突出的嘎查村党组织，给予经费补贴。

第二，围绕实施"富民党建"，推进嘎查村集体经济发展。深挖内部潜力，争取外部助力，丰富嘎查村集体经济收入的实现形式，夯实为民服务的物质基础。一是深入实施"富民党建"，全力推进嘎查村集体经济"清零递增"行动，加大政策支持力度，整合项目资金，采取以奖代投、项目资助等方式，向重点嘎查村倾斜；二是拓宽发展嘎查村集体经济渠道，因地制宜开发土地资源、发展乡村旅游等十种发展模式；三是党组织牵头成立合作经济组织，通过担保贷款、托管代养、入股分红等方式，帮助贫困户发展产业；四是注重发展引导，及时发现和树立嘎查村集体经济典型，宣传带动有发展潜力的嘎查村实现"抱团"发展。

第三，加强村级活动阵地建设。加强基层服务阵地建设，对狭小嘎查村活动场所进行升级改造，实现嘎查村级党组织活动场所标准化、规范化建设，加强使用管理，确保发挥"五个中心"作用。

（二）驻村帮扶工作队

选好配强驻村工作队是确保打赢脱贫攻坚战的重要组织保障。科左后旗坚持旗委统筹，强化选派管理，把一批有培养前途的优秀青年干部用在扶贫一线，打造了一支懂农村、会扶贫、作风硬的驻村干部队伍，使之成为推动贫困村脱贫村脱贫攻坚和乡村振兴的"领路人"。

一是坚持精准选派。针对基层党组织软弱涣散、战斗力不强的贫困嘎查村，重点选派熟悉党群工作的干部担任第一书记；针对产业基础薄弱、集体经济脆弱的贫困嘎查村，重点选派熟悉农村牧区经济工作的干部担任第一书记；针对干群矛盾突出、社会发育滞后的贫困嘎查村，重点选派熟悉社会工作的干部担任第一书记。截至 2019 年底，科左后旗共选派 262 名第一书记，选派 1009 名素质好、责任心强的干部驻村开展工作，实现了 262 个嘎查村全覆盖。

二是强化教育培训，提升驻村干部工作的能力。创新培训方式，采取微信课堂、现场观摩、知识竞赛和集中办班等理论学习方式和组织扶贫干部赴河南省兰考县、四川省南部县、赤峰市林西县学习的实地实践方式，增强驻村工作队掌握政策的水平和与群众沟通的能力。

三是强化日常管理。分别以嘎查村党组织第一书记、驻村工作队和结对帮扶干部为管理对象，建立了《科左后旗派驻嘎查村党组织第一书记管理办法（试行）》《科左后旗脱贫攻坚工作队管理办法（修订）》和《科左后旗脱贫攻坚结对帮扶干部管理办法（试行）》，明确了各类主体的人员选派、职责任务和工作方式，并对日常管理提出具体要求，有效遏制"走读式""挂名式"帮扶现象。针对部分干部能力素质不高等问题，组织实施全年培训计划，培训干部 20 万人次，全面提升干部履职能力。

四是完善工作保障。建立了《科左后旗脱贫攻坚驻村工作队嘎查村第一书记工作经费和驻村干部生活补助管理办法（试行）》，落实每年每个嘎查村驻村工作队工作经费 5000 元、每名第一书记工作经费 1 万元，驻村干部生活补助每人每天 50 元，规定驻村工作队工作经费主要用于必要的日常办公用品购置、水电费等办公所需各项支出，第一书记工作经费主要用于推进所驻嘎查村脱贫攻坚、产业结构调整、基层党建等各项重点工作支出，驻村干部生活补助用于驻村生活期间日常生活支出，同时明确了管理方式，保证了脱贫攻坚工作经费安全有效使用。

（三）包联干部

科左后旗围绕脱贫攻坚任务目标排兵布阵，使优秀干部向脱贫攻坚一线集聚。该旗制定印发了《科左后旗旗委开展党员干部下基层实行"三同"活动的实施方案》，成立了由旗委书记任组长，纪委、组织、统战等部门负责人为成员的下基层活动领导小组，安排部署各项工作。同时，要求各党政机关、企事业单位、驻旗单位，按照新调整的"大帮扶"结对机制，每名处级领导干部联系一个苏木镇；每个旗直部门、驻旗单位负责结对帮扶一个嘎查村；每名正科级领导干部包扶 10 户贫困户；科级领导任第一责任人，并选派 2147 名干部开展入户结对帮扶。

四、强化监测评估

（一）完善制度规范

科左后旗在认真贯彻落实《内蒙古自治区农村牧区扶贫开发工作条例》等一系列扶贫开发工作政策基础上，由旗委组织部和扶贫办联合制定了《领导班子和党员干部联贫述贫考贫办法》《科左后旗脱贫攻坚督查巡察办法》，落实旗级包联苏木镇（场）领导干部、科级领导干部、驻村工作队成员（第一书记）、包联干部、嘎查村（分场）"两委"班子脱贫攻坚职责落实"三个一"调度制度、日报告周调度制度、包联调度制度、台账清单管理制度、日常管理和监督考评制度，出台了《科左后旗脱贫攻坚工作队管理办法（试行）》，明确了工作队和包联干部的工作职责及监督管理办法；修订完善项目论证制、公示公告制、法人负责制、招投标制、工程监理制、合同管理制、质量负责制、竣工验收制、财政报账制、项目审计制等 21 项工作制度，并由扶贫开发领导小组会议研究后印发贯彻执行，形成了以制度规范精准扶贫的长效机制。

（二）健全考核体系

科左后旗坚持结果导向、问题导向，以中央、省级考核和第三方评估为标尺，制定《苏木镇（场）党委、政府扶贫开发工作成效考核办法》，健全考核体系，对各级层面脱贫攻坚工作进行严格的量化考评，并准确运用考核结果，落实脱贫责任，激发干部战斗力，切实发挥了考核"指挥棒"的作用。

第一，严格考核程序。采取按季调度、年中督查、年度考核方式，加大对苏木镇（场）、行业部门以及包联单位和驻村工作队落实扶贫开发工作责任和扶贫成效的考核力度。以问题整改推动政策落实、责任落实、工作落实。全面认领中央第八巡视组反馈自治区的 4 个方面、10 大类、24 个具体问题，严格按照《科左后旗对照认领中央第八巡视组对自治区脱贫攻坚专项巡视反馈意见的整改方案》整改部署，聚焦查摆出 4 个方面、10 大类、44 个具体问题，采取 146 项具体措施强力推进，3 月底前取得阶段性成效。同时，将推进脱贫攻坚专项巡视反馈问题整改与 2018 年国家扶贫成效考核第三方评估反馈问题整改、2018 年脱贫摘帽自治区第三方评估反馈问题整改、2018 年度全区扶贫成效考核反馈问题整改紧密衔接，分阶段、分步骤统筹推动，高效率高质量完成整改工作。

第二，运用考核结果。一方面，考核结果与评优评先和保障奖励挂钩。定期对脱贫攻坚中的第一书记、工作队员、结对帮扶干部等进行考核，对实绩突出的单位和个人予以表彰奖励，对落实不力的部门、苏木镇以及党员领导干部，要予以严肃追责、问责。另一方面，考核结果与选拔任用挂钩。把扶贫工作纳入领导干部个人年度绩效考评工作内容，作为评先评优以及提拔使用的重要依据。科左后旗制定了《脱贫攻坚一线干部奖惩暂行办法》，规定到2020年之前，提拔、重用或调任正副科级领导岗位80%以上要选拔任用脱贫攻坚工作业绩突出的干部。对被评为优秀等次、工作成效突出、当地干部群众评价好的第一书记、工作队员、结对帮扶干部纳入各级后备干部库中进行重点培养，是后备干部的，在同等条件下优先选拔任用；对被评为一般或较差等次、组织纪律性差、工作成效差、当地干部群众意见较大的，由组织部门进行诫勉谈话或召回，已被列为后备干部的，取消后备资格；对存在违纪问题或明显不作为的，视具体情况进行组织处理。

（三）强化督导巡查

一是强化监督问责。旗委专门成立了督查局，对脱贫攻坚工作进行重点巡查，并从纪检、组织等部门抽调20名责任心强、熟悉农村工作的干部组成10个督导组，围绕落实"三个百分百"和"九查二十一必须"工作要求，聚焦扶贫领域资金、项目落实，纪检监督、审计监督、巡察监督、群众监督共同发力，对脱贫攻坚工作进行听取汇报、查阅资料、明察暗访、实地走访以及与乡村干部和群众座谈交流，不定期开展督查巡查工作，对不作为、乱作为、徇私舞弊的严肃查处，保证各项工作公开公正公平、规范有序运行。2014年以来，扶贫领域共立案101件，结案95件，给予党政纪处分97人，其中科级12人；组织处理60人，其中科级30人；通报曝光13期44件68人。

二是强化督查指导。组建4个督查组、5个业务指导组，平均每月开展一次督查，主要采取不打招呼、直接入村、随机抽查和电话抽查等方式，对工作队驻村和开展工作情况进行明察暗访，全程跟踪督导，并通过脱贫攻坚督查微信群，随时发布督查信息，通报存在的问题，督促工作整改落实。截至 2019 年底，已先后对督查中发现的驻村干部到岗率不高、履职尽责不到位、工作开展流于形式、包联帮扶不到位、监督管理不严格、随意调整驻村干部等 6 个问题进行了责令整改；对开展包联帮扶工作不积极、苏木镇党委和基层群众有意见的 8 个单位的 15 名干部进行了组织约谈。切实加强对扶贫政策的跟踪问效，强化督促全州脱贫攻坚工作。

（四）加强信息化建设

科左后旗积极创新扶贫工作管理模式，加强信息化监管，进一步建立健全脱贫攻坚信息化监测体系和大数据平台，与市级平台对接，推动脱贫攻坚工作高效有序开展。建立脱贫攻坚大数据管理平台，重点监测贫困户基本情况、干部下乡包联情况、政策项目落实情况，确保包联措施落地见效。

第一，强化干部监管。对扶贫干部包联工作进行全程监管，落实包联责任，提高帮扶工作质量，实时了解干部入村入户和工作情况。实行重点工作日报告、周调度工作制度，及时解决具体问题。第二，强化信息发布。完善信息平台功能，使大数据平台成为旗镇村以及贫困户发布招商引资、农副产品供求、土地流转等各方面信息的综合平台。第三，强化多方互动。积极对接全市精准扶贫大数据平台，完善贫困统计监测体系，确保各级扶贫建档立卡信息系统对接，强化实用性，实现部门间贫困信息资源共享。以就业为例，科左后旗以建档立卡信息系统识别的贫困人口为基础，按照"准确、清楚、动态"的要求，比对人社部门信息系统法定劳动年龄人口信息，确定帮扶对象。对未就业的摸清就业意愿和就业服务需求，对已经就业的摸清就业地点和联系方式，并及时录入就业信息系统，因人施策，实现了就业扶贫对象的"精准识别、精准帮扶、精准管理"。第四，强化项目资金监管。对专项扶贫资金拨付情况、到位情况、使用情况、资金流向进行全程监管。

第二节　凸显脱贫攻坚识别机制保障

自 2014 年初，科左后旗利用近两个月的时间，率先在全旗范围内开展了贫困村和贫困户调查摸底及完善规划工作。严格按照"一查二比三评议四公示五确认"的工作程序，结合"两不愁，三保障，一低于"标准，坚持"应进必进、应出必出、应纠必纠"原则，依托建档立卡信息化管理载体，逐村、逐户、逐人开展大规模摸底排查、核对印证、群众监督和动态调整，层层审核把关，确保识别准确无误，做到"真扶贫、扶真贫"。通过脱贫攻坚识别机制保障的打造，实现扶贫攻坚精准发力。

一、严格精准识别标准程序

（一）全面摸底大排查

科左后旗坚持既不吊高胃口，也不降低标准，严格按照"两不愁，三保障，一低于"识别标准，既算收入账，又算支出账，既看收入多少，又看保障水平，组织包联干部和嘎查村"两委"班子走村入户开展调查核实工作，特别是对低保户、五保户、残疾户、重大疾病户、危房户等 11 种人进行逐户逐人调查核实。

（二）严格执行评估认定制度

科左后旗认真开展分析研判、民主评定，确保应纳尽纳、应扶尽扶、应退尽退，做到旗不漏村、村不漏户、户不漏人。具体操作上，严格坚持"三个必核"（新识别户反复核对、待脱贫退出户认真核对、群众反映问题户再次核对）和"三个印证"（左邻右舍相互印证、民主评议现场印证、调取信息档案核实印证）的识别方法，按照精准识别、精准退出工作流程和嘎查村"532"工作法，做到不少一个环节、不落一道程序。

（三）公示公开群众监督

严格按照国务院扶贫办规定工作流程，执行贫困村"一公示一公告"和贫困户"两公示一公告"。识别工作全程公开、公正，同时设置举报监督信箱、公开监督电话，让群众身边最熟悉情况的人全程参与、全程监督识别工作。

二、激活机制实行动态调整

科左后旗加强动态管理，建立完善返贫防范机制，把因病、因重大变故、因自然灾害返贫的非贫困户及时纳入帮扶对象。

科左后旗坚持"问题导向、阳光操作、逐户核对、分步核查、限期整改"原则，依托建档立卡信息系统，通过自查、抽查和督查等方式定期开展对建档立卡贫困户、贫困人口"回头看"核查工作，及时关注各家各户的生产生活情况，精准识别和掌握的贫困人口的构成、主要致贫原因、主要脱贫措施等情况，及时进行纠偏。一方面，按照"532"工作法，按市委提出"七看一公示"（通过查看每户的农牧业资源、牲畜存栏量、收入、劳动力状况、家庭人口就业、病残和学生上学等情况）要求，瞄准处于贫困边缘的农村低收入户和人均收入不高不稳的脱贫户两类临贫易贫重点人群，严格核查扶贫对象准不准、脱贫需求清不清、帮扶机制实不实、资金使用准不准、指标数据全不全、脱贫成效全不全等具体内容。另一方面，根据实时核查结果，对扶贫对象进行动态调整，全面清退存在"十类问题"户，及时纳入符合条件的返贫户和新识别户，建立健全扶贫档案，实现应退则退，应扶尽扶。

三、规范贫困人口信息档案

严把基础数据入口关，规范年度旗、镇、村、户四级档案，不断提高扶贫数据质量，强化数据综合服务能力，使扶贫工作更加精准，为扶贫开发宏观决策、工作指导、绩效考核提供有效有用扶贫数据，为打赢脱贫攻坚打牢基础。

一是扶贫对象信息整理归档。建立民生工作台账，全面完善修正各种资料，详细记录驻村党员干部每次入户家庭的基本情况、存在的困难以及解决问题的进度，做到"一组一册""一户一档""一事一表"，确保档卡填写精准无误。

二是对象分类规范处理。根据摸底调查结果逐村、逐户、逐人进行研判，并划分为七大类：一般农牧户、新识别户、贫困户、返贫户、脱贫户、稳定脱贫户、清退户。同时进一步按照"五个一批"要求，对建档立卡贫困户进行精准分类，为精准施策奠定基础。

三是贫困对象信息动态更新。组织对以往数据进行同步核准和校正，将新识别的贫困户的基本信息与有关部门进行比对，确保新识别进来的贫困户符合纳入标准。在此基础上，以嘎查村为单位填制建档立卡"回头看"核查表，按照"谁调查、谁登记、谁审核、谁审批、谁负责"的工作原则，要求贫困户核实人员、审核人员、审批人员层层签字、盖章保证信息真实准确，坚决防止漏评、错评、错退。同时，建立动态信息对接、更新和共享机制，确保平台数据和扶贫信息真实、准确、可用，为自治区脱贫攻坚提供可靠数据支撑。

第三节　加强脱贫攻坚资金保障

在《关于打赢脱贫攻坚战三年行动的指导意见》的指引下，科左后旗强化财政投入保障，加大金融扶贫支持力度，规范扶贫领域融资，进一步加强资金整合，确保整合资金围绕脱贫攻坚项目精准使用，对扶贫资金进行严格监督管理，以期提高资金使用效率和效益，为打赢脱贫攻坚战提供根本保障。

一、强化资金筹措，确保资金保障"足"

科左后旗综合运用财政投入、涉农资金、各类专项资金和定点帮扶、社会捐赠资金，积极通过与社会资本合作、购买服务、贷款贴息等方式，撬动更多的金融和社会资本投向农村基础设施建设，推进农村牧区基础设施建设提档升级。

（一）强化政府财政资金

第一，加大本级财政扶贫投入。科左后旗积极调整和优化本级财政支出，统筹安排各项财政收入和上级补助资金，盘活存量资金，为精准扶贫做好资金保障。一方面，增加本级财政专项扶贫投入力度。根据脱贫攻坚任务需求，将所需资金列入预算，优先用于脱贫攻坚。另一方面，加大本级财政存量资金对脱贫攻坚的投入。一是稳妥处置存量债务，拓宽政府性债务偿债资金来源渠道，综合运用土地出让、盘活闲置国有资产、耕地占补平衡指标交易等方式化解债务。同时，抓住中央增加地方政府专项债券规模的机遇，合理控制政府债务增量。二是将清理收回的财政存量资金，在符合规定的前提下优先用于脱贫攻坚。

第二，争取上级扶贫资金投入。2019 年初以来，科左后旗共争取上级扶贫项目资金 7750 万元，其中：自治区财政专项扶贫资金 3550 万元，灾后重建生态移民项目资金 4200 万元，保障了扶贫攻坚建设的资金需求。同时，科左后旗结合实际制定"十三五"规划和项目储备，紧紧抓住科左后旗被列为国家级扶贫开发重点旗、革命老区和区、市两级扶贫攻坚主战场的有利时机，围绕经济发展、民生改善、基础设施、生态环境、结构调整等领域，积极争取国家、自治区项目资金和市级财政扶贫资金支持。

（二）创新金融扶贫

习近平总书记强调：要采取超常举措，拿出过硬办法，按照精准扶贫、精准脱贫的要求，确保在既定时间节点打赢扶贫开发攻坚战。农村金融是现代农村经济发展的核心，必须解决好贫困户贷款难的问题。近年来，科左后旗把金融扶贫作为带动产业发展的重要杠杆，积极破解贫困户发展中遇到的资金、技术、销售渠道等方面的难题，协调驻旗各金融机构认真落实扶贫小额信贷政策，推进贷款精准发放、精准使用，有效扶持贫困地区和贫困人口改善生产条件、发展特色产业，为脱贫攻坚注入强大动力。

第一，扩大贷款规模。通过旗农业银行发放"金融扶贫富民工程"贷款、旗信用联社投放"央贷扶"贷款、中合农信小额贷款、扶贫互助资金、"龙头企业+基地"产业合作担保贷款。多种渠道金融扶贫资金的大量投入，实现了贫困户与金融扶贫无缝对接。2013 年以来，全旗累计投放各类扶贫贷款 8.5 亿元，惠及 18066 户。2018 年以来，在原有放贷规模基础上，该旗财政拿出 2000 万元实施风险抵押贷款项目，放大 10 倍，撬动银行新增扶贫贷款 2 亿元，使贷款覆盖所有贫困户，户均 5 万元。

第二，出台特惠政策。坚持优先优惠优化原则，实行"三优五不一增一降政策"（即对贫困户贷款优先受理、优先审批、优先放款，存量贫困户贷款做到不抽贷、不停贷、不压贷、不降低信用等级、不列入信用不良记录，并给予增额和降息等优惠政策），积极协调金融机构实施"两免两直一降"（即免担保、免利息，直接入村放贷、直接发放到户，降低贷款门槛）和黄牛活体担保贷款等优惠政策，降低贫困户贷款门槛，基本实现符合条件的贫困户贷款全覆盖。

第三，完善信用机制。强化农村牧区信用体系建设，严肃查处嘎查村干部发放亲情贷、违规贷、收手续费和农牧民骗贷、恶意不还贷等行为，充分发挥基层党政组织在网点建设、信用评定、产业选择、授信管理等方面的作用。为保证金融贷款良性运转，在引导贫困群众提高诚信意识的同时，旗财政拿出300万元作为周转金帮助不能及时偿还贷款的贫困户"倒贷"。

第四，加强风险防控。旗扶贫办和苏木镇（场）分别确定专职人员与农行配合贷款发放工作，并组织农牧户填写调查推荐表、推荐确认书和风险补偿承诺书，做到风险共担、互利互赢，努力实现贷款效益最大化。

（三）统筹整合扶贫资金

扶贫资金充足、渠道便捷通畅、使用高效是打赢脱贫攻坚战的根本保证。科左后旗以脱贫规划为引领，按照《内蒙古自治区实施"扶贫攻坚工程"资金整合方案》的要求，坚持"渠道不乱、用途不变、集中投入、各记其功"的原则，以重点扶贫项目为平台，有效整合专项资金、金融扶贫贷款和各类涉农涉牧资金共4亿元，抓好30个重点贫困嘎查村的整村推进，用于贫困嘎查村基础设施建设和产业发展，为贫困户脱贫提供强有力的资金支撑。

一是整合部门项目资金。将资金重点用于支持贫困村基础设施、公共服务设施建设，以及建档立卡贫困户发展黄牛养殖、乡村旅游、庭院经济、种植业结构调整等方面。科左后旗按照项目统筹、用途不变、渠道不乱、各计其功的原则，整合使用农牧、林业、水利、收转、"一事一议"、土地整理、交通、危房改造、农业综合开发及文教、卫生、广播电视、电力等部门资金 2.65 亿元，集中向贫困嘎查村倾斜。按照旗委、旗政府要求，涉及整合资金的部门在项目落实、资金安排上优先向贫困村和新农村新牧区示范村倾斜，以确保整体效益。2019 年度统筹整合使用财政涉农涉牧资金 8 项，共计 35260 万元。

二是合理利用项目资金。倡导贫困户将项目资金、贷款、分红收益等都用于购买母牛，大力发展养牛业，实现持续稳定增收强化养牛效益可持续。第一，结合金融贷款资金，科左后旗将"三到村三到户""以奖代补"等财政专项扶贫资金重点用于贫困户产业发展。一方面，使用项目资金购买"扶贫牛"。贫困户使用金融扶贫贷款累计购进黄牛 6.18 万头，嘎查村集体通过使用项目资金购置"铁牛"（基础母牛的所有权为嘎查村集体经济组织，无偿交由贫困户饲养管理，产犊归贫困户，脱贫后基础母牛归还集体经济组织，再行帮扶其他贫困户实现滚动发展）。另一方面，加强棚舍、窖池、住房等基础设施建设。2016 年，通过落实"三到村三到户"项目，为贫困户建设棚舍 40 万平方米、窖池 9.5 万立方米，使贫困户具备养牛的基础条件。第二，鼓励和引导贫困户使用金融扶贫贷款、涉农扶贫补贴等购买基础母牛入股龙头企业、专业合作社，贫困户根据股份分红获得收益，拓展收益渠道。第三，推行资金变基金，将项目资金以扶贫基金形式，分配给贫困户使用，使用期限为三年，三年后收回再分配，实现滚动使用。

二、完善资金调度，确保资金下达"快"

科左后旗按照"多渠道引水、一龙头放水"的原则，根据上级有关文件精神和脱贫攻坚指挥部相关要求，结合涉农资金到位、整合情况，严格执行扶贫资金拨付流程，落实专人负责制，切实加快资金的落实。

（一）严格资金拨付程序

一是选定项目村。按照全旗农村工作总体部署，结合专项扶贫有关要求，明确项目村。二是审核申报项目。按照《自治区 2013 年财政扶贫发展资金项目申报指南》通知要求，会同旗组织、财政等部门，通过撰写项目可行性研究报告、财政项目申报文本及其他申报材料，保证项目的科学性、可行性和规范性。三是深入基层，深入调查研究。全面开展重点村和贫困户状况调查，掌握好第一手资料，确定工作思路和措施。四是制定项目实施方案。坚持因地制宜、因户施策，分类扶持，整体推进的原则，根据各村各户贫困程度的不同，将扶持对象划分为不同层次，明确不同的扶持标准和内容，做到整村推进、因户制宜、方案具体、扶持到户。五是督促检查项目。按照实施方案要求，严把项目进度和质量跟踪管理，对项目实施过程中出现的问题进行及时纠正，保证项目质量合格。成立项目推进组，确保各项工作落到实处。

（二）提高资金拨付效率

科左后旗采取财政专项扶贫资金拨付"绿色通道"，加快资金下达与拨付，提高资金使用效率，杜绝项目"等"资金的现象。在金融扶贫资金拨付方面，一是根据是否具备贷款条件和劳动能力对贫困户进行分类，以"四种模式"放贷。特别针对不具备征信条件的贫困户，通过企业、合作社、大户反担保贷款；二是政府购买服务、从苏木镇（场）抽调干部配合金融部门入户开展贷前核查等方式，加快扶贫贷款发放进度；三是金融机构专人专岗办理扶贫贷款，对行动不便的客户上门办理，提高办贷效率，加快放贷速度。

三、加强资金监管，确保资金投向"准"

科左后旗严格执行《财政专项扶贫资金管理办法》《扶贫攻坚工程"三到村三到户"项目资金管理办法》，严格落实《科左后旗统筹整合使用财政涉农涉牧资金试点实施方案》，认真执行招投标制度，财政审价制度，从扶贫项目的选定、立项审批、公示公告、项目实施及资金管理等方面进行了规范，对扶贫资金进行专户、专账、专人管理，确保资金封闭、安全运行。

（一）项目建设方面

一方面，旗扶贫办成立3个"三到村三到户"工作推进组，每一个嘎查村聘请10名义务监督员，联合苏木镇（场）分管领导和义务监督员先后进行了3次专项督查，确保扶贫项目按规划实施。另一方面，成立由旗扶贫办、财政局及苏木镇（场）、嘎查村领导组成的项目监管领导小组，扶贫、财政部门负责安排并监督管理，将财政扶贫专项资金拨付到苏木镇（场）经管站账户，到户项目实行"统一规划、统一设计、统一工期"，做好督促检查，确保项目进度和质量，实现扶贫项目覆盖面最大化、资金使用效益最大化、群众满意度最大化。

（二）验收拨付方面

科左后旗成立由财政、扶贫等部门组成的项目验收领导小组，按照项目实施方案内容，制定验收方案。进村入户，按照项目进度完工一个验收一个，形成验收报告，补贴到户专项资金由苏木镇（场）经管站按照项目补贴标准直接补贴到户。

（三）项目监管方面

科左后旗出台《关于进一步加强金融扶贫贷款和各类受益资金

监督管理工作的通知》，嘎查村"两委"班子、驻村工作队和包联干部共同监督贷款用途，帮助群众算好经济账，防止贫困户贷款用途不当，强化贷后监管。组织驻村第一书记、驻村工作队会同金融机构信贷员对全部建档立卡贫困户借贷情况进行全面排查，对建档立卡贫困户贷款使用、还款安排等情况进行调查评估，及时预测风险，及时提出化解措施。针对贷款基本用于黄牛养殖的实际，一是由驻村工作队和包联干部对贷款贫困户使用贷款全过程进行监督管理，确保贷款用在发展生产上。二是引入第三方监管公司，对托管养牛通过远程监控或派驻监管员定期回访等方式进行监管。三是金融机构通过制发廉洁放贷卡、设立监督举报电话等形式，坚决杜绝人情贷、违规贷和吃拿卡要行为。旗委、旗政府成立督查暗访组，跟踪督查扶贫贷款发放和使用情况，确保贷款尽快发到手上、用在当处。

（四）资金监管方面

科左后旗实行日常监管与专项督查相结合的方式。一方面，压实工作监管责任，将监督检查作为扶贫资金管理的一项常规工作来开展，各苏木镇（场）要对扶贫资金全程跟踪管理，确保专款专用、封闭运行。扶贫资金监测实行月报制度，由苏木镇（场）政府、嘎查村"两委"和驻村工作队负责日常监测。每月1日前（每年4—12月）报旗扶贫办，旗扶贫办每月5日前报旗政府，同时上报市扶贫办。另一方面，加大督查和审计力度，旗委、旗政府督查室定期开展专项督查，坚决防止扶贫资金截留和挪作他用，对违规违法融资问题督促整改，以目标倒逼责任，以时间倒逼进度，以考核倒逼办法，以督查倒逼落实。同时，严格执行财政专项扶贫资金项目公告公示制度，运用行政监督、群众监督等监督手段，实现扶贫项目资金在阳光下运行。

第四节　聚合脱贫攻坚社会力量保障

科左后旗凝聚社会力量，深化京蒙帮扶协作，统筹做好中直机关定点帮扶工作，畅通社会力量扶贫渠道，引导各类群团组织、社会组织、企业和个人以多种形式帮扶贫困地区、贫困群众，构建全社会参与的大扶贫格局，形成脱贫攻坚的强大合力。

一、强化京蒙扶贫协作

京蒙扶贫协作工作开展以来，北京市怀柔区在强化人才交流、推动劳务协作、深化产业合作等方面对科左后旗开展了多层次、全覆盖的扶贫协作。科左后旗与北京市怀柔区相互对接 74 次，签订帮扶协议 34 份；怀柔区对口帮扶共投入京蒙扶贫项目资金 7295 万元、捐资 601 万元，支持发展肉牛、光伏等产业。

第一，强化智力帮扶。2018 年怀柔区选派 2 名干部、8 名专业技术人才到科左后旗挂职，接纳 3 名科左后旗干部到怀柔区挂职；组织 8 名医疗专家、5 名学校的教师及 22 名农牧民专业合作社负责人到科左后旗开展培训。

第二，实施项目帮扶。怀柔区帮助科左后旗建立了京蒙扶贫协作项目库，最终入库 24 个项目，总投资预计为 3.4 亿元，拟申请京蒙帮扶资金 2.4 亿元。怀柔区投入京蒙扶贫项目资金 4350 万元，实施了肉牛产业发展、医疗健康精准扶贫工程、光伏扶贫村级电站等项目建设。助力招商引资，怀柔区累计帮助科左后旗对接在京企业 45 家，其中 39 家企业已实地考察，11 家企业明确投资意向，正式签约 2 家。

第三，推进劳务协作。一方面，科左后旗积极推进京蒙帮扶协作，与北京怀柔区人社局签订《京蒙劳务协作扶贫行动协议》和《人力资源公共服务机构结对帮扶协议》，与北京市新侨国际、顺丰快递等企业座谈，就定向劳务输出，达成劳务协作关系；另一方面，通过网络平台，发布企业用工信息，组织企业召开劳务协作专场招聘会，达成就业意向500余人，已实现就业44人。

第四，对口捐助资金。怀柔区人民政府及各委办局向科左后旗捐助207万元，用于技能培训、村镇规划、助学救济及扶贫车间、爱心超市、幸福互助院建设等方面。

二、深化北京交通大学定点帮扶

习近平总书记在宁夏银川东西部扶贫协作座谈会上曾指出，"东西部扶贫协作和对口支援，是推动区域协调发展、协同发展、共同发展的大战略，是加强区域合作、优化产业布局、拓展对内对外开放新空间的大布局，是实现先富帮后富、最终实现共同富裕目标的大举措"。自定点帮扶开展以来，高校及旗委、旗政府高度重视此项工作，校地双方主动进行高频次、全方位沟通对接，全面准确了解地区所需所盼，有力推动了"扶真贫、真扶贫、真脱贫"工作要求的落实。

一是提供智力帮扶。立足科左后旗现实需求，在帮扶制定金融风险防控课题研究、工业园区规划基础上，开展更多智力支持工作。第一，在交通规划方面，针对高铁经济发展，投入基本科研业务费30万元，为通辽市制定综合交通发展规划，并重点针对科左后旗高铁经济下的交通规划开展研究；第二，在旅游规划方面，投入基本科研业务费10万元，研究制定草甘沙漠旅游规划；第三，在绿色生态农牧业发展方面，投入基本科研业务费30万元，继续推动"肥料减施联合秸秆畜牧粪便还田一体化技术"的改良、实施和推广。

二是提供人才支持。北京交通大学先后选派多名挂职干部和支教学生到科左后旗常驻开展工作。第一，在就业帮扶方面，北京交通大学先后选派挂职干部6人和4批16名支教学生到科左后旗常驻开展工作，培训当地农牧民（干部）1341人次；第二，在金融业发展方面，学校选定2名金融类教授加入金融博士服务站开展相关咨询指导工作；第三，在信息化建设方面，指导编写《科左后旗信息化2018—2019年行动计划》；第四，在教育帮扶方面，派遣4名研究生到科左后旗开展支教工作，选派干部教师到当地指导教育教学，以多种形式开展师资培训，实现资源共享。

三是开展产业扶贫。继续发挥学校信息平台优势，通过协助科左后旗政府开展招商引资活动、提供信息服务、支持搭建平台等方式，动员企业、校友等多方力量，服务科左后旗产业发展。针对发展沙产业需求，利用学校在经济管理领域的学科和校友优势，积极协助长江造型材料（集团）科左后旗有限公司所属母公司完成上市准备工作。

三、引导社会其他力量参与

"脱贫致富不仅仅是贫困地区的事，也是全社会的事。"[1] 科左后旗广泛动员社会力量参与脱贫攻坚，充分发挥社会扶贫促进会、扶贫基金会、教育基金会、工商联作用，及时向社会发布扶贫信息，畅通社会扶贫渠道，引导各类群团组织、社会组织、企业和个人以多种形式帮扶贫困群众，构建了全社会参与的大扶贫格局。

一是持续推进"万企帮万村"行动，广泛动员企业参与脱贫攻坚。引导民营企业、社会团体积极开展产业扶贫、就业扶贫、旅游扶贫、电商扶贫、消费扶贫、公益扶贫，发挥企业人才、资金、技术等优势。15家民营企业与15个贫困村结对，100名非公有制经济人士

---

[1] 中共中央党史和文献研究院编：《习近平扶贫论述摘编》，中央文献出版社2018年版，第100页。

帮扶 400 户贫困户。

二是成立社会扶贫工作促进会、慈善总会，搭建社会扶贫平台。动员在旗内登记和活动的社会组织参与脱贫攻坚，鼓励和引导社会组织为困难群众提供心理疏导、生活帮扶、资源链接、能力提升、社会融入等专业服务，积极发动社会组织捐款捐物。充分发挥妇联、共青团作用，开展"巾帼脱贫带头人""青年企业家送温暖献爱心""青年文明号结对帮困"等活动，助力脱贫攻坚。

三是加快中国社会扶贫网的推广应用，利用社会扶贫网发布贫困户需求信息，搭建帮扶与求助的双向信息互通，发挥群团组织和社会爱心人士的力量，发挥"光明行""希望工程""贫困母亲两癌救助"等行业扶贫公益项目的作用，引导社会各方面力量聚焦扶贫、聚力脱贫。

第五节 强化脱贫攻坚内源动力保障

激发贫困人口内生动力是脱贫攻坚的长久之计。针对部分群众争当贫困户、甘当贫困户，脱贫致富的信心不足、能力不够，不良习俗致贫等问题，科左后旗坚持群众主体，大力推进精神扶贫，多措并举激发贫困人口脱贫内生动力，努力实现贫困人口物质和精神的双重脱贫，为打赢脱贫攻坚战提供了强大的精神力量。

一、思想引领树新风

（一）开展"志智双扶"教育宣传活动

一是建设基层"学习讲堂"。组建"新时代讲习团""草原学习轻骑兵"等特色宣讲小分队，借助新时代文明实践中心（所、站）载体，在农村牧区开展讲道德、讲文化、讲政策、讲科学等宣讲，丰富群众精神文化生活，让群众在潜移默化中感受文明、转变观念。

二是推行"掌上学习"。在"精彩科左后旗""文明后旗"等微信公众平台开设专栏，每个嘎查村都建立微信群，以音视频、图文解读等不同形式，每日推送学习内容，便于群众时时学、处处学。

三是推进文化下乡。旗乌兰牧骑和旗文化馆将党的十九大精神、精神文明建设内容融入好来宝、乌力格尔等具有民族特色的文艺作品创作之中，精心编创了《党的十九大赞歌》《振兴新农村》《新农村新政策》等多部接地气的优秀文艺作品，开展下乡惠民巡回演出。

四是干部送学上门。包联干部、驻村工作队员在反复深入学习《习近平扶贫论述摘编》和政策知识口袋书基础上，结合开展"七进"活动，走村入户送学上门、集中宣传，紧紧围绕打赢脱贫攻坚战、实施乡村振兴战略等农牧民关心的热点问题解疑释惑、凝聚共识。

（二）发挥脱贫典型示范效应

一是宣传典型带动。做好示范化推广，运用解剖麻雀、打样示范、典型带动等方式，总结经验、推动工作。探索建立脱贫激励制度，评选先进脱贫典型，发挥身边典型示范带动作用。结合新时代农牧民素质提升"千村示范、万村行动"工作，组织"脱贫攻坚好家庭"等系列评选，发布脱贫光荣榜，教育引导贫困群众树牢"幸福都是奋斗出来的"理念，摒弃陈规陋习、提升自身发展能力。

二是典型主体带动。注重在带动贫困户脱贫的群众和脱贫户中发展党员，支持农牧民党员创办领办致富项目，从项目、资金、技术、信息等方面，加大对党员带头致富、带领群众共同致富的支持力度，鼓励和支持党员领办创办农牧民合作社、家庭农牧场，发展特色产业、农畜产品电子商务，力争每个有劳动能力的党员都有脱贫致富项目、每个贫困嘎查村都有党员致富带头人，聚点成片、以点带面，切实形成强大的示范辐射效应。

（三）创新移风易俗"3+2+X"法

科左后旗创新推出移风易俗"3+2+X"工作方法，推动乡风文明建设。通过抓好村规民约、红白理事会、"五美一示范"三个载体，利用嘎查村"移风易俗监督榜"和"嘎查村明星榜"两个榜单，推广特色创新做法，引导贫困农牧民转变思想观念，推进乡风文明、尊老爱幼、邻里和睦，狠刹互相攀比、大操大办、铺张浪费等现象，积极引导节俭消费。在科左后旗委宣传部"扶贫先扶智，治贫先治愚"理念的渗透下，全旗农牧民群众人人争当移风易俗工作的践行者、宣传者、监督者。2018年以来，全旗2800余名学生家长签订不办升学宴承诺书，节约开支2亿元以上；为800余位老人举办"集体祝寿"121场次。新华社、中国精神文明报、中国网等多家媒体对此进行了深入报道。

二、强化技能培训促就业

一是建立贫困家庭学生就业"绿色通道"。在政府招聘用人、公益性岗位和购买服务岗位时，优先录用贫困家庭大学生。为有能力的贫困家庭高校毕业生创业免费提供创业孵化基地摊位和无息小额担保创业贷款，以创业带动就业。

二是开展技能培训。科左后旗积极拓展贫困地区劳动力就业空间，坚持培训一人、就业一人、致富一户、带动一片。根据贫困人口的实际需求，本着"实地、实用、实效"的原则，有针对性地加强科普知识和实用技术培训，精准设置餐饮服务、家政服务、母婴护理、汽车驾驶、建筑安装、家电维修等培训类别，通过采取集中培训、巡回培训、现场观摩培训等形式，让贫困户以一技之长实现就业创业脱贫，增强个体发展能力，努力使每个有脱贫能力的贫困人口至少掌握一种劳动技能。各部门和全旗年均培训 700 余场次，实现贫困人口全覆盖。同时，加大对贫困地区农牧民工返乡创业政策扶持的力度。

三是打造"扶贫车间"。推广"企业＋合作社＋贫困户"模式，带动技能扶贫。提供就业信息 1 万余条，帮助贫困农牧民务工就业1752 人。

三、高利贷化解减负担

科左后旗制定并印发了《关于综合治理农村牧区高利贷的实施方案》和《关于建档立卡贫困户高利贷问题专项整治方案》，按照依法行政、分步实施、差别对待、综合整治的原则，开展高利贷化解专项行动，一户一户梳理债权关系，一笔一笔对接协商，对违法放贷行为坚决予以打击，全力化解贫困户债务。

一是加大信贷投放力度。旗委、旗政府鼓励驻旗金融机构加大涉农涉牧贷款投放，满足全旗农牧民群众生产、生活多元化资金需求。通过金融机构发放低利率、高额度的信用贷款，解决农牧民群众生产、生活中的资金需求，降低了农牧民借贷成本，稀释民间借贷所占农牧民整体借贷资金的比重，解决了群众因为借高利贷而带来的经济负担，达到了为农牧民群众增收的目的。

二是协商减免。由包联干部负责，积极与债权方沟通联系，采取免息、降息、停息、延长还款期限、入股还贷等方式，将利息降至 1分利以下，贫困户与债权方在嘎查村委会和包联干部的监督下重新签订规范的借贷合同。

三是置换化解。第一，对农牧户高利贷数额在 3 万元左右且目前能够正常生活、具备劳动能力的，由旗金融办、扶贫办等有关部门协调金融机构为贫困户办理借贷手续，发放贷款用于置换高利贷，减轻贫困户负担；第二，对有脱贫意愿的贫困户发放 5 万元扶贫小额信贷，通过发展产业增收，提高自主偿债能力；第三，对确有困难无法按期归还扶贫贷款的，制定合理弹性的还款计划，通过"展期""减息"或"无还本续贷"等方式延长还款期限，适度调整还款方式。

四是依法整治。第一，对高利贷债主不接受调解的，劝导借贷双方赴当地人民法院进行民事诉讼；第二，对专门从事高利贷行为的中介、个人，尤其是对高利转贷、非法赊销、恶意盘剥等变相高利贷行为，由公检法联合予以严厉打击；第三，对非法讨债、恶意逃废债、干扰他人正常生活的，由公安机关依法从严从重处理。

四、爱心超市强动力

科左后旗创新以表现换积分、以积分换物品的自助帮扶模式，在贫困人口较多的嘎查村共建立"爱心超市"174家，引导贫困群众通过勤奋创业、参加公益劳动等方式获取积分，凭积分卡到爱心超市免费兑换所需日用品，实现社会爱心捐赠与贫困群体个性化需求的精准对接。目前，在旗委统战部协调下，超市物资由后旗扶贫基金会提供，爱心超市运营平稳，极大地方便了建档立卡贫困户、低保户、五保户。通过评比积分兑换商品，既解决贫困群众的生计问题，又有效激发了贫困群众进取精神，真正提升了贫困户整体素质。

第五章

整合特色产业实现脱贫致富

产业扶贫是指以市场为导向，以经济效益为中心，以产业发展为杠杆的扶贫开发过程，是促进贫困地区发展、增加贫困农户收入的有效途径，是扶贫开发的战略重点和主要任务。产业扶贫立足贫困地区资源禀赋，以市场为导向，充分发挥农民合作组织、龙头企业等市场主体作用，建立健全产业到户到人的精准扶持机制，力求每个贫困旗县建成一批脱贫带动能力强的特色产业，每个贫困苏木镇、嘎查村形成特色拳头产品，贫困人口劳动技能得到提升，贫困户经营性、财产性收入稳定增加。①

产业扶贫是一种内生发展机制，目的在于促进贫困个体（家庭）与贫困区域协同发展，根植发展基因，激活发展动力，阻断贫困发生的动因。产业精准扶贫更是贯彻落实精准扶贫精准脱贫基本方略的重要内容，坚持聚力到户、受益精准，因地制宜、产业精准，科学设计、项目精准，保护生态、绿色发展，帮贫脱贫。② 产业扶贫既是促进贫困人口较快增收达标的有效途径，也是巩固长期脱贫成果的根本举措。易地搬迁脱贫、生态保护脱贫、发展教育脱贫都需要通过发展产业实现农民长期稳定就业增收。实施产业扶贫有助于提高发展生产、易地搬迁、生态补偿、社会保障等各项政策措施的实施效果，促进农民持续增收、脱贫致富。科左后旗形成了围绕脱贫兴产业、产业兴旺为脱贫的产业整合扶贫模式。

---

① 国务院：《"十三五"脱贫攻坚规划的通知（国发〔2016〕64 号）》，2016 年 11 月 23 日，见 http://www.gov.cn/zhengce/content/2016-12/02/content_5142197.htm。

② 农业部等九部门：《贫困地区发展特色产业促进精准脱贫指导意见》，2016 年 5 月 27 日，见 http://www.gov.cn/xinwen/2016-05/27/content_5077245.htm。

第一节　科左后旗产业精准扶贫的思路与理念

科左后旗把发展产业作为拔掉"穷根"、稳定脱贫的"金钥匙"，坚持"生态优先，产业协同，绿色发展"的理念，以农牧一体化融合发展为目标，按照"资金跟着贫困户走、贫困户跟着产业走、产业跟着市场走"的工作思路，走出一条以资源的有效整合和"农、牧、游"产业整合升级发展为要点的扶贫开发的良性循环发展之路。

一、坚持协同发展的理念

科左后旗位于内蒙古通辽市东南部科尔沁沙地腹地，境内以沙丘、沙地为主要地貌类型，沙化土地面积一度达1180万亩，占全旗总面积的68%，是全国沙化严重、生态环境脆弱的旗县之一。科左后旗认真贯彻落实习近平生态文明思想，在产业规划与发展过程中，坚决贯彻生态优先的理念。按照"生态建设产业化、产业发展生态化"思路，以大生态推进大扶贫，实现产业与生态整合协同发展，推动扶贫开发与生态保护相协调、脱贫攻坚与可持续发展相促进。

二、紧扣融合发展的目标

科左后旗素有"黄牛之乡""马王之乡"的美誉，蒙古族占全旗人口的75.3%，具有悠久的牧养传统，同时种植业和草牧业资源禀赋突出，科尔沁黄牛品种优良，造就了科左后旗十分明显的牛产业传统优势。科左后旗认真贯彻中央、自治区和通辽市的产业扶贫政策，充分考虑本地生态适应性、环境条件、区位条件，发挥资源优势，明确了"大力发展黄牛产业，促进农牧民增收致富"的基本思路，按照宜牧则牧、宜农则农、宜游则游的原则，确立了以黄牛产业为主导的农村牧区产业扶贫体系，大力推进三产融合，通过整合资金、整合资源、整合力量，推进经济、生态、产业"三化融合"。

三、遵循效益整合的思路

围绕脱贫攻坚的中心任务，产业发展必须以市场为主体引领产业扶贫，围绕主导产业，确定重点发展项目，重点凸显产业的益贫效益的发挥。以"短期可增收、长期可持续"为目标，坚持"市场为导向、资源为依托、规模为引领"的原则，同时要兼顾资源禀赋和产业基础，长短结合，以短养长，选择发展前景好、综合效益高的特色产业进行谋划立项。科左后旗从农牧结合、生态建设等一产入手，按照"资金跟着贫困户走、贫困户跟着产业走、产业跟着市场走"的工作思路，实现产业发展全覆盖，全员参与和整体规模化发展，充分发挥龙头企业、专业合作社、产业大户、家庭农场等市场主体的利益导向和带动作用，积极探索"龙头企业+贫困户""专业市场+贫困户""产业大户+贫困户"等扶贫带动模式，突出产业发展的益贫效益。

第二节　科左后旗黄牛产业的
机制创新与益贫效应

一、黄牛产业的主要做法

（一）牵住"牛鼻子"：立足资源禀赋，科学选择产业

《国务院办公厅关于支持贫困县开展统筹整合使用财政涉农资金

试点的意见》（国办发〔2016〕22 号）、《农业部等九部门关于印发贫困地区发展特色产业促进精准脱贫指导意见的通知》（农计发〔2016〕59 号）明确指出：加快培育一批能带动贫困户长期稳定增收的优势特色产业，并围绕支持特色产业发展提出 16 条具体意见。贫困地区要把精准选择产业作为产业扶贫的先决条件，按照促进贫困群体脱贫增收和推进产业发展互促互赢的思路，全方位研判区域产业发展基础、优势条件、成长空间，充分考虑贫困群体现状、接受能力以及产业适应性，对接市场需求、对应产业现状，精准选择具有区域比较优势、带动覆盖面广、产业发展空间大、增收效果好的产业，确保最大限度地激活综合区域优势，充分利用贫困群体的人力资本，实现产业稳定持续带富。内蒙古自治区《关于创新扶贫开发工作机制扎实推进扶贫攻坚工程的意见》（内党办发〔2014〕20 号）、《自治区"十三五"产业扶贫规划》（内政办发〔2016〕126 号）提出了立足贫困地区农牧业资源禀赋、以特色产业促进农牧民脱贫增收的目标，牛产业被列为七大扶贫产业之一。通辽市围绕做大做强黄牛产业、推进全产业链发展、打造"中国草原肉牛之都"，制定落实《通辽市肉牛产业发展行动计划》等多项政策，明确了八项重点任务。科左后旗认真落实中央、自治区和通辽市的产业扶贫政策，结合经济社会发展实际，确立了以黄牛产业为主导的农村牧区产业扶贫体系，明确了以产业扶贫为重点确保实现全旗脱贫摘帽、贫困人口持续稳定增收的目标，相继制定出台 10 项发展黄牛产业的相关政策，为黄牛产业扶贫提供政策保障。

（二）为牧而农：围绕主产调整产业结构

科左后旗全旗总土地面积 11570 平方公里，有用耕地面积 386 万亩，天然草牧场 923 万亩。为打造全旗养牛产业，依托"草食畜存栏量大，玉米种植面积广，青贮收割机械多"三大优势，以国家"粮改饲"为试点，坚持"项目扶强、资金扶大、补贴扶活、政策扶优、试点扶准"，探索出"草食畜养殖合作社+玉米种植大户+专业化收贮队伍"的种养结合、循环发展模式，找到了畜牧业可持续发展和农民持续增收的一条共赢新路。科左后旗近年来大力推广浅埋滴灌技术种植专用青贮，实现节水控肥增产，并结合退牧还草项目，推广种植紫花苜蓿、沙打旺等优质多年生牧草，饲草料利用率稳步提高。科左后旗全旗每年种植青贮都在 100 万亩以上，年饲草料储备达 50 亿公斤，每年种植紫花苜蓿、沙打旺等优质多年生牧草 1 万—2 万亩。为支持贫困户的产业结构调整，科左后旗每年年初都会为贫困户免费发放粮饲兼用青贮种子，贫困户根据养殖规模合理安排收储时机和收储量。"粮改饲"的顺利实施，既有效降低了饲草料成本，增加了农民收入，提升了牲畜品质，又发挥了贫困群众在产业扶贫中的主体作用，而且有效解决了草畜不平衡的生态问题。

（三）为养而建：加强基础设施建设，改善产业发展条件

科左后旗通过强化饲草料储备、完善养牛基础设施，改善了农牧民养牛硬件基础。通过整合扶贫、生态、农牧、发改等部门项目资金，支持和引导农户建棚舍与饲料窖池，加强养牛基础设施建设，全旗标准化棚舍面积达到 450 万平方米、窖池 222 万立方米。2014 年以来，全旗累计为贫困户建设棚舍 4370 座、窖池 4598 座，贫困农牧民养牛条件得到了明显改善。2018 年，依托畜禽粪污资源化利用项目，对 61 个规模化养殖场（户）进行畜禽粪污资源化利用改造，进一步提高了畜禽粪污资源化利用水平，推进畜牧业转型升级和农业绿色发展。

（四）因牛而富：精准推进，实现贫困户养牛全覆盖

科左后旗在扶贫实践过程中，不断探索扶贫资金投放的有效模式，创新构建了以政府贴息、企业担保、群众联保等方式为主的扶贫资金保障体系。

一是创新放贷方式，拓宽放贷渠道。采取担保、联保、互保和"惠农一卡通"质押贷款等增信措施，解决贫困农牧民缺乏抵押担保资产问题，使有劳动能力、有贷款意愿、有还款能力的建档立卡贫困户全部能够得到3万—5万元贷款。全旗累计投入风险抵押金6500万元，存入农业银行、旗信用联社，放大十倍予以发放。2014年以来，全旗发放养牛贷款7.9亿元，为7807户建档立卡贫困户发放扶贫贷款3.7亿元。

二是建立绿色通道，快速有效放贷。政府部门积极对接金融机构，及时准确提供建档立卡贫困户基本信息，金融机构根据实际情况，制定出台相关放贷政策，设立扶贫贷款专柜专岗，确保在政策允许范围覆盖更多贫困户。

三是强化贷后监管，确保资金使用到位。由结对包联干部和嘎查村"两委"班子共同监督、引导贫困农牧民使用贷款购买基础母牛，对于无能力购买或资金使用把握不准的贫困户，由结对包联干部和镇村干部协助统一购买，确保扶贫贷款真正用于发展生产。利用扶贫资金为贫困户饲养的所有基础母牛办理养殖保险，每头牛意外死亡保险公司赔付6000元，有效降低了养牛风险。

四是建设信用体系，优化农村牧区金融环境。建立农村牧区信用信息数据库，开展信用村、信用户评定工作，完善企业、合作社和农户信用信息数据，实现各金融机构信息互联互通，使农村牧区征信体系在精准扶贫工作中发挥重要作用，有效解决农牧民贷款无抵押、额度小、周期短、利率高的问题。

立足于精准，根据贫困户的不同需求与能力，推行贫困户贷款饲养基础母牛"四种模式"，确保资金跟着产业走，产业链接贫困户。对能贷能养的贫困户，即对符合征信条件，能养牛、会养牛的贫困户全部给予贷款支持，帮助建棚舍、建窖池，鼓励贫困户自繁自育自养，形成"小规模大群体"；对能贷不能养的贫困户，利用贷款购牛，通过合作社合养、大户托养、亲友代养等方式养牛；对不能贷能养的贫困户，通过协调企业、合作社、养殖大户和包联干部实行反担保贷款买牛，或使用项目资金统一购买"扶贫牛"；对既不能贷又不能养的贫困户，由镇村帮助协调贷款和项目资金，入股龙头企业、合作社或养殖大户，贫困户享受分红，实现了有劳动能力的家家有牛养，无劳动能力的户户有分红。

（五）因牛而兴：打造全产业链，推进三产融合

传统农村牧区牛肉产业，仍然是以农牧户散养为主。这种经营组织形式，由于产业组织化程度比较低，使得分散从事饲养肉牛的农牧户，虽然处在畜产品流通中的起点，但很少与购买方建立稳定的供销关系、签订购销契约，还未形成真正利益共同体。千千万万的小农户难以与大市场连接，只能独自分别进入市场，不仅市场竞争力弱，而且因为无法充分掌握整个畜产品流通市场的信息，往往只能被动接受运销商提出的价格，使其在流通中的风险加大，难以适应不断变化的市场需求。同时，各自为政的分散生产也难以实现规范化和标准化。这种小生产与大市场，分散饲养与规模经营的矛盾，以及养殖与产品加工、流通相脱节，缺乏自我发展能力等问题，制约着农牧区牛肉产业向更高层次的发展。

围绕打造"全国知名肉牛产业强旗"和"中国黄牛第一旗"目标，推进科左后旗农村牧区养牛脱贫和黄牛产业可持续发展，推动全旗从"内"到"外"三产融合与产销纵向一体化发展，基本形成了集饲草种储、种源建设、母牛扩繁、疫病防治、规模养殖、精深加工、市场交易、冷链物流、产品销售于一体的黄牛全产业链架构。

第一，从"内"加强自身生产、销售能力的建设。科左后旗为控制黄牛品种的地缘品种优势，全面落实配种技术标准化与产业化。科左后旗黄牛是根据科尔沁草原的自然条件，依据现代育种理论和先进的冷冻精液配种技术，在我国第一个利用西门塔尔牛为父本，蒙古牛为母本，采用育成杂交方法培育成功的比较理想的乳肉兼用型牛品

种，推动制定了内蒙古自治区地方品种标准。该新品种体型中等偏大，毛色为（红）黄白花，综合了双亲的优良性状，产乳和产肉性能较高，遗传性稳定、适应性强、抗病力强、生长发育快，适应我国北方自然条件，是理想的推广品种。通过建立健全旗镇村三级服务网络，实现全旗有黄牛冷配中心、村有冷配点和配种技术员，有基层动物防疫站 22 个、基层兽医 130 人、村级防疫员 395 人、村级协检员 335 人。通过繁育标准化控制，保证科尔沁黄牛不会出现迭代品种退化，而且能够保证本地黄牛品牌的独特优势。积极培育重点龙头企业，推行"企业+合作社+农户+基地"模式，探索形成资金转基金、资金转股金、资金转资产"三转"收益模式，在具体做法上实施"521"（5 个统一，统一购牛、统一饲养、统一管理、统一监管、统一分红；签订 2 个协议，贫困户与嘎查村签订委托养牛协议、嘎查村与企业签订托管养牛协议；贫困户每年获得 1 次分红）模式，推动牛产业全产业链发展。龙头企业依托现有产业基础，重点打造"牛—屠宰与肉类分割加工—肉制品加工"和"牛—脏器、骨、血液综合利用"两个产业链条。大力发展牛肉干、牛熟食、奶制品等小食品加工业；引进高端技术企业，推动畜禽加工副产物和废弃物综合利用。科左后旗现有肉牛屠宰加工企业 2 家，年设计屠宰加工能力 35 万头，其中科尔沁牛业年设计屠宰加工能力 20 万头，肉牛加工企业已具备较大的生产加工潜力，发展肉牛产业屠宰加工具有绝对优势。

第二，向"外"拓展加强品牌建设和销售网络平台建设。全旗致力于"科左后旗黄牛"原产地保护和品牌认证工作，通过创建"中国好牛肉"电商品牌和"千里眼"产品溯源系统，着力推进科左后旗绿色有机牛肉产品品牌建设，进一步增强肉牛产品的市场竞争力，并确保肉牛质量全程可追溯。考虑到处于蒙、辽、吉三省区交界"三角地带"的天然区位优势，科左后旗努力打造地区性乃至全国性专业化的牛交易市场与平台。在黄牛养殖集中与交通条件好的嘎查，建立大型集市型黄牛专业交易市场，通过吸引与培训原来以个体化与分散性从事贩卖交易的"老客"，打造出一批养牛经验丰富，且懂经营、会管理的牛经纪人。他们将牛从农户手上买过来，直接或通过育肥一段时间，再将牛带到牛市上卖，四面八方的客商在集市当天赶到市场进行现场交易，形成了基于活牛交易市场的"农户—牛经纪人—交易市场—买家"的地方交易网络。同时推出"肉牛贷""繁育贷""惠农 e 贷"等贷款政策，扶持"牛经纪人"创办"活牛超市"、通过"快手"等网络平台卖牛，助力农牧民增收。通过规范化的市场打造，不仅扩大了黄牛的交易规模，而且进一步扩大了科尔沁黄牛的市场影响。以伊胡塔黄牛交易市场为例，伊胡塔黄牛交易市场总占地面积 6 万余平方米，汇集了 3000 多名专业牛经纪人，每月日期尾数但逢"2、3、5、6、8、0"，就是"牛经纪人"和买家汇聚的"黄牛交易日"，每个交易日的黄牛入市量约为 1 万头，交易成功比例达 55%，日交易额可达四五千万元。平均每年黄牛年交易量超过50 万头，年交易额达 50 亿元。

二、黄牛产业的经验启示

科左后旗精准扶贫取得显著成效的关键是把牢了精准关，即精准选择产业、精准施策、精准推进、精准落地，通过政府、金融部门、企业、合作社和养殖大户多方聚力，同时强化产业链带动效应，使贫困农牧民内生发展动力得到充分激发，达成了贫困农牧民增收脱贫目标。

（一）主产带动是前提

贫困地区要把精准选择产业作为产业扶贫的先决条件，按照促进贫困群体脱贫增收和推进产业发展互促互赢的思路，全方位研判区域产业发展基础、优势条件、成长空间，充分考虑贫困群体现状、接受能力以及产业适应性，对接市场需求、对应产业现状，精准选择具有区域比较优势、带动覆盖面广、产业发展空间大、增收效果好的产业，确保主产能够最大限度地激活综合区域优势，同时提升扩展当地其他产业的发展空间，实现全区域全产业持续稳定带富。

（二）产业覆盖是关键

产业扶贫的出发点和落脚点是贫困户增收脱贫，只有贫困户全员参与，整体脱贫的目标才有望实现。因此，必须在产业带动的覆盖面上做好文章、下足功夫。科左后旗将贫困户划分为能贷能养、能贷不能养、不能贷能养、不能贷不能养四种类型，进而因户制策施策，其目的就是让所有贫困户都能够"靠牛吃牛，念牛经发牛财"，让不同类型贫困户都能够稳定获得养殖收益、务工收益、政策扶持收益、资产扶贫收益或入股分红收益，达成贫困户产业全覆盖的目标。

（三）要素整合是基础

产业扶贫是系统工程，涉及要素多，既要抓好组织推进，更要强化关键要素的基础性支撑作用。要围绕提升产业发展水平、带富能力，突出组织引导，优化政策环境，持续增加投入，改善基础条件，跟进技术服务，通过抓好政策落实、资金整合、技术服务、品牌建设、利益联结等，进一步夯实产业扶贫要素保障，推进产业扶贫能见效、可持续。

（四）产业链整合是方向

农村牧区产业扶贫需要立足产业基础、特色和发展前景，明确产业发展定位、目标、路径、方式，科学制定产业中长期发展规划，全面加强基地、龙头、品牌、市场建设，发展专业合作社，培养农村牧区经纪人，提高农牧民参与度，从而推进全产业链整合发展，以产业的高成长性确保贫困群体脱贫致富的可持续性。

第三节　科左后旗生态产业扶贫
创新与益贫效应

　　生态扶贫是将生态保护与扶贫开发相结合的一种扶贫工作模式。通过实施重大生态工程建设、加大生态补偿力度、大力发展生态产业、创新生态扶贫方式等，加大对贫困地区、贫困人口的支持力度，以达到推动贫困地区扶贫开发与生态保护相协调、脱贫致富与可持续发展相促进的扶贫模式，最终实现脱贫攻坚与生态文明建设"双赢"。①

　　科左后旗位于内蒙古通辽市东南部科尔沁沙地腹地，境内以沙丘、沙地为主要地貌类型，沙化土地面积一度达 1180 万亩，占全旗总面积的 68%，是全国沙化严重、生态环境脆弱的旗县之一。土地沙化加剧了农牧民贫困程度，生态恶化制约了经济社会发展。

　　科左后旗认真贯彻落实习近平生态文明思想，牢记习近平总书记"把内蒙古建成我国北方重要生态安全屏障"重要嘱托，按照全市"北保护、中节水、南治沙"和实施"四个千万亩"重大生态工程部署，一张蓝图干到底，持续发力，久久为功。自实施精准扶贫以来，科左后旗按照中央"生态补偿脱贫一批"政策以及国家发展改革委、林业局等六部门印发的《生态扶贫工作方案》要求，按照"生态建设产业化、产业发展生态化"思路，对全旗 1.15 万平方公里土地细化生态功能分区，分区分类进行大规模、有针对性地生态治理，生态环境得到显著改善，实现由"沙进人退"到"人进沙退"的历

---

① 国家发展改革委、国家林业局、财政部、水利部、农业部、国务院扶贫办六部门：《生态扶贫工作方案（发改农经〔2018〕124 号）》，2018 年 1 月 18 日，见 http://fpb.hg. gov.cn/art/2018/1/25/art_6461_152182.html。

史性转变。

通过将生态惠民与精准扶贫结合，创新益贫机制，利用生态资源优势，以土地流转、入股分红、合作经营、劳动就业、自主创业等方式建立利益联结机制。引导农牧民发展林下经济、生态旅游等产业增收。创新投入机制，用好各类项目补贴资金，撬动社会资金，探索林权抵押贷款等融资方式，引导社会资金注入生态建设。鼓励大户造林、企业造林、家庭造林、联营造林，促进非公有制林业快速发展，让资源变资产、农牧民变股东，激发全社会参与热情。创新奖补机制，采取以工代赈等方式，组织贫困人口参与生态工程建设。创新管护机制，公司造林保活三年后，将林木移交贫困农牧民管理，聘用贫困人口为护林员，鼓励和扶持贫困群众参与生态管护，实现了贫困地区生态保护和贫困群众增收"双赢"的目标。

自 2014 年以来，通过实施大生态促进大扶贫，全旗生态环境进一步改善，生态扶贫效益明显提升。全旗在综合治理环节中，林业用地达到 611 万亩，治理区域内植被覆盖度从不足 5% 提高到 70% 以上；全旗实施草牧场禁牧 919 万亩，实施退牧还草工程 31 万亩，种植紫花苜蓿 8 万亩。全旗年均发放公益林补贴资金 14534 万元，草原奖补资金 8916 万元，退耕还林补贴 3557 万元。2134 名沙区农牧民在生态建设中年人均增收 6000 元；聘用 610 名沙区贫困人口为生态护林员，每人年稳定收益 1 万元。通过推进生态建设保护、生态开发利用、美丽乡村建设，既改善了生态环境，又促进了农牧民增收。

一、生态产业的主要做法

（一）坚持生态建设产业化

1. 确保生态规划科学化，引领产业整合

科左后旗成立了全旗生态扶贫工作领导小组，旗主要领导担任组长，农牧、林业、水利、财政、发改、扶贫等部门及各苏木镇场为成员单位，负责组织推进生态扶贫工作。先后出台了《科左后旗林业生态红线划定工作方案》《林业发展十三五规划》《生态扶贫规划》《林业产业发展规划》《沙产业发展实施方案》，为扎实推进生态扶贫工作提供了有力的规划保障。生态扶贫建设资金以整合农牧、林业、水利、财政、发改、扶贫等部门项目资金为主。同时，按照"谁投资、谁受益"原则，广泛吸引社会资金（企业）投入工程建设，并引导农牧民利用土地流转入股等方式深度融入、分享收益。目前，已形成了政府、社会资本、个人等多元化的生态扶贫投入格局。

2. 推动生态建设产业化，助力群众增收

以国家三北防护林、科尔沁沙地"双千万亩"综合治理、通辽市城郊百万亩森林、东部百万亩现代农业示范区、金宝屯镇万亩榛子经济林基地等项目为重点，坚持"两结合、两为主"（乔灌草相结合、以灌草为主，造封相结合、以封造为主）治理方针，科左后旗将涉及农牧林水、扶贫开发等领域的生态扶贫项目资金整合，在土地沙化地区，对立地条件较好的区域实施人工造林工程，对沙化耕地实施退耕还林工程，拉动贫困农牧民就业增收，推动种苗生产、林产品运输加工等相关产业发展。

一是实施综合治沙工程。良好的生态屏障对于改善农田草牧场小气候、保障农牧业增产、农牧民增收具有重要作用。近年来，全旗林业用地达到611万亩，森林覆盖率提高了16.58%。目前，全旗公益林面积188万亩，农牧民年均获得补贴资金1394万元。土地沙化退化现象得到有效遏制，林草植被迅速恢复，降低了旱涝风沙盐碱等自然灾害对农牧业的影响。在农田林网保护地区，农作物增产15%—30%，农牧民增收效益明显。在综合治沙工程中吸纳农牧民参与苗木起运、栽植、抚育管理等工作，务工增收达5136万元，其中贫困农牧民务工增收445万元。

二是实施村屯绿化工程。旗委政府把村屯绿化与脱贫攻坚、建设美丽乡村有机结合，以村屯园林化、景观化为方向，以出门见绿、移步见景、小行见园为目标，针阔、乔灌、花草合理搭配，建设宜居生态乡村。对全旗106个重点贫困村文化广场实施绿化美化，为村风村貌改变，发展乡村旅游奠定良好基础。

三是实施道路绿化工程。将境内国省旗镇村五级道路共1800公里全部列入绿化范围，组织实施了好通高速、大广高速、国道304线、甘库公路、甘金南北线等宽幅绿化带工程，完成了村村通水泥路两侧多行绿化和公路交叉点、城镇村屯边界节点的绿化，形成了点线相结合的"沿线景观化、村庄景点化"建设目标。

四是吸纳贫困人群参与增收。所有生态建设工程全部通过招投标方式由公司承建，并在实施过程中注重吸收当地农牧民参与务工增收，生态建设成果归土地经营者所有，农牧民通过提供土地，参与务工增加收益。生态建设工程的后期管护上全面落实属地管理责任，让群众参与抚育、浇水、管护等职责并获得长期务工收入。全旗共聘用了610名耕地较少且符合条件的贫困农牧民为生态护林员，每人每年工资1万元。护林员实行每年一聘，动态管理，由林业主管部门组织培训，苏木镇林业站进行管理和日常考核。贫困农牧民通过护林员工资收入基本实现了稳定脱贫。

3. 生态保护产业化，夯实发展基础

坚持尊重自然、顺应自然、保护自然的发展理念，根据不同立地条件，统筹规划，分类施策。

一是设立自然保护地。在原始森林、草原、湿地生态系统集中区，设立自然保护区实施生态多样性保护工程。全旗共设立旗级以上森林、草原、湿地生态系统自然保护地17处，总面积210.9万亩，占全旗总面积的12.2%，形成了类型齐全、功能完善的自然保护地网络。全旗90%以上的珍稀濒危野生动植物和典型生态系统得到有效保护。

二是设立封禁保护区。在明沙区、沙化草牧场设立封禁保护区，实行重点区域全年禁牧，充分利用林草植被自我修复能力，恢复重点地区植被。实施封沙育林，对封育区内疏林地段、自然更新较困难的区域和林间空地面积较大的地段补植樟子松容器苗和一年生五角枫，逐步恢复林草植被。为此，全旗累计围封沙化草牧场 100 万亩，实施退牧还草工程 31 万亩，种植紫花苜蓿 8 万亩。

三是推行禁牧舍饲。引导农牧民为牧而农、种草养畜，特别是在低植被、退化沙化草牧场地区，实施封山育林，实行重点区域全年禁牧，并发放草原奖补资金，建设饲草料基地，全面推广家畜舍饲圈养，通过转变生产经营方式，减轻草原承载压力。2014—2019 年，实施人工种植 31 万亩、草地改良 1 万亩、毒害草治理 208 万亩，棚圈建设 3400 座，储草棚 870 座、青贮窖池 1430 亩，累计投入 10551 万元。

自 2014 年以来，年均发放草原奖补资金 8916.25 万元，累计发放 44581 万元。同时，饲草料种储逐年同步推进，仅 2018 年，就建设青贮饲草料基地 130 万亩、灌草型饲草料基地 50 万亩，全年储备饲草料预计可达 50 亿公斤以上。

（二）坚持产业发展生态化

为保护生态环境，一切产业规划与发展都围绕生态建设与保护开展，以实现产业发展与生态保护之间良性循环。

1. 农牧产业生态化

全旗全面推行了禁牧改饲，实施全域全年全时禁牧，引导农牧民转变经营方式，退牧还草、为养而种、种草养畜，在减轻草原承载压力的同时，通过粮改饲、种植优质牧草等措施增加饲草供应，使生态系统修复与舍饲养牛相结合，实现可持续发展。在种植业集中连片区域，推广高效节水工程，实施浅埋滴灌工程和改良盐碱地工程，提高水资源利用率。推广使用物联网水肥一体化管控、自动化精准给水施肥、生物预警绿色防控等先进技术和装备，可节水 60%、节肥 50%，肥料利用率达 90% 以上。2018 年，实施高效节水工程 65 万亩，覆盖 16 个苏木镇场的 126 个项目区，其中贫困户浅埋滴灌 11.7 万亩，每亩可增收 350 元，受益贫困户 5462 户。

2. 旅游产业生态化

立足既有生态资源优势，科左后旗实施了"全域旅游、四季旅游、旅游+"发展战略，实现生态旅游和生态建设循环互促，农牧民持续增收。贫困群众通过参与旅游项目进入产业链或以土地入股旅游产业，获得了务工收益、经营收益和分红收益。

3. 林果产业生态化

依托退耕还林地块、采伐迹地、农户庭院等，鼓励农牧民种植大果榛子、锦绣海棠等经济林。在苗木选购、技术服务、产品销售等环节进行指导扶持，不断壮大了林果产业规模。大力发展林下经济，截至 2019 年底，全旗特色经济林面积达到 5.7 万亩，树种以大果榛子、大扁杏、塞外红、黄太平、山杏等为主，发展林下种植养殖 30 万亩以上，增加经济效益 1.8 亿元以上。

4. 蒙中草药种植生态化

针对全旗沙坨地多、适合蒙中药材生长的实际，大力推广蒙中药材种植。为壮大蒙中药材经济产业，科左后旗建设了 50 万亩蒙中草药材种植采收基地，并同辽宁天麒集团、北京华宏康药业公司等签订收购合同，保障销售渠道。例如，2017 年以来，常胜镇种植黄芪、板蓝根、山药、苦参等中草药 20538 亩，其中贫困户 180 户 1080 亩，亩效益在 1500 元以上。2018 年，巴彦毛都苏木成立专业合作社，通过"企业+支部+农牧民+贫困户"模式带动农牧户封育麻黄草，其中带动贫困户 34 户，年均增收 1500 元以上。

5. 种苗花卉产业生态化

实施以造代育栽植樟子松、五角枫等乡土树种，降低生态建设中调入苗木的成本，并让贫困农牧民获得务工收益。利用贫困户房前屋后院田、宜林地，由林业部门提供苗木、贫困户栽植、企业采购的方式，增加生态增收。同时，通过给予企业优惠政策招商引资，促进旅游花卉产业发展。例如，阿古拉镇特格喜白乙嘎查通过引进大本农业公司，流转土地1万亩种植玫瑰等，带动了一批贫困户参与种植实现增收。

6. 资产收益生态化

全旗森林资源逐年增加，聚集起大量的森林碳汇。通过与碳汇交易公司签订交易评估委托协议，每年可为贫困户增收489.24万元。随着森林蓄积量逐年递增，带动了木材加工业发展，年创造产值达4100万元以上，经济林创造产值2000万元以上。

（三）益贫效益生态化

通过持续推进生态建设产业化和产业发展生态化，充分发挥生态建设的益贫效益，凸显生态建设在大扶贫理念中的整合效应与成果。

一是流转土地收益。中国的农村土地归农民集体所有，经营权分配给农牧民。经过组织动员，农牧民将严重沙化土地协议流转给国有林场和苗圃，统一进行苗木培育、造林绿化。

二是育苗收益。林业部门提供苗木和技术指导，贫困农牧民按照规程育苗。政府、企业优先采购旗内育苗户的苗木，使贫困农牧民获得了可观收益。

三是务工收益。吸纳贫困农牧民进入造林企业务工或直接参与到苗木起运、树木栽植、抚育管理等工作，沙区农牧民在生态建设中可获得务工收入，同时为沙区贫困人口提供了生态护林员公益岗位，每人可获得稳定的岗位收益。

四是生态转换收益。沙区农牧民的土地资源转化为生态资源资产，并持续释放生态红利，森林蓄积量逐年递增，可交易的碳汇资源更多。

五是生态衍生的经济效益。首先是通过粮改饲，实现了禁牧圈养，既保护了生态又扩大了养殖规模。其次是经济林果产业，生态治沙种植的大果榛子、五角枫等苗木长成后都具有很高的经济价值。再次是蒙中药材产业，针对沙坨地适合多种蒙中药材生长的实际，通过林下种植，全旗建设了 50 万亩蒙中草药材种植采收基地，企业与种植户签订收购合同，保障销售渠道畅通，农户可获得直接经济收入。最后是生态旅游产业，由于生态环境变好，有利于发展集生态观光、娱乐休闲、运动养生于一体的美丽乡村旅游，带动贫困群众获得可观的经营性收入。

二、生态产业扶贫的经验启示

（一）坚持科学谋划

规划先行是生态建设和生态扶贫的前提。坚持因地制宜、按照"生态建设产业化、产业发展生态化"的发展思路，科左后旗制定了一系列政策措施，绘就了新时期生态建设和生态扶贫的总体蓝图，初步建成了以村屯、城镇、园区绿化为点，通道绿化为线，综合治沙区、自然保护区、封禁保护区为面的建设保护新格局。

（二）坚持项目带动

把生态项目建设作为最大的基础工程，科左后旗重点实施了国家三北防护林、科尔沁沙地综合治理、通辽市城郊百万亩森林、重点区域绿化、东部百万亩现代农业示范区、金宝屯镇万亩榛子经济林基地建设等生态治理项目。通过实施生态项目拉动贫困农牧民就业，推动林木种苗生产、林产品运输加工等相关产业发展。

（三）坚持转型发展

生态资源的综合开发利用是生态扶贫的关键。必须强化林业供给侧结构性改革，生态产业由重林产业向加快融合发展转型。在生产力布局上，向五大功能区建设及城乡一体化发展转变；在树种结构上，按照造林树种"乡土化、良种化、多元化"的要求，对树种结构进行了大幅调整，积极营造混交林、主推乡土树种造林；在发展方式上，充分依靠科技进步实现由数量扩张向提质增效转变。同时，不断调整优化生态产业结构，积极培育支撑力足、带动力强的优势产业，发展经济林果、苗木花卉、蒙中药材、饲草饲料、生态旅游等绿色产业，真正实现生态建设与农牧民利益有效对接。

（四）坚持机制创新

一是创新益贫机制，将生态惠民与精准扶贫结合，充分利用贫困地区生态资源优势，通过土地流转、入股分红、合作经营、劳动就业、自主创业等方式，建立利益联结机制，完善收益分配制度，增加资产收益，拓宽贫困人口增收渠道。积极引导农牧民利用森林资源发展林下种植、林下养殖、生态旅游等产业，提高经济收入。造林保活三年后，坚持"树随地走""谁所有、谁管护、谁受益"的原则，将林木移交给贫困农牧民管理，颁发林权证，调动贫困农牧民参与林木管护的积极性。

二是创新投入机制，积极争取财政等各类资金向生态环境脆弱地区倾斜，加大生态建设资金转移支付力度。整合项目资金，用好财政补贴资金，撬动社会资金，探索林权抵押贷款等融资方式，引导各类资金注入生态建设。鼓励大户造林、企业造林、家庭造林、联营造林等非公有制林业快速发展，让资源变资产、农牧民变股东，激发全社会参与热情。

三是创新奖补机制，采取以工代赈等方式，组织贫困人口参与生态工程建设，提高贫困人口参与度。积极落实退耕还林、草原补奖等补贴政策，聘用贫困人口为护林员，促进和激励贫困群众参与生态工程建设，真正实现了贫困地区保护生态和经济利益双赢的发展目标。

四是创新利益保障机制，企业通过招投标承担生态扶贫建设项目，吸收贫困农牧民参与生产建设各环节务工，主要组织实施人工造林、封山育林、草原恢复、水利工程等项目。其中，林业扶贫项目实行3年验收管理，达到验收和扶贫成效评估标准，逐年按4∶3∶3比例兑付资金；贫困农牧民通过流转土地给生态扶贫项目获得土地承包收益，或者以政策帮扶资金和土地入股的形式获得分红。同时，贫困农牧民积极参与到生态扶贫项目中从事果树栽植、蒙中药材种植、绿化树种苗木培育、花卉种植以及旅游服务等工作，获得务工收入。

第四节 科左后旗旅游产业机制 创新与益贫效应

旅游扶贫，是指通过开发贫困地区的旅游资源，兴办旅游经济实体，使旅游业形成区域支柱产业，从而实现贫困地区居民脱贫致富和地方财政增收"双赢"。旅游扶贫是一种见效快、返贫率低、提高贫困地区"造血功能"的开发式扶贫模式，它能带动农村经济结构的整合优化以及相关支柱产业的培育，促进区域经济不断发展，进而实现贫困地区脱贫，其已成为精准扶贫的重要载体。

一、科左后旗旅游扶贫的经验与做法

（一）多渠道整合项目资金，确保产业协调推进

科左后旗按照打造区域知名的全域四季文化生态旅游目的地的目标定位，围绕培育"东北看草原、自驾游通辽"品牌，唱响"英雄上马的地方"区域公用品牌，大力发展乡村旅游，编制完成了《2018—2030全域旅游发展规划》，围绕构建"一线一路四点"新格

局，制定出台扶持文化旅游产业发展的政策措施。通过整合政策资金，加大对农村道路交通，节点城镇路网建设，旅游接待场所和相关设施的投入，规划和建设沿线旅游配套服务，为游客提供便捷、多样的服务，切实提高旅游的接待能力和服务水平。整合涉农扶贫项目资金，强化财政资金引导作用，对旅游扶贫项目优化整合，统筹安排，保证资金用到旅游扶贫最关键的地方。通过将国家扶贫资金投入转化为贫困户的入股资金，实现旅游项目建设与旅游扶贫工作充分整合，让旅游产业因扶贫开发而得到发展，同时又促进贫困户通过分享旅游发展所带来的收益增收而脱贫。

（二）高质量整合旅游资源，实现产业融合发展

产业扶贫，贵在精准。不同地区固有的资源禀赋条件各不相同，如果能够利用自身的优势资源发展产业，其产品就能够被市场接受。科左后旗利用自身地理人文资源，努力实现"旅游产业化与产业旅游化"。科左后旗重点围绕草原生态文化打造了大青沟景区项目；围绕满蒙历史文化打造了僧格林沁王府；围绕湿地文化和民俗打造了阿古拉旅游区；围绕森林文化打造了乌旦塔拉五角枫森林公园；散都苏木车家村以村集体经济的形式，将曾经几乎毫无价值的集体土地的草甘沙漠开发利用，发展沙漠旅游产业，开发了草甘沙漠景区。通过深度挖掘科尔沁民族文化资源，培育"双合尔·楚古兰""敖包相会文化旅游节""草甘文化旅游节"等节庆文化品牌，结合养牛产业在各个苏木镇推广开展赛牛会。

（三）科学构建利益机制，凸显旅游的扶贫效益

旅游扶贫就必须努力构建旅游与扶贫的利益共赢机制，在旅游产业扶贫模式中，景区带动型是其中重要的模式之一，"开发一个景区，致富一方百姓"。以科左后旗草甘沙漠旅游项目为例，散都苏木车家村以村集体经济的形式，将曾经几乎毫无价值的集体土地的草甘

沙漠开发利用，发展沙漠旅游产业，多举措吸纳贫困户进入产业链，构建起"旅游+扶贫"新模式，实现了村集体经济发展、贫困群众脱贫增收的双重积极效应，成为全市乡村旅游扶贫的典型案例。

1. 贫困户通过分红实现联结收益

为构建产业扶贫中景区与农牧民之间的利益联结机制，该村景区管委会引导贫困户以集体土地、贷款资金入股，一次性投入到景区基础设施建设中，景区每年向贫困户发放红利，贫困户实现入股分红。仅2017年草甘沙漠旅游景区就带动32户贫困户入股，其中23户以5万元扶贫贷款入股，每年分红5000元，9户以1.3万元财政以奖代补资金入股，每年分红4000元。

2. 吸纳贫困户务工，贫困人群实现就业增收

为实现乡村产业致富乡里，景区在同等条件下优先为有劳动能力的本村贫困户提供售票员、保洁、保安等景区服务岗位。目前，86名本村员工中有12名是贫困户，平均每人每年工资15000元。该景区在旅游旺季聘用贫困群众为景区工人，积极组织语言表达能力强的贫困群众到辽宁学习导游业务知识，增强就业本领，实现贫困群众就近就业增收。

3. 延伸旅游产业链，贫困人群实现发展增收

为帮助有经营能力和生产技能的贫困户实现增收，景区管委会鼓励贫困群众通过从事特色旅游商品的生产、销售以及经营"农家乐"增加收入。

在草甘沙漠旅游节期间，景区为12户贫困户免费提供绿色农副产品经营摊位，实现土特产直销旅游群体，人均增收1000元左右。扶持有条件的贫困户经营"农家乐"，一方面提升旅游景区综合服务水平，另一方面带动贫困户实现经营增收。目前景区2户建档立卡贫困户通过经营"农家乐"实现户均年增收12000元。科左后旗成立了民族手工艺品专业合作社，在甘旗卡镇、散都苏木、查日苏镇等地50余个嘎查村组织开展妇女技能培训班，聘请专业人士指导当地贫

困妇女学习蒙古族刺绣、手工艺制作等技能，并免费为贫困户提供刺绣所需的手工材料，高价回收成品，使 700 余名贫困妇女在不出门、不影响家务的情况下增加可观收入。茂道吐苏木开办的马头琴制作公司每年带动 12 名贫困人口就业，年均增收 3000 元；巴嘎塔拉苏木、朝鲁吐镇等地利用充足优质的奶资源、种植业资源开发设计了原生态、无污染的品牌奶制品、杂粮杂豆、大米等旅游商品，直销区内外，带动 60 户贫困户参与生产加工及销售。科左后旗旅游事务服务中心组织号召 8 家旅游饭店与贫困户签订蔬菜订单，带动 25 户贫困户留在家里守住菜园子增收。

二、旅游扶贫的经验启示

第一，以机制改革强动力。深化体制机制改革，激活发展的内生动力，是旅游脱贫的基本前提。要用好用活上级有关政策，同时针对性地制定相关政策，推进农村产权制度、农村经营体制等改革，盘活水田、山林、旱地、房屋等沉睡资源，优化农村产业产权结构。同时，积极创新经营管理模式，建立与农民的利益共同体，从而实现农村资源"活"起来、农村要素"动"起来、贫困群众"富"起来。

第二，做好产业配套增活力。做强旅游业配套服务，是旅游脱贫的重要要求。要以旅游点为中心，围绕"吃、住、行、游、购、娱"和"商、养、学、闲、情、奇"新旧六要素，增加有效供给，精心布局配套服务设施，加快建设和完善交通、能源、通信、水利等配套基础设施，夯实贫困镇村经济发展基础。

第三，产业融合聚合力。将旅游业和其他相关产业深度融合、一体发展，是旅游脱贫的关键所在。要推动旅游业与高效农业、特色产业融合发展，与大健康、文化、体育等相关产业共生共荣，不断丰富旅游业态，加快产业转型升级，有效延长产业链、价值链，着力形成"全景域体验、全过程消费、全产业融合、全民化共享"的全域旅游新模式，实现相互搭台，形成助推脱贫攻坚的强大合力。

第五节　科左后旗产业扶贫的启示与意义

科左后旗的脱贫攻坚经验和模式进一步证明，产业扶贫在整个脱贫攻坚体系中占据着核心地位，在带动贫困户增收脱贫、促进贫困地区经济发展方面有着非常重要的作用。因为产业扶贫的有效性、安全性、益贫性和长效性，产业扶贫在精准扶贫精准脱贫的过程中将一直发挥着更为重要的作用。科左后旗关于产业扶贫的实践探索，呈现了整合式扶贫开发模式与特征，这种模式具有整合论意义上的整体涌现性特征，可以看作是一种贫困治理模式的创新，为我们探索构建产业扶贫的体系和实践模式提供了宝贵经验借鉴。

一、选定主产激活资源优势凸显

产业扶贫，贵在精准。不同地区固有的资源禀赋条件各不相同，资源禀赋将影响（贫困）地区产业扶贫项目的选择，产业扶贫要发挥地区资源禀赋和要素禀赋优势，选择与培育资源禀赋型产业作为带动贫困人口脱贫减贫和地方经济发展的主导产业。选择与当地其他产业具有广泛而密切技术联系或贫困户知识与技术积累较充足的市场需求型产业，更容易吸收贫困群众在现有技术能力存量条件下参与产业扶贫项目，进而提升产业扶贫模式的运行成效。贫困户作为产业扶贫多元主体联动的核心主体，其知识水平和技术水平、内生发展动力等特征均可能影响产业扶贫模式的运行成效，所以产业选择必须与生产主体的知识、能力甚至生产生活传统习惯相适应。科左后旗在产业选择过程中，立足于农牧区良好的种植业和草牧业资源禀赋，以及富有养殖经验与历史传统，确定黄牛养殖为全旗主要产业，充分发挥了自身的地理资源、人力资源和人文传统的优势，有利于实现自身资源优势的最大整合和发挥。

二、整合资源助推产业优势发挥

在产业化过程中，传统的一家一户的小农户经营难以形成整体的市场规模效应，以体现和发挥地方的传统优势。必须在政府的主导下，通过整合资金、整合资源、整合力量，推进经济、生态、产业"三化融合"和一二三产业融合。

首先，加强资金资源整合。扶贫必须有资金投入作为保障，但是扶贫资金容易存在分散、细碎化的现象，导致扶贫资金发挥效益和辐射功能的力度远远不够。地方可在确保完成目标任务的前提下，将各级财政安排的性质相同、用途相近的涉农资金纳入同一资金池，统一设计方案、统一资金拨付、统一组织实施、统一考核验收，形成政策合力，提升资金使用效益。① 为了发挥资金的合力，必须将扶贫资金进行整合，将各种基础设施建设项目资金、现代农业发展项目资金、专项扶贫资金等各类资金整合起来用于扶贫开发，推动嘎查村产业的发展。同时积极引导资源要素向扶贫产业加速集聚，推动扶贫产业专业化、规模化发展，努力形成区域集聚效应和地域品牌特色，不断提高贫困地区扶贫产业的市场竞争力。科左后旗在实施黄牛产业精准扶贫过程中，通过资金项目的整合利用，不断促进养牛基础设施提档升级，帮助贫困户建设棚舍窖池，结合饲草料基地建设实施天然草原恢复工程，全面禁垦禁牧，形成了"为牧而农，为养而种，草畜平衡"的生态可持续的产业发展硬件基础。

---

① 国务院：《国务院关于探索建立涉农资金统筹整合长效机制的意见（国发〔2017〕54号）》，2017年12月21日，见 http://www.gov.cn/zhengce/content/2017-12/21/content_5249187.htm。

其次，推进产业链的资源整合。在大生态、大扶贫的理念下，将扶贫开发力度大的农、牧、旅游产业之间的关系进行了整体理清与链接。通过食物链加环的粮改饲工程、有机肥混牧利用等生态技术组合实现农牧产业的良性循环，通过生态建设的以育代造进行饲草料种植实现草畜的生态平衡，生态建设同时也助力生态旅游资源的开发与利用，农牧产品通过旅游而得以带动销售与发展。

再次，实现产业发展机制的整合。产业发展需要良好的政策环境、金融融资渠道、发展主体的积极性，以及产业发展所需的新人才、新技术、新机制等。为此需要在政策与制度设计中，从宏观上整合各种产业配套体系，以服务于产业发展的需要。科左后旗通过政府贴息、企业担保、群众联保等方式构建了扶贫资金保障体系，实现了贫困户养牛贷款全覆盖。同时根据贫困户参与养殖黄牛的能力，精细划分为能贷能养、能贷不能养、不能贷能养和不能贷不能养四种类型，推行自养、托管和代养为主的养殖模式，实现金融信贷扶贫的到户施策精准。

最后，确保人才力量的整合。整合式扶贫就是要着力构建党政主导、行业协同、社会参与、群众主体"四位一体"的大扶贫格局。整合产业化龙头企业、农民合作社、家庭农场等新型农业经营主体向贫困群众提供全产业链服务，通过统一技术培训、统一生产标准、统一销售市场，吸纳贫困劳动力参与规模化经营，提高扶贫产业组织化、专业化、市场化程度，实现贫困群众"单家独户""弱小群体"的生产活动与社会"大生产""大市场"的有效对接。科左后旗通过建立旗镇村三级服务网络、组建专业技术服务团队和搭建信息交流平台，构建了完善的科技服务保障体系，落实从政策引领到金融、科技、人员网络的配套，加强了产业的"软件"建设，促进了产业发展。

三、整合效益强化产业扶贫功效

利益联结机制是否建立及其完善程度，直接关系产业扶贫的益贫经济效应，进而影响产业扶贫项目运行的稳定性与可持续性，最终影响产业扶贫项目的运行成效。全面建成小康社会核心在"全面"。在市场经济条件下，其实就是要让经济发展成果自上而下传递到低收入人群，但是这个过程并非自动发生的，这需要统筹考虑各产业的利益联结与分配机制，一方面使经济增长更具益贫性，另一方面要整合提高益贫效益的精准性。扶贫治理模式的绩效，不仅仅要考虑其经济效益和产业效益，而且也应包含其社会效益、生态效益、家庭效益和人文效益。各扶贫产业的益贫效益必须在区域内实现联动与整合，才能实现整体精准脱贫与可持续发展。

第六章

整合式贫困治理的显著成效

　　科左后旗地处内蒙古、吉林省和辽宁省的三角毗邻地带，由于历史原因、地理环境与自然条件等诸多制约，科左后旗的经济社会发展相对滞后，于2011年被确定为国家扶贫开发重点旗县，其贫困人口占全旗总人口的25%以上。自2014年实施精准扶贫战略以来，该旗认真学习贯彻习近平总书记关于扶贫工作的重要论述，以脱贫攻坚统揽经济社会发展全局，开创了一条整合式贫困治理的攻坚道路。

　　通过整合全旗各级人力、物力、财力和政策等系统性资源，多管齐下、各方协同，有重点、分步骤，有序推进贫困治理工作，全力抓住产业发展不放松，大力推动以黄牛养殖、生态建设为中心的产业扶贫全覆盖。经过近5年的不懈努力，该旗不仅成功摘掉了贫困旗县的帽子，还被国务院扶贫办授予2019年"脱贫攻坚组织创新奖"。科左后旗整合式脱贫攻坚取得的显著成效，主要体现在经济发展、民生改善、社会风尚转变、基层党建强化、生态恢复等五个方面。

第一节　整合式脱贫攻坚的经济成效

　　科左后旗旗委政府始终把增加群众收入、增进人民福祉作为工作的出发点和落脚点，让贫困群众实现稳定增收、可持续增收。自2014年开展精准扶贫工作以来，截至2019年底，该旗建档立卡贫困户从13065户降至36户，贫困人口从34261人降至119人，全旗累计减贫 11889 户 34097 人，贫困发生率由 11% 降至 0.04%，贫困人口大幅度减少。2019 年全旗粮食产量达 25.24 亿斤，城镇及农村牧区常住居民人均可支配收入分别达到 29025 元、13671 元，同比增长分别为 7.3%、11.4%。农牧民群众经济收入得到大幅提高，生活水平得到显著改善，全旗全面建成小康社会目标实现。

一、整合优势资源发展黄牛产业

2018 年 2 月 12 日，习近平总书记在打好精准脱贫攻坚战座谈会上曾指出，产业扶贫是稳定脱贫的根本之策。科左后旗旗委政府深入领会贯彻习近平总书记的重要讲话精神，着眼于长期经济效益和稳定增收目标，立足于当地黄牛饲养的传统基础，结合当地自然条件和资源禀赋优势，通过政策引导、资金支持、技术服务等多种整合措施，扶持贫困户养殖黄牛，建立起一套以黄牛产业为主导的精准扶贫模式。2019 年，全旗黄牛饲养量达 87.86 万头，其中贫困户（含已脱贫户）养牛 6.18 万头，人均养牛 2.2 头。黄牛养殖成为贫困群众稳定增收、脱贫致富的主渠道，脱贫户中有 80% 是通过黄牛产业实现脱贫的。在脱贫攻坚实践探索中，科左后旗通过整合各种资源，以黄牛产业为突破口，走出了一条"赶着黄牛奔小康"的新路子。

科左后旗是一个农牧结合地区，种植业和草牧业资源丰富，且黄牛养殖历史悠久，农牧民具有丰富的养牛生产经验，农村牧区的黄牛养殖基础实力雄厚。同时，该旗从 20 世纪 50 年代开始将欧洲西门塔尔牛与本地蒙古牛进行杂交改良，经过三四代繁育，已经形成品性优良、乳肉兼备的科尔沁黄牛。另外，调查摸排发现，该旗农村牧区非贫困户的养牛参与度明显高于贫困户，无牛户的贫困发生率明显高于养牛户。因此，科左后旗旗委、旗政府立足本旗实际、因地制宜，将黄牛养殖、黄牛产业作为农牧民贫困群众早脱贫、快致富的突破口，立足黄牛产业的历史传统和农牧民种植养殖生产实际，确立了"大力发展黄牛产业，促进农牧民增收致富"的发展思路，制定了一系列政策和措施，做大做强黄牛产业，稳步推进黄牛产业健康发展。一方面，重点保障农牧民贫困群众有牛可养，通过优先饲养基础母牛来逐步扩大养殖数量，确保养牛群众有牛可卖、有牛能卖；另一方面，想方设法将农牧民贫困群众纳入黄牛产业链，从繁育、饲养、交易、加工、销售等不同环节为贫困群众创造营收条件，使贫困群众分享养牛产业的发展红利。

二、整合式信贷模式为黄牛养殖提供资金保障

农村牧区致贫原因错综复杂，而缺资金、缺技术、缺劳力、底子薄、债务多等问题则是普遍原因。贫困群众发展产业面临的第一个难题就是缺资金，而且基本没有自筹能力，所以资金短缺是造成农牧民贫困户无牛可养的主要因素。为了有效破除资金短缺的瓶颈，保证贫困群众能够养牛、能够养好牛，科左后旗旗委政府充分利用中央、自治区和通辽市的产业扶贫政策，提出"政府主导+金融助力+个人出力"的资金筹措思路，整合国家、市场、社会与个人等多方力量，千方百计为贫困群众养牛寻求资金保障，创新性地构建起一套以政府贴息、企业担保、群众联保等为主线的扶贫资金投放模式，实现了农牧民贫困户养牛贷款全覆盖，使有劳动能力、有贷款意愿、有还款能力的贫困户，全部能够获得 3 万—8 万元贷款。为了确保扶贫贷款真正用于发展生产，该旗创造性地实施贷后监管措施，由结对包联干部和嘎查村"两委"班子共同监督引导，确保农牧民贫困户确实将贷款用于购买基础母牛，而对于资金使用把握不准的贫困户，则由结对包联干部和镇村干部协助统一购买。2014 年以来，全旗累计发放养牛贷款 7.9 亿元，其中为建档立卡贫困户发放 3.7 亿元。这种信贷整合模式不仅有效带动了商业资金和社会资金积极投入到脱贫攻坚事业当中来，还为农牧民贫困户发展养牛产业切实解了燃眉之急，该旗的

产业扶贫也由此获得了突破性进展。

根据贫困户的基础条件和劳力状况，该旗将贫困户精细划分为四种扶持类型：能贷能养、能贷不能养、不能贷能养和不能贷不能养。针对不同类型制定不同措施实施精准帮扶，使有劳动能力的家家有牛养，无劳动能力的户户可分红，最终实现养牛精准帮扶全覆盖。一是能贷能养的贫困户，即对于符合贷款征信条件并且能养牛、会养牛的贫困户，全部给予贷款支持购牛，帮助建棚舍、建窖池，引导种植青贮，并鼓励群众自育自养。目前全旗能贷能养贫困户共 3860 户，养牛 34852 头。二是能贷不能养的贫困户，即对于符合贷款征信条件但是不能养或不会养的贫困户，则利用贷款购牛，采用合作社合养、委托养殖大户代养或委托亲朋好友代养等方式。目前全旗能贷不能养贫困户共 1259 户，托管代养牛 6884 头。三是不能贷能养的贫困户，即对于不符合贷款征信条件但是能养牛、会养牛的贫困户，通过协调企业、合作社、养殖大户和包联干部实行反担保贷款买牛，或使用扶贫项目资金统一购买"扶贫牛"，然后交由贫困户自饲自养。目前全旗不能贷能养的贫困户共 1263 户，养牛 3314 头。四是不能贷不能养的贫困户，即对于不符合贷款征信条件也不能养牛或不会养牛的贫困户，由镇村帮助协调贷款和项目资金，入股龙头企业、合作社或养殖大户，进行资金托管，享受利润分红。目前全旗不能贷不能养的贫困户共 1425 户，户均分红超过 1800 元。

三、整合国家、市场与社会资源为黄牛养殖提供可持续保障

2014 年，习近平总书记在内蒙古调研时提出：要加快传统畜牧业向现代畜牧业转变步伐，探索一些好办法，帮助农牧民更多分享产业利润效益，真正同龙头企业等经营主体形成利益共同体。为了强化企业带动黄牛产业健康发展，该旗积极培育重点龙头企业，加快推进

标准化养殖场建设，带动黄牛产业向规模化、标准化、组织化方向发展。目前，全旗现有龙头企业 13 家、标准化养殖场 22 家。其中肉牛屠宰加工企业有 2 家，年设计屠宰加工能力 35 万头，肉牛加工企业已具备较大的生产加工能力。2018 年，全旗牛肉产量 8 万吨。龙头企业与养牛户按照合同或订单建立关系，公司对养牛户提供技术支持和必要的资金，农户按公司的要求和标准进行饲养和短期育肥，并按协议价格把成牛卖给公司。

带动能力强的龙头企业为养牛户买牛卖牛找到了市场的来路去路。紧紧围绕黄牛、水稻等优质农畜产品精深加工，探索建立股份合作、订单帮扶、价格保护、生产托管、流转聘用等企业与贫困户利益联结机制，推广"龙头企业+专业合作社+贫困户""龙头企业+贫困户+基地"等产业化经营模式，吸纳贫困人口融入产业链增收。采取入股分红、托管代养、承包租赁、订单种植、贷款担保等形式，密切龙头企业与农牧户、特别是贫困户的利益联结，丰富贫困户资产收益形式。科尔沁牛业等 6 家龙头企业带动 9015 户农牧民户均增收 3000元以上。建有伊胡塔、甘旗卡 2 个大型黄牛交易市场，以及若干"牛超市"作为这两个集市的补充，提升现有黄牛交易市场水平，有效辐射黑龙江、吉林、辽宁、河北、蒙东等地区，使农牧民购销成本最小化；建立黄牛电子交易平台，与可意网联合推出"我在草原有头牛"定制牧业项目，进一步拓宽销售渠道。实现消费者与养殖户直接对接，促进网上交易，提升养牛效益。

传统养殖模式粗放不经济，农牧民有牛不会养或养不好、效益低。为了确保贫困群众养好牛、稳定增收，科左后旗多措并举，不断提高农牧民的养牛水平。从调整农牧业产业内部结构入手，实施"引草入田""粮改饲"工程，突出发展饲草种植，近年来全旗每年青贮种植都在 100 万亩以上，有效解决了养牛的饲草料问题，同时逐年加大养牛基础设施建设，2014 年以来，累计为贫困户建设棚舍4370 座、窖池 4598 座，贫困农牧民养牛条件得到明显改善。加强农牧民养牛技术培训指导，每年冬春定期开展黄牛饲养、防疫、改良、育肥、母犊分离等实用技术培训和现场指导活动，仅 2018 年上半年就组织培训 405 场次，受益农牧民 6.8 万人次，发放各类宣传资料、科技手册 6.5 万份。建立健全农牧业服务中心和基层兽医站所，全旗现有黄牛冷配中心点 22 处、村级冷配点 680 处、配种技术员 895 人，有基层动物防疫站 22 个、基层兽医 130 人、村级防疫员 395 人、村级协检员 335 人。

四、黄牛养殖产业的显著经济效益

养牛脱贫占比逐年提高，黄牛产业在推进精准扶贫中的主导作用充分显现，成效十分显著。通过对部分苏木镇场抽样分析，牧区、半农半牧区和农区三大类型区苏木镇场的黄牛存栏数、贫困户养牛户数、贫困户养牛占比年度显著递增，贫困户养牛头均收益同步稳定提高。截至 2018 年 6 月，三大类型区贫困户中养牛户占比分别达到 75%、69%、51%，贫困户养牛头均收益分别达到 0.4 万元、0.3 万元、0.4 万元，养牛脱贫贡献率分别达 71%、70%、37%。通过对部分嘎查村抽样分析，牧区、半农半牧区和农区三大类型区嘎查村的黄牛存栏数、贫困户养牛户数、贫困户养牛占比年度显著递增，其中半农半牧区和农区养牛贫困户增幅显著，贫困户养牛头均收益同步稳定提高。截至 2018 年 6 月，三大类型区贫困户中养牛户占比分别达到 89%、91%、63%，其中贫困户养牛头均收益分别达到 0.4 万元、0.35 万元、0.42 万元，养牛脱贫贡献率分别达 92%、93%、31%。其中，牧区、半农半牧区的贫困户中养牛户占比、养牛脱贫贡献率高达 90%左右，同时农区养牛贫困户占比成倍增长，充分表明依托养牛脱贫路子选得准、效果好。尽管目前农区养牛脱贫贡献率相对不高，但农牧民养牛脱贫致富意识已经被充分调动起来。

通过扶持贫困农牧民养牛脱贫，黄牛产业全产业链得到延伸和完善，基本形成了集饲草种储、种源建设、母牛扩繁、疫病防治、规模养殖、精深加工、市场交易、冷链物流、产品销售于一体的黄牛全产业链架构。因户制宜精准施策，让所有贫困户都能够"靠牛吃牛、念牛经、发牛财"，让不同类型贫困户都能够稳定获得养殖收益、务工收益、政策扶持收益、资产扶贫收益或入股分红收益，最终达成贫困户全面增收、脱贫致富。该旗被列入全国首批养殖大县名录。黄牛产业扶贫减贫案例入选全国脱贫攻坚典型案例。

五、贫困治理中其他补充产业的经济成效

在大力推进黄牛产业扶贫的同时，科左后旗还充分利用土地广袤、水资源丰富、农畜产品绿色无污染的优势，扶持贫困户发展特色种植业，为贫困农牧民增收脱贫积极探索其他渠道创造条件，如发展光伏产业、搞活庭院经济、实施旅游扶贫等多项举措，也取得了较好的经济效益。

2017 年，通过深化产业结构调整，实施"粮改经"政策，扶持贫困户种植经济作物 5 万亩，实施玉米与花生、大豆轮作 1 万亩。整合国土、发改项目资金，扶持贫困户实施旱改水 5000 亩、浅埋滴灌3 万亩，大幅提高单产和种植业效益。此外，针对农牧户庭院面积大、利用不充分的实际，旗委旗政府通过政策扶持、企业带动、技术培训等措施，积极引导贫困户利用庭院种植蔬菜瓜果、发展特色养殖，现全旗贫困户种植庭院经济 8300 亩，并与北京交通大学、怀柔星东天地签订了农产品进校园、进超市协议，解决了蔬菜销售问题。

加快大青沟、阿古拉、僧格林沁王府、草甘沙漠等重点景区提档升级，打造乡村旅游示范户，举办敖包相会文化旅游节、乌旦塔拉枫叶节等系列活动，带动周边群众参与旅游产业增收，如散都苏木车家村以村集体经济的形式开发建设草甘沙漠旅游区，带动 32 户贫困户117 口人整体脱贫，被评为自治区旅游扶贫示范项目。

另外，科左后旗投资 2.4 亿元，通过建设海鲁吐镇新艾里嘎查 39.3 兆瓦集中式光伏扶贫电站项目，连续 2 年为 1572 户无劳动能力（包括残疾）每户每年分红 3000 元。投资 2.5 亿元，建设 78 座村级光伏扶贫电站，覆盖贫困嘎查村 103 个、5648 户，每年共产生收益 2500 万元左右，由嘎查村进行二次分配，主要用于设立公益岗位、小型公益事业、奖励补助等。通过光伏产业，共设立贫困户公益岗位 994 个，年人均工资 8760 元，鼓励贫困户通过力所能及的劳动获得劳务收入。

第二节　整合式脱贫攻坚的民生成效

习近平总书记在参加十三届全国人大二次会议甘肃代表团审议时指出，脱贫攻坚的标准，就是稳定实现贫困人口"两不愁三保障"，即不愁吃、不愁穿，义务教育、基本医疗、住房安全有保障。自 2014 年精准扶贫工作开展以来，科左后旗把脱贫攻坚作为重大政治任务、头等大事和第一民生工程来抓，认真落实"四个切实""五个一批""六个精准"部署要求，坚持精准扶贫、精准脱贫，在取得一系列经济成效的同时，坚持补齐民生"短板"，强化基础建设、改善人居环境，人民群众的幸福感、获得感持续增强，民生改善效果显著。

一、贫困人口劳动就业成效显著

科左后旗现有贫困人口中，有劳动能力的人口比重占 50% 左右。2019 年全年需要就业帮扶贫困劳动力 1486 人，截至 2019 年底，通过就业帮扶贫困劳动力 1486 人，完成目标任务的 100%。一是加强区内外劳务输出，引导和鼓励贫困劳动力到东北经济圈就业。截至2019年底，全旗农牧民转移就业46032人，其中贫困劳动力转移就业1486人。二是鼓励支持创业致富带头人在贫困村创建"扶贫车间""扶贫工作坊"，使一批无法外出务工的贫困劳动力实现就地就近就业，形成"一人稳定就业，脱贫致富一家"的良好格局，截至2019年底，建档立卡贫困人口实现就业达170余人，每人月均增收1000元左右。

针对无法输送到企业就业的贫困劳动力，采取政府购买服务等方式，做好护林、保洁、护路等公益性岗位，拓宽就近就地就业渠道。截至2019年底，公益性岗位安置贫困人口就业610人。此外，通过与家庭服务、旅游休闲、健康养老、文化体育、民族食品加工等吸纳就业能力强的企业对接，为贫困劳动力转移就业争取更多适宜就业岗位；围绕肉牛、文化生态旅游、蒙中医药、物流、沙产业、生态、马文化、战略性新兴产业，加快创业孵化园区建设，科学合理开发技能含量高的就业岗位，让有能力、有就业意愿的贫困户家庭劳动力实现体面就业，鼓励企业优先安排使用建档立卡贫困劳动力。

此外，该旗坚持通过技能培训来促进贫困劳动力实现就业。坚持培训一人、就业一人、致富一户、带动一片，2015年以来开展实用技术培训6万人次。通过打造"扶贫车间"，推广"企业+合作社+贫困户"模式，带动技能扶贫。提供就业信息1万余条，建立贫困家庭本科以上学生就业"绿色通道"。

二、医疗救助扶贫成效显著

科左后旗扎实有效地解决贫困人口因病致贫、因病返贫问题。2014年全旗建档立卡贫困户中因病致贫6010户16931人，截至2019年上半年，因病致贫户减贫4633户13023人。2014年以来，旗财政已累计投入健康扶贫资金2430万元，整合民政医疗救助资金589万元，确保农村牧区建档立卡贫困人口能够看得上病、看得起病、看得好病。

从 2017 年 10 月起，该旗对符合政策的建档立卡贫困人口住院实际医疗费用报销达 90%，并实现了即时报销。全面实施参保缴费补贴政策，旗财政投入 260.6 万元，按每人每年 50 元标准补贴符合政策贫困人口缴费。建立了基本医保、大病保险、商业健康补充医疗保险、医疗救助、政府兜底保障基金"五重"保障防线。2017 年 1 月至 2019 年底，贫困人口就医补偿 51197 人次，医保统筹支付 10004.4 万元。在全自治区率先实现了为因病卧床、生活不能自理的贫困人口提供"家庭病床"服务，切实解决了众多就医不便患者医保核销的问题。2014 年以来，"家庭病床"项目累计治疗 30179 人次，核销金额 1022.4 万元。

全面推行建档立卡贫困人口先诊疗后付费"一站式"结算服务，解决了 2 万多贫困人口"看得起病"的问题（保障了 2 万多贫困人口"看得起病"）。全旗 34 家公立定点医疗机构已全部执行了先诊疗后付费"一站式"结算制度。自 2017 年 10 月执行该政策以来，累计有 19334 人次享受"一站式"结算服务，累计核销 11856.1 万元。

2016 年起连续 3 年开展贫困人口免费疾病筛查，共免费筛查 56380 次，发现各类疾病 20117 人次，累计投入资金 1278.47 万元，通过疾病筛查进行分类干预，做到"无病早防、有病早治"。建设标准化嘎查村卫生室 516 个，实现了群众家门口就医，小病不出村。

三、保障贫困家庭子女接受教育成效显著

2014 年至 2018 年，科左后旗共投入 5.3 亿余元，改善重点农村牧区办学条件，基本实现了校际、城乡之间的资源共享，薄弱校改造成效显著，2018 年顺利通过了国家级义务教育均衡发展达标验收。从建立组织和完善制度入手，狠抓"控辍保学"工作。对现有建档立卡贫困家庭的 26 名适龄残疾儿童，由旗特殊教育学校负责送教上

门，建档立卡贫困家庭学生无因贫辍学现象。全面落实助学金、伙食补助、交通补助等教育扶贫政策。

2017年开始，对贫困家庭读小学、初中、高中和大学的学生每年分别补助1800元、2000元、2400元、10000元；2018年，发放"国家开发银行生源地信用助学贷款"4995人、3403万元；2019年，发放"国家开发银行生源地信用助学贷款"5181人，合同金额3372.26万元。2018年，共为95名学生解决交通补助6万元；发放"内蒙古低保家庭子女升入普通高校资助资金"135名、135万元；发放"内蒙古建档立卡家庭子女升入普通高校资助资金"173名、194万元；发放"全市建档立卡贫困家庭在校生补助资金"3617名、1059万元。

自2018年5月开始，实行对未脱贫建档立卡贫困家庭学生减免50%的校车费，共为551名学生减免校车费12.6万元；充分调动社会资源参与教育扶贫，企业和爱心人士资助326人，资助金额近150万元。出台未脱贫建档立卡贫困家庭在校学生校车费补助一半等政策，切实减轻贫困家庭负担，坚决不让一个学生因贫失学、一个家庭因学返贫。

四、贫困群众的居住条件显著改善

在脱贫攻坚工作中，科左后旗不断加大农村牧区危房改造力度，深入有序推进农村牧区危房改造工作，从根本上改善困难群众的居住条件。经过对危险房屋改造，全旗建档立卡贫困户住房安全全部得到保障。

2019年危房改造共实施建设130户，其中建档立卡贫困户84户，低保户、分散供养的特困户、贫困残疾家庭46户。投入资金320万元，以危房改造专项资金和扶贫补助资金进行资金整合。整合危房改造专项资金、扶贫资金，以建档立卡贫困户为重点，覆盖其他弱势群体，主要实施了三项工程：一是实施"四类重点人群"住房安全保障工程。对建档立卡贫困户、低保户、分散供养的特困户、贫困残疾家庭的危房进行新建、扩建和维修加固。二是实施无房户住房保障工程。对"四类重点人群"中的无房常住户，符合条件的予以新建住房。其他无房户，如长年举家外出、季节性返乡等无房户，协调解决其入住集体公租房、幸福院或帮助租赁长期固定安全住所等。三是对"四类重点人群"中B级住房和居室环境差、自身无能力修缮的，给予适当补贴，进行必要的修缮，确保坚固整洁。

2014年以来，共投入资金3.27亿元，改造危房16517户，全面解决贫困户住房安全问题。建设19所农村牧区互助养老幸福院，现已入住72户119人，还可供127户临时返乡贫困家庭入住。

五、其他惠及贫困群众的民生成效

（一）路网建设的民生成效显著

2014年以来，该旗不断加大农村公路建设力度，农村公路建设取得翻天覆地的改善。2014年以前，全旗通村水泥路仅有663.7公里，行政村通畅率为44.6%。2014年至2019年公路基础设施建设总里程5529.47公里，总投资29.24亿元。其中嘎查村、撤并建制村通村水泥路2006.86公里，投资10.41亿元，全旗262个嘎查村全部通畅，贫困嘎查村通畅率和嘎查村通畅率均达到100%，彻底解决了群众出行难的问题；街巷硬化水泥路3305.5公里，投资16.73亿元，惠及全旗262个行政村和596个自然村（分场），所有贫困嘎查村村内街巷全部硬化，硬化率达到100%；旧路改造工程2条168.21公里，投资1.49亿元；升级改造工程1个48.9公里，投资0.61亿元。

（二）水电建设的民生成效显著

脱贫攻坚工作开展以来，该旗投入资金2.89亿元，通过集中供水和分散供水相结合的方式，实现安全饮水工程全覆盖，跟踪开展水质检测，全旗858个村屯水质、水量、用水方便程度、供水量等全部达标；在饮水安全、农业高效节水工程等方面取得了明显成效。2014年以来，共建设饮水安全工程779处，实现安全饮水工程全覆盖。共投入1亿元中央财政水利发展基金，实施20万亩农田高效节水灌溉工程，工程项目涉及全旗10个苏木镇36个嘎查（村）7004户，25327人，其中，866户贫困户、2329人受益。投入6.93亿元实施农村电网改造工程，建设66千伏线路76.5公里，10千伏线路1748.05公里、0.4千伏线路1104.37公里，解决了一些嘎查村电压低、用电不稳的问题；投资9189.80万元，新建及改造输电线路76.5公里，安装主变6台，已全部满足所有建档立卡贫困户照明用电需求。建设78座村级光伏扶贫电站的52项配套工程，投资1160.23万元，新建10千伏线路39.496公里，涉及107个建档立卡贫困村，贫困户5648户。

（三）人居环境改善成效显著

实施乡村清洁行动，建设垃圾填埋场858个，通过定期组织党员干部集中清理、雇用贫困户当保洁员、开展"三美一净"评选活动等措施，极大地改善了农牧民群众的生活环境。通过近些年的努力，目前在全旗283个嘎查村（分场）已配备了7312组垃圾桶，243个嘎查村做到了对生活垃圾进行初步处理，农村牧区基本达到了"村容整洁、环境卫生"的目标。全旗共配备嘎查村级保洁人员659名、垃圾清运车186辆、垃圾转运车1辆，负责各嘎查村的村内街路环境卫生和日常保洁工作。开展卫生厕所和生活污水整治示范工作。加快推进"厕所革命"和农村牧区生活污水治理专项行动，新建卫生厕所1532座。根据农牧户庭院实际使用情况合理规划、因户施策，采取先建后补等方式，已基本完成了全旗农牧户庭院内养殖区、种植区、生活区和仓储区的分离工作。大力推进畜禽粪污资源化利用，从根本上治理农村牧区脏乱差现象，切实改善农村牧区人居环境。

（四）完善社会救济助力脱贫攻坚

近年来，科左后旗狠抓为民解困工作，完善社会救助体系提升民生保障水平，打赢精准脱贫攻坚战。通过优化支出结构，积极筹措资金，增加社会救助投入，着力完善社会救助体系，让困难群众享受到党的惠民政策。2019 年，为 6625 户、13327 名农村牧区最低生活保障对象累计发放低保资金 4324 万元；为 1570 户、2726 名城镇最低生活保障对象累计发放低保资金 1795 万元；为 3349 户、7734 名建档立卡贫困户中享受低保人员共计发放低保资金 2586 万元；为 1422 名特困供养人员发放特困供养资金 1525 万元，其中照料护理补贴资金 386 万元；为建档立卡贫困人口医疗救助 4756 人次，救助资金 589.45 万元；为 3103 人次临时救助对象发放临时救助金 568 万元；建设农村牧区互助养老幸福院 14 所，覆盖全旗 193 个嘎查村，总建筑面积 7095 平方米，可容纳 147 户居住，目前已入住 72 户、119 人，其中建档立卡贫困人口 3 人、低保群众 14 人、特困人员 2 人、60 岁以上老年人 100 人。

第三节 整合式脱贫攻坚的社会成效

扶贫先扶"志"。既要转变贫困人口个人的精神状态，激发他们脱贫致富的心理动力，也要改变制约贫困群众脱贫致富的大环境，破除不良社会习气。科左后旗旗委政府通过狠抓教育引导、氛围营造、活动开展、督查督导等措施，大力实施精神扶贫工作，转变贫困农牧民的思想观念，不断激发人民群众脱贫致富的内生动力，努力实现物质和精神的双重脱贫。贫困群众自力更生实现脱贫致富的意识明显提高，依靠勤劳双手摆脱贫困、走向富裕的内生动力明显增强。一些农牧民群众争当贫困户、甘当贫困户，一些贫困群众脱贫致富的信心不足和能力不够等问题，部分地区大操大办、天价彩礼、酗酒赌博等不良社会风气，都得到极大改善，贫困治理的社会效果良好。

一、移风易俗活动助推脱贫攻坚效果显著

自 2014 年起，科左后旗旗委政府把移风易俗作为精神文明建设、助力脱贫攻坚和乡村振兴的重要举措，在全旗全面铺开"移风易俗助力脱贫攻坚"活动。经过近 5 年探索实践，逐步形成一套独具特色的创新性工作方法——"3+2+X"模式。"3"指三个载体：即一个村规民约、一个红白理事会、一个"五美一示范"活动；"2"指两个榜单：即"移风易俗监督榜"和"嘎查村明星榜"；X 指各地或各部门的特色活动。目前，"3+2+X"模式已在全旗 293 个嘎查村（分场、社区）全面推开，在引导农牧民摒弃落后习俗、弘扬文明新风方面发挥了积极作用。

（一）大力发挥村规民约的约束作用

引导各嘎查村将文明办宴席、文明婚育、文明持家、文明生活、文明做人等移风易俗文明公约写进村规民约中，并根据嘎查村实际明确奖惩措施，最终由全体村民协议通过后予以施行。各个苏木镇场利用嘎查村"两委"换届的有利时机，指导嘎查村把移风易俗内容充实到村规民约中，推动乡风文明建设制度化、规范化和科学化。目前全旗各嘎查村村规民约均已修订完善。例如，茂道吐苏木的高井嘎查"两委"班子组织召开党员大会和村民代表大会，共同完善了村规民约，结合土地确权工作，创新移风易俗工作举措：对于不举办升学宴的家庭，高井嘎查从集体机动地中拿出 3 亩地，奖励给农户免费耕种 4 年，并协调学生所在学校为学生本人授予"优秀团员"光荣称号。对于新生儿不举办满月宴席的家庭，嘎查给予新生儿所在家庭 5 亩免

费耕地 2 年的奖励政策。与此同时对于违规操办的家庭，嘎查不予开具贫困证明、诚信证明，不予优先办理助学贷款等。

（二）积极发挥红白理事会的影响作用

各嘎查村都积极组建了红白理事会，红白理事会由村民推选那些德高望重的老干部、老教师、老党员、致富带头人等人组成，按照移风易俗要求，对各家各户婚丧嫁娶等红白事项进行事前参与、事中组织、事后监督。为保证约束效果，有的嘎查村还制定了《移风易俗村民承诺书》，村民根据约定内容进行签名承诺，有的嘎查村将酒席标准、彩礼标准等内容明确写进村规民约中。目前，全旗已建立红白理事会 290 余个，成功劝阻多起大办婚礼、丧礼及拟办升学宴、满月酒的案例，制止违规大操大办、奢侈浪费等 97 件，2018 年全旗 1234 个高考家庭中 1193 户签订了不办升学宴承诺书，仅此一项为农牧民节约开支 1 亿多元。2019 年全旗 1668 个高考毕业家庭，全部签订了不办升学宴的承诺书。不操办、不参加各类不合理的宴请，一年下来仅人情费户均节约 3000 多元，全旗一年节约人情费约 3 亿元。

（三）充分发挥先进典型的引领带动作用

结合乡村振兴战略，该旗连续 4 年在农村牧区开展"最美人物""最美家庭""美丽庭院""美丽乡村""最美团队"以及"脱贫致富示范户"为主要内容的"五美一示范"评选活动，选树出各类先进典型 4500 余人（户）次，通过广泛宣传他们的先进事迹，树立大家看得见、日常生活中能够接触到的致富能手、尊老爱幼模范等，用身边典型事例和人物来感召教育群众，引导村民比、学、赶、超的社会新风。例如努古斯台镇的白音淖尔嘎查，自从妇联组织开展"五美一示范"评选活动以来，家家参与、户户争创、人人评选，全村有 2/3 的家庭都挂上了"美丽庭院""最美家庭"的荣誉牌。通过评选活动，白音淖尔嘎查的村容村貌变美了，村民变得勤快了，道德素质也跟着提升了，被内蒙古自治区妇联授予"最美家庭"示范村。

（四）有效利用两个榜单的监督示范效应

在嘎查村建立"移风易俗监督榜"和"嘎查村明星榜"两个榜单，将嘎查村内各家各户遵守村规民约情况通过榜单的形式进行监督和宣传，引导人民群众遵德守礼。例如阿都沁苏木的乌兰朝鲁嘎查充分发挥榜单的宣传展示功能，建立了"移风易俗监督榜"，将各家各户的环境卫生、文明节俭、文明婚育、孝老爱亲、诚实守信等情况通过榜单的形式进行监督，并通过"四色管理法"（四色即红黄绿黑四色，红色代表高危有风险、黄色代表村两委或红白理事会正在做工作纠偏纠错、绿色代表成功化解风险达到工作要求、黑色代表没达到建设标准要受到惩戒或警醒教育）发布，有效推动村民移风易俗树新风。同时将监督过程中发现的各类先进典型通过"嘎查村明星榜"进行宣传，让大家学有榜样。通过两个榜单的监督和宣传，整个嘎查的村风民风明显好转。

二、民间文化活动推动脱贫攻坚效果明显

科左后旗还采取各种民间文艺活动，运用人民群众喜闻乐见的曲艺形式，广泛宣传脱贫攻坚。通过旗乌兰牧骑下乡演出、科尔沁"非遗"百团千场展演、农牧民文艺汇演、送戏下乡演出等文艺活动，宣传脱贫攻坚的重大意义，鼓舞干部群众打赢脱贫攻坚战的信心和决心，激发贫困群众共享改革发展成果、过上幸福美好新生活的希望。

首先，用通俗易懂的文艺形式，宣传真善美、打击假恶丑，营造劳动致富光荣、等靠懒惰可耻的社会舆论氛围，极大地丰富农村牧区群众精神文化生活，促使广大群众利用生产活动以外的空闲时间，把更多的精力投入到文化活动中来。同时，让更多群众参与进来，群策

群力助力脱贫攻坚，同心同德攻坚克难，确保打赢打好脱贫攻坚战。为村民们宣传了脱贫攻坚、移风易俗等相关政策，提高了群众对新政策、新举措的认识和参与度。鼓励他们敢于破旧立新，倡导文明新风，以实际行动移风易俗，建立勤俭节约、健康文明的生活方式，同时也进一步提高了群众对扶贫政策、扶贫工作的知晓率，更好地助力脱贫攻坚工作。减少了农村牧区赌博、酗酒闹事、上访告状、大操大办婚丧嫁娶、升学宴等现象，贫困群众精气神足了，进一步激发了贫困群众的内生动力。

其次，该旗还鼓励各地因地制宜开展移风易俗的文化活动，发展群众文化引领社会风尚，广泛组建民间文艺团体，丰富群众文化生活。如散都苏木呼勃嘎查把村中的家庭妇女组织起来做手工作品，让她们坐在家里赚钱，从最开始的 10 多名家庭妇女发展到现在近 800 户的农村妇女。茂道吐苏木高井嘎查组建了四胡小组、广场舞队、书法小组、象棋小组、绘画小组等文化小分队，全村家庭都参与，带动乡村文化发展，引领健康生活理念。2017 年全年，该旗培养打造了 21 个移风易俗示范村，其中查日苏镇浑特嘎查被通辽市文明办确定为全市移风易俗示范村。2018 年，该旗继续将移风易俗作为农村"精神扶贫"和乡村振兴的重要抓手，让乡村成为景美人更美的和谐家园。农牧民群众的陈旧思想观念得以转变，将生产活动以外的闲余时间和更多的精力投入到集体文体活动中来。

再次，创新开展"妇女恳谈会""孝老签字承诺""合约食堂""集体祝寿"等活动，极大地改变群众思想意识和精神面貌，社会风气明显好转，有力地巩固了脱贫攻坚成果。目前，科左后旗各地纷纷出现零彩礼婚嫁、取消满月席、不办升学宴的良好态势，农牧民群众逐步形成了婚事新办、丧事简办、其他人情事不办的共识，移风易俗已成为该旗乡村文明生活新常态。春节前后，针对部分嘎查村农牧民群众为老人举办"本命年"以及 60 岁、80 岁寿宴等习俗，各苏木镇场举办"集体祝寿"活动，组织群众性文化演出活动 121 场次，全旗有 800 余位老人主动拒办寿宴。通过这些活动，让移风易俗观念深入人心。

三、思想扶正推动脱贫攻坚效果良好

"脱贫致富贵在立志，只要有志气、有信心，就没有迈不过的坎。"科左后旗坚持扶贫先扶志，注重激发贫困群众脱贫致富的内生动力。通过志智双扶、思想扶正，强化精神扶贫，在打赢打好脱贫攻坚战中取得良好成效。

一是勤劳致富成为贫困户思想主流。贫困户认识到好日子是干出来的，自尊自信、向上向善、勤俭持家成为社会风尚，奋斗出幸福、互助友爱、学法守法成为普遍认同，社会主义核心价值观正在广大乡村落地生根。勤劳致富成为贫困群众思想主流。大多数贫困户牢固树立自强自立、自力更生、不等不靠的信心。通过精神扶贫，该旗已经实现了有劳动能力的贫困户产业发展全覆盖、依靠辛勤劳动快速脱贫的良好效果。二是互帮互助蔚然成风。养牛大户、养殖场等帮助没有养殖能力的 3247 户贫困户托管代养黄牛 13122 头。5149 户、15100 万元的贫困户债务中，已化解 3546 户、11419 万元，化解率为 68% 和 75.6%，利率降至 10% 以下的占到 85%。三是群众满意度逐步攀升。大多数贫困户牢固树立自力更生、不等不靠的信心，了解掌握惠民政策和享受到的措施；普通户全程参与、全程监督精准识别，认可脱贫攻坚工作成效，极大地提振贫困群众的精气神，树立起脱贫致富的信心，激发了脱贫攻坚的内生动力。四是良好社会局面正在形成。各地红白喜事比阔气讲排场的少了，厚养薄葬、喜事新办、丧事简办的多了；搞封建迷信的少了，生活方式科学文明健康的多了；不赡养老人的少了，孝老爱亲的好媳妇多了。婚丧嫁娶大操大办、攀比吃喝风和铺张浪费现象得到有效控制，"涉黄赌毒邪黑"人员明显减少，村痞恶霸、打架斗殴现象基本消除。

第四节 整合式脱贫攻坚的党建治理成效

科左后旗旗委旗政府把脱贫攻坚作为重大政治任务、第一民生工程和头等大事来抓，坚持旗镇村三级书记抓扶贫、三级干部齐扶贫，压实各地各部门和各级党员干部的责任，切实形成了上下联动、齐抓共管、合力攻坚的工作氛围，基层党组织的组织力、凝聚力和战斗力等都得到大大加强，在贫困户识别、民间高利贷债务化解等方面，基层党建工作和基层社会治理都取得了良好成绩。

一、党的组织领导与体系建设进一步健全

深化党的组织建设、夯实基层堡垒是脱贫攻坚的坚强后盾，同时脱贫攻坚也是不断深化党的组织建设和夯实基层堡垒的有利契机。"越是进行脱贫攻坚战，越是要加强和改善党的领导"。科左后旗把党建工作作为推进全旗基层党组织建设和推进脱贫攻坚工作的重中之重，充分发挥党的政治优势，树立鲜明导向，强化政治担当，全面加强基层党组织建设，全力推进抓党建促脱贫工作，为全面打赢脱贫攻坚战提供了坚强有力的组织保证、干部保障。

第一，党员干部的理论学习与思想自觉不断增强。科左后旗旗委坚持用党的十九大精神和脱贫攻坚战略思想武装头脑，充分发挥党校的主阵地作用，开展各类专项培训，2018 年共举办各类培训班 19期，培训人数 11000 余人次；承办"双休日"视频讲座 11 期，参训人数 1421 人次。同时利用微信公众号、APP 平台等，定期推送理想信念、党性修养、政治理论、政策法规、脱贫攻坚、心理健康等学习内容，对农牧民党员进行全员培训，增强党员干部打赢脱贫攻坚战的

信心和决心，从而使习近平新时代中国特色社会主义思想深入人心、脱贫攻坚战略部署深入人心，党员干部推进脱贫攻坚的思想自觉不断增强。

第二，党员干部和党组织的纯粹性得到不断提升。为了深入推进脱贫攻坚，为顺利实现"旗摘帽""村退出""户脱贫"目标提供坚强有力的组织保证，科左后旗以嘎查村党组织换届选举为契机，把从严选人标准贯穿换届全程，从而保证了党员干部队伍和党组织的纯洁性。自脱贫攻坚工作开展以来，2015 年、2018 年分别完成了两轮嘎查村"两委"换届选举工作。其中 2018 年换届选举有 95 个嘎查村实现了书记主任"一肩挑"，占嘎查村总数的 36.26%。2015 年换届提出了"六选""九不选"，2018 年换届提出了"五选""十二不宜"的人选具体要求。严把"两委"人选的政治、能力、法纪、廉洁"四关"，对人选进行全面深入考察，严格执行"两联审"制度，2018 年换届取消了 87 名人选的预备人选提名资格，坚决把"问题"党员挡在门外。结合扫黑除恶专项斗争，开展了嘎查村"两委"换届"回头看"工作，组织 10 个单位对现任嘎查村干部进行了资格再审。截至 2019 年 8 月底，已清理不符合条件的嘎查村"两委"干部 30 名，为全面加强党的领导、深入推进脱贫攻坚工作奠定了坚实基础。

第三，基层党建工作规范化、标准化不断提高。为了有效发挥嘎查村党组织在推进脱贫攻坚工作中的领导核心作用，不断夯实脱贫攻坚的组织基础，科左后旗旗委一方面优化党组织设置，于 2017 年出台了《关于进一步加强嘎查村所辖自然村党小组建设的意见》，完善自然村党小组 702 个，把党组织建设延伸至农村牧区"末梢"，将党小组列为党务工作者表彰范围，充分发挥了党小组在自然村脱贫攻坚工作中不可替代的作用，另一方面加强嘎查村干部培训管理，重新修订《科左后旗嘎查村干部管理办法》，落实嘎查村干部目标化管理，推行坐班值班制度，促使嘎查村干部履职尽责。同时坚持嘎查村干部逐级分类培训制度，脱贫攻坚工作开展以来，截至 2019 年 11 月底，全旗累计培训嘎查村干部 6112 人次。通过这些措施，基层党建科学化建设水平得到显著提升，农村牧区基层党建工作不断向规范化、标准化迈进。

第四，基层党组织的软弱涣散状态得到大力整顿。科左后旗借助脱贫攻坚工作的契机，开展了农村牧区党组织生活不经常、不规范、不严肃问题专项整治，以及嘎查村"两委"班子集中教育整顿活动，每年按照一定比例倒排，确定软弱涣散嘎查村党组织，通过落实"四个一"帮联行动予以集中整顿，有效改善了基层党组织存在的软弱涣散状态。同时在 2019 年 7 月创新性地推广"五面红旗嘎查村"争创活动，制定了《关于开展争创"五面红旗嘎查村"活动的实施方案》，134 个嘎查村申报了 206 面"红旗"。由旗委组织部牵头，会同宣传、政法、农牧、扶贫等部门，组建了 5 个考核组，组织开展了考核工作，最终有 22 个嘎查村共获得 25 面红旗。

第五，基层党组织的基础保障和党员干部的激励机制得到进一步完善。每年将嘎查村运转经费、嘎查村干部基本报酬、正常离任嘎查村"两委"正职生活补贴列入财政预算。2015 年、2017 年，分两批表彰了 30 名优秀嘎查村党组织书记，并给予了事业单位人员工资待遇，其中 5 名优秀书记被提拔到苏木镇领导岗位上，进一步激发了嘎查村干部推进脱贫攻坚工作的活力。旗委决定继续评选 30 名在抓党建促脱贫攻坚工作中实绩突出的嘎查村党组织书记，并给予事业单位人员工资待遇，确保基层党组织有人管事、有力量干事、有条件办事、有积极性做事。党组织牵头成立合作经济组织 42 个，通过担保贷款、托管代养、入股分红等方式，帮助贫困户发展产业。大力推进嘎查村集体经济"清零递增"行动，262 个嘎查村全部实现了有集体收入。

第六，农村牧区党员队伍不断壮大，致富能力不断提高。一是加强农牧民党员发展和教育管理。加大在贫困嘎查村发展党员力度，向青年农牧民倾斜，2014—2018 年，发展农牧民党员 648 名，其中青年党员 483 名。2018 年发展农牧民党员 109 名，其中青年党员 53 名。注重农牧民党员致富能力建设，启动了"流动党校"下基层培训工作，2014 年以来开展农牧民党员培训 32110 人次，其中 2018 年 8194 人次。二是引导党员带头致富，推进农牧民党员在脱贫攻坚主战场发挥先锋模范作用。加大对农牧民党员致富带富的政策支持力度，鼓励和支持农牧民党员领办创办致富项目，力争每个贫困嘎查村都有农牧民党员致富带头人。2014 年以来，各嘎查村共引导和帮助 393 名农牧民党员成为致富带头人。

第七，党员干部的先锋模范作用得到充分发挥。推动党员发挥先锋模范作用，2015 年以来，提拔重用脱贫攻坚工作突出干部 178 名。鼓励党员领办创办经济实体，2936 名党员包联了 4098 户贫困户，为贫困嘎查村打造出一支"不走的扶贫工作队"。坚持把抓党建促脱贫攻坚作为检验"两学一做"学习教育常态化制度化成果的主战场，为农牧民党员参与脱贫攻坚搭建平台。扎实开展农牧民党员"设岗创星""六事争先"等活动，引导党员立足本职争先作表率。充分发挥党员致富能手的带动作用，通过为贫困户提供贷款担保、托管养牛和发展订单农业等措施，帮助贫困户发展生产。全旗 1718 名有帮带能力的党员，共结对联系 7730 户贫困群众。用好老党员、困难党员帮扶救助资金，2017 年为有党员的 128 户建档立卡贫困户每户发放了 1000 元的帮扶资金，扶持发展生产，提升内生动力。

第八，基层政治生态持续向好。严格党内组织生活，坚持"三会一课"制度，梳理 3 个方面 13 个问题，开展了组织生活会突出问题专项整改工作。落实"三位一体"党员管理要求，扎实开展民主评议党员活动，稳妥处置不主动参与脱贫攻坚、不发挥作用的农牧民党员。打好党务政务村务公开、"清风干部"评选、深化社会矛盾纠纷排查化解、查处群众身边违纪违法问题等"组合拳"，进一步净化了基层政治生态。在全旗党员干部中集中开展了正风肃纪专项活动，分两批开展了"清风"干部评选工作，6210 名"清风"干部得到组织、党员和社会认可，进一步提升了党组织和党员干部推进脱贫攻坚工作的威信。

二、贫困户和贫困人口的精准识别机制已经建成

精准识别贫困户和贫困人口是脱贫攻坚的第一粒扣子，能否扣好这一粒扣子是扶贫精准的前提和关键。科左后旗在识别贫困户和贫困人口时，严格执行扶贫标准，规范相关程序，严把工作时间节点，规范有序地开展了扶贫对象动态调整和建档立卡"回头看"工作，做到应纳尽纳、应扶尽扶、应退尽退，为全旗精准扶贫精准脱贫奠定了坚实的基础，也探索生成了一套行之有效的贫困户和贫困人口精准识别机制。

一是加强组织领导。为了扣好"第一粒扣子"，各级党组织高度重视建档立卡工作，充分发挥党的领导核心作用，将其作为脱贫攻坚的首要任务切实抓紧抓好。各级党组织书记认真履行主体责任，切实承担起第一责任人责任，深入研究、周密部署，明确工作任务，落实工作责任，细化工作措施，做实做细做足各项工作，确保按时保质保量完成建档立卡工作任务，确保脱贫攻坚真扶贫、扶真贫。

二是层层压实责任。按年度和按时间要求分别制定了扶贫对象动态调整和信息采集工作实施方案以及建档立卡"回头看"工作实施方案，逐项明确措施、责任领导、责任单位和工作时限，严格执行"谁调查、谁签字、谁负责"的要求，防止建档立卡工作走过场，出现夹生饭。

三是严格督导推进。全旗建档立卡工作，由旗领导牵头组成脱贫攻坚督查组对各苏木镇场建档立卡工作情况进行全程督查，保证了建档立卡任务抓实、抓细、抓出成效。组建工作指导组赴各个苏木镇场、嘎查村逐一开展建档立卡培训工作，并不间断到各个镇村巡回指导。

四是严控识别标准。充分发挥驻村工作队、第一书记和嘎查村"两委"班子的作用，随时关注、及时掌握贫困户生产生活情况和家庭成员变化情况，严格按照"两不愁三保障"和"一低于""一高于"标准，逐户核实算账，既算收入账，更算支出账，既看收入情况，也看保障水平，进而坚决做到应纳尽纳、应扶尽扶、应退尽退。

五是全面调查摸底。每次动态调整都组织驻村工作队、包联干部和嘎查村"两委"班子成员共同走村入户进行调查核实，特别是对低保户、五保户、残疾户、重大疾病户、危房户等 11 类人群进行逐户逐人调查核实。明确谁核查谁签字谁负责，保证信息真实准确，坚决防止漏评、错评、错退。2014 年以来，对全旗所有农牧户完成 4 遍入户核查，共排查 83803 户、32 万余人口。

六是严格履行程序。按照精准识别、精准退出工作流程和嘎查村"532"工作法，每次调整都坚持"三个必核"（新识别户反复核对、待脱贫退出户认真核对、群众反映问题户再次核对）、"三个印证"（左邻右舍相互印证、民主评议现场印证、调取信息档案核实印证），不少一个环节、不落一道程序，让群众全程参与、全程监督，确保帮扶对象公开、公正。

三、民间巨额高利贷债务难题得到成功化解

农村牧区的民间高利借贷不仅给正常的金融秩序造成严重干扰，而且给负债人造成沉重的经济负担和压力，最终严重制约了农牧民投资产业发展、增收致富。科左后旗将高利贷专项整治工作作为打好打赢脱贫攻坚战的一项重要举措抓紧抓实，成立了以旗委、政府主要领导任组长的工作领导小组，各苏木镇场均成立了以党政主要负责人为组长的工作组，实行处级领导包镇、科级领导包村、党员干部包户制度，建立旗、镇、村三级联动机制，压实工作责任，持续有力推进。一户一户梳理债权关系，一笔一笔对接协商，全力化解贫困户的高利

贷债务。通过采取稳妥置换、对话协商、严厉打击、增收还贷等措施，已化解 4415 户 13062 万元，化解率分别为 85.7% 和 86.5%，其中以零利率协调化解的占化解总金额的 50%。

一是加大信贷投放。近年来，旗委、政府鼓励驻旗金融机构加大涉农涉牧贷款投放，满足全旗农牧民群众生产、生活多元化资金需求，据统计截至 2019 年 12 月末全旗涉农贷款余额达 33.3 亿元。通过金融机构发放低利率、高额度的信用贷款，降低了农牧民借贷成本，满足了农牧民群众生产、生活的资金需求，从而有效减少了农牧民群众的高利借贷。

二是协调利息减免。由包联干部负责，积极与债权方沟通联系，采取免息、降息、停息、延长还款期限、入股还贷等方式，将利息降至 1 分利以下，贫困户与债权方在嘎查村委会和包联干部的监督下重新签订规范的借贷合同。对发放高利贷的公职人员、贫困户借贷亲属或邻里，采取政策讲解的方式动之以情、晓之以理，引导其免息或停息。对发放高利贷的个体工商户和中介机构，引导其降息、停息或延长还款期限。

三是置换化解债务。对农牧户高利贷数额在 3 万元左右且目前能够正常生活、具备劳动能力的，协调金融机构为贫困户发放贷款用于置换高利贷，同时对有脱贫意愿的贫困户发放 5 万元扶贫小额信贷，通过发展产业提高自主偿债能力。对确有困难无法按期归还扶贫贷款的，制定合理弹性的还款计划，通过"展期""减息"或"无还本续贷"等方式延长还款期限，适度调整还款方式。

四是依法整治。对高利贷债主不接受调解的，劝导借贷双方赴当地人民法院进行民事诉讼，经旗人民法院调解的民间借贷案件达 922 笔。对专门从事高利贷行为的中介、个人，尤其是对高利转贷、非法赊销、恶意盘剥等变相高利贷行为，由公检法联合予以严厉打击。对非法讨债、恶意逃废债、干扰他人正常生活的，由公安机关依法从严从重处理。

四、各界参与脱贫攻坚的社会整合机制已经形成

"脱贫致富不仅仅是贫困地区的事，也是全社会的事"。科左后旗积极为社会组织、民间力量与贫困群众牵线搭桥，整合各种社会力量，形成了脱贫攻坚的强大合力。成立社会扶贫工作促进会、慈善总会，及时向社会发布扶贫信息，畅通社会力量扶贫渠道，引导各类群团组织、社会组织、企业和个人以多种形式帮扶贫困群众，构建起全社会参与的大扶贫格局。

一是充分发挥妇联、共青团的影响作用。开展"巾帼脱贫带头人""青年企业家送温暖献爱心""青年文明号结对帮困"等扶贫活动，助力脱贫攻坚，共募集社会各界扶贫款物 1309 万元。引导 15 家民营企业与 15 个贫困村结对，100 名非公有制经济人士帮扶 400 户贫困户。利用社会扶贫网发布贫困户需求信息，让社会爱心人士与贫困户实现有效对接。与京蒙扶贫协作地区和定点帮扶单位有效沟通对接、开展协作，累计对接 50 次，签订协议 28 份，到位帮扶资金、援助资金 4554 万元。

二是实施电子商务进农村。支持可意网、玛拉沁 e 店、乐村淘等电商企业向基层延伸，带动贫困农牧民网上销售农副产品，农村电子商务服务网点达到 452 个，实现网上交易额 1.8 亿元，该旗 2017 年被评为国家级电子商务进农村示范县。在全旗建立 133 家"爱心超市"，引导贫困群众通过勤奋创业、参加公益劳动等方式获取积分，凭积分卡到爱心超市免费兑换所需日用品，有效激发了贫困群众进取精神，做到既扶贫又扶志。

三是划定防贫预警线、防贫保障线界线。坚持从增强"造血"功能入手，因户施策，精准帮扶，基本消除非贫低收入户和非高标准脱贫户因病、因学、因灾等致贫返贫现象。与中国太平洋保险公司科左后旗分公司合作，创设"精准防贫保险"，旗财政拿出 50 万元作为防贫保险金，按每人每年 50 元保费标准为全旗 3.3% 的农村人口购

买保险，筑牢防贫"保护墙"。

第五节　整合式脱贫攻坚的生态成效

由于过度放牧、滥开荒导致生态环境恶化，科左后旗沙化土地面积一度达到总面积的 68%。土地沙化加剧农牧民贫困程度，生态恶化制约经济社会发展。近年来，该旗秉持"生态建设产业化、产业发展生态化"的思路，对全旗 1.15 万平方公里土地进行有针对性地生态治理，实现从"沙进人退"到"人进沙退"的历史性转变。特别是精准扶贫以来，该旗旗委政府牢固树立绿水青山就是金山银山的理念，将生态惠民与精准扶贫结合，通过打好生态政策惠民、生态建设利民、生态产业富民的组合拳，推动扶贫开发与生态保护相协调、脱贫攻坚与可持续发展相促进，实现了贫困地区生态保护和贫困群众增收的双赢效果。

一、综合治沙工程成效显著

全旗累计完成沙地综合治理 688 万亩，林业用地达到 611 万亩，植被覆盖度达到 70% 以上。土地沙化退化现象得到遏制，林草植被迅速恢复，降低了旱涝风沙盐碱等自然灾害对农牧业的影响。在农田林网保护地区，农作物增产 15%—30%，农牧民增收效益明显。在综合治沙工程中吸纳农牧民参与苗木起运、栽植、抚育管理等工作，务工增收达 6163 万元，其中贫困农牧民务工增收 534 万元。

二、村屯道路绿化工程为乡村生态旅游创造条件

旗委旗政府将村屯绿化、道路绿化与脱贫攻坚、建设美丽乡村有

机结合，以村屯园林化、景观化为方向，以出门见绿、移步见景、小行见园为目标，针阔、乔灌、花草合理搭配，建设宜居生态乡村。对全旗 106 个重点贫困村文化广场实施绿化美化，完成了村村通水泥路两侧多行绿化和公路交叉点、城镇村屯边界节点的绿化，形成了点线相结合的"沿线景观化、村庄景点化"建设目标，为村风村貌改变，发展乡村旅游奠定良好基础。

三、自然保护区建设成果显著

在原始森林、草原、湿地生态系统集中区，设立自然保护区实施生态多样性保护工程。该旗共设立旗级以上森林、草原、湿地生态系统自然保护区 17 处，总面积 203 万亩，占全旗总面积的 11.8%，形成了类型齐全、功能完善的自然保护区网络。全旗 90% 以上的珍稀濒危野生动植物和典型生态系统得到有效保护。同时，大青沟原始森林、乌旦塔拉五角枫、阿古拉湿地等已成为优质旅游资源。

四、生态旅游业得到长足发展

2014 年以来，已接待游客 812 万人次，实现旅游综合收入 68.88 亿元。贫困群众通过参与旅游项目进入产业链或以土地入股旅游产业，获得了务工收益、经营收益和分红收益，农牧民收入持续增长。例如，草甘沙漠旅游区为 28 户贫困户担保贷款，贫困户以 5 万元贷款入股每年享受分红 5000 元以上。同时，景区安置周边嘎查贫困户就近就业，年均 1120 人次，户均增收 1.6 万元，实现了生态旅游、生态建设和农牧民增收脱贫循环互促。

五、林果种植产业得到长效发展

依托退耕还林地块、采伐迹地、农牧户庭院等，鼓励农牧民种植大果榛子、锦绣海棠等经济林。在苗木选购、技术服务、产品销售等环节进行指导扶持，林果产业规模不断壮大。2014 年以来，全旗累计建成林果基地超过 2 万亩，五角枫木本油料基地 3 万亩，林板一体化基地 7 万亩，樟子松嫁接红松 0.5 万亩，受益农牧民达 1.2 万户，其中贫困农牧民 840 户。例如，努古斯台镇结合生态治理项目帮扶 8 个嘎查村的 260 户 827 人建设果树经济林基地。投入 82.7 万元建设果树经济林 413.5 亩，栽植锦绣海棠 2.07 万株，预计年均收入可达 496.2 万元，年均经济效益 413.5 万元。

六、全旗森林资源逐年增加，聚集起大量的森林碳汇

全旗有林地面积 373 万亩，活立木蓄积 923 万立方米。目前，已和仟亿达碳汇交易公司签订了交易评估委托协议，预计每年可为贫困户增收 489.24 万元。随着森林蓄积量逐年递增，带动了木材加工业发展，年创造产值达 4100 万元以上，经济林创造产值 2000 万元以上。

总之，生态建设有效降低了风沙灾害对农田、草牧场造成的经济损失，项目区内粮食单产增幅最高达 81%，牧草单产增幅最高达 50%。生态环境的改善也增强了生态旅游资源实力，以森林、草原、湖泊、沙漠等自然资源融合具有地域和蒙古族风情特色的生态文化旅游已成为新经济增长点。

第七章

建立健全稳定脱贫的长效整合机制

　　科左后旗精准扶贫工作开展至今已取得了巨大的成就，该旗 2011 年被确定为国家扶贫开发重点旗，在"十二五"初期，全旗贫困人口达 8 万人，约占全旗总人口的 1/5，占整个通辽市贫困人口总数的 18%。经过五年多扶贫攻坚工作，全旗累计减贫 13029 户 34142 人，贫困发生率由 11% 降至 0.04%，目前还有未脱贫建档立卡贫困户 36 户 119 人，现今已被内蒙古自治区人民政府批准退出贫困旗县序列，实现了"光荣摘帽"。

　　习近平总书记指出："扶贫工作既要解决好眼下问题，更要形成可持续的长效机制。"由于贫困具有长期和动态的特征，已经实现脱贫的群众可能因为获取持续稳定收入能力不足、家庭抗风险能力较弱等因素再次返贫，再加上还有一部分贫困程度更深、发展能力更弱、返贫概率更高、脱贫难度更大的尚未脱贫人口。现阶段，科左后旗通过整合性治理实现了初步的精准扶贫，但实现长期脱贫还需要建立健全稳定脱贫的长效整合机制，做好与开发式扶贫政策和保障性扶贫政策的衔接，继续巩固扶贫攻坚的成效防止返贫，增强"造血"功能继续攻坚，方能扶贫中之贫、克难中之难。正是基于对习近平精准扶贫思想的深刻领会以及对现阶段扶贫攻坚工作的全面把握，科左后旗建立健全稳定脱贫长效整合机制，要找准"贫"根、抓住"困"源，推进辖区内贫困群体创新驱动发展，以期完成打赢脱贫攻坚战这项光荣而艰巨的历史任务。

第一节 建立健全长效整合机制的主要挑战

科左后旗所在地区经济社会、民族宗教和生态保护等问题交织在一起，致贫原因十分复杂。而贫困问题又进一步制约了农牧户生产资料的积累、劳动能力的提高、外部条件的改善和社会文化的发展，最终使得贫困地区陷入贫困的恶性循环之中[①]。有针对性地解决好该地区发展的固有顽疾和扶贫攻坚工作开展所面临的诸多挑战，建立健全稳定脱贫长效整合机制，靶向治疗拔掉穷根，对贫困户扶上马再送一程，确保贫困人口生活和居住环境持续改善，以实现高质量脱贫。

一、环境恶劣生态脆弱，脱贫致富留限制

科左后旗地理环境严峻。该旗地处科尔沁沙地与松辽平原交接地带，除东、西辽河交汇处有占总面积不到3%的冲积平原外，其余全部为沙丘、沙地为主要特征的地貌类型，陀甸相间交错，沙丘连绵起伏，洼地纵横分布。科尔沁沙地是中国四大沙地中面积最大的一个沙地，总面积达42300平方公里。在历史上曾是水草丰美的科尔沁大草原，但由于清朝的放垦开荒、历年战乱和新中国成立初期"以粮为纲"大力发展农业政策的共同影响下，科尔沁草原下的沙土层逐渐沙化和活化，再加上气候干旱，使这个秀美的大草原变了样子，演变成我国面积最大的沙地。科尔沁沙地在农业生产方面最主要的特征是土地贫瘠、盐碱地较多，农作物产量不高，玉米亩产 500—800 斤，

[①] 许彩玲、游志杰：《我国深度贫困地区的致贫原因及扶贫长效机制的构建》，《发展研究》2019 年第 2 期。

农牧民处于广种薄收的局面。

科尔沁沙地除了农业生产低产出之外，还是荒漠化、盐碱化、水土流失严重的生态环境脆弱地区，人口承载能力差，对人口的生存和发展构成了严重的威胁。20世纪70年代至90年代，科左后旗土地80%沙化，生态体系严重失衡，一度出现沙进人退的现象，黄沙肆虐的扬沙天气多次出现，干旱、洪涝、风沙等自然灾害频繁侵扰，变成全国土地沙化严重、生态环境非常脆弱的地区之一，面对生态和民生的双重压力。作为沙尘暴的发源地之一，原本脆弱的生态环境经过饲养大小牲畜数量的不断增加，天然草原承载力严重超载，加上多年的干旱天然草原没能及时得到修复，导致草地面积不断地沙化、减少。长期以来不合理开发利用已经造成生态环境恶劣且日趋恶化。可以说生态环境的脆弱，是造成贫困的基础性因素。

与此同时，自然气候恶劣也是发展的一大制约因素。科左后旗处于温带亚湿润边缘地区，属于温带大陆性季风气候。四季分明，春季多出现干旱、大风的天气；到了夏季温热多雨，秋季温凉少雨，极易秋旱；冬季则寒冷少雪。年平均气温5.8℃。1月最冷，月平均气温在零下15.1℃；7月最热，平均气温在23.8℃。年平均降水量为451.1毫米，全年的降水量主要集中在夏季6月到8月。

干旱、大风和寒冷基本占去一年的2/3时间，频仍的灾害使得农牧户生产生活的困难和成本都很大。科左后旗所在的内蒙古自治区是北方冷空气南侵的必经之路，一年多数时节冷空气异常活跃，每当寒潮从北方或西北侵入我国时，内蒙古首当其冲。一般规律是春季风大干燥，多发旱灾；夏季短促湿热，降水集中，易发局部洪涝灾害，遇有热力对流作用易生冰雹降落，形成雹灾；到了秋季冷空气频频南侵，带来气温骤降，霜冻会提早降临；冬季科左后旗处于强大的蒙古高压控制之下，冷空气南下频仍，出现寒潮天气，大风降温伴有大雪或暴雪，"白灾"降临，十分不利于群众日常生产、生活的开展。自然环境恶劣是造成贫困的一大因素。

草原面积退化也为科左后旗发展埋下隐患。由于环境气候等因素，科左后旗的草原生态本就极其脆弱。再加上科左后旗在历史上一直以牧业为主，长期以来牧民采用原始落后的放牧制度和生产经营方式，罔顾草原承受能力过度放牧，加上毁草开荒滥樵滥伐等现象，导致草地大面积退化。近百年来随着农业的发展，天然草地面积不断萎缩，耕地面积日益增加，已成为名副其实的农牧交错区。由于过度放牧、搂草、挖药等原因，科左后旗草牧场面积不断地缩小，而且大部分草地已经严重碱化、沙化、退化。天然草地不断地荒漠化，因而造成非常大的经济损失，对草地畜牧业发展带来了严重的威胁，并造成了一系列问题。草场保水保温防风防晒等功能丧失，导致草场退化沙化、草原生态系统趋于崩溃，加剧了灾害发生的频率和严重程度。草原退化是造成贫困的又一大因素。

二、结构不优要素分散，经济建设有阻碍

科左后旗产业结构不优，第一产业所占比重还比较高，第二、三产业发展不足。一方面，农业生产增收困难重重。科左后旗是以玉米种植为主的产粮大旗，调整产业结构增加农牧民收入任务艰巨，农区粮食作物种植规模明显高于经济作物，但却是广种薄收，花费大量人力、物力、财力只能满足基本生活需要。农牧民收入主要来自粗放方式小规模经营的农业生产或放养少量牲畜的袖珍牧场，增产增收困难。另一方面，产业转型升级难度较大。科左后旗的第一产业农牧业产业链条短，农工商之间的利益联系程度低。又因为农牧业产业缺乏支柱产业，龙头企业数量少、规模小、层次低，农产品加工转化能力弱，产品附加值不高，加快发展、转型发展任务繁重，产业转型升级难度较大，既有支柱产业发展不充分、带动能力不强。工业又受限于资金短缺，技术落后，工业生产规模小，效益差，企业亏损面大。产业发展陷入两难境地。

而科左后旗第一产业的生产方式总体上较粗放，农牧户基本上还是依靠传统种植业或放牧畜牧业为生，生产经营方式简单粗放，仍然靠天吃饭，缺乏精耕细作，导致种植成本不断提高、利润不断减少。再加上农牧业基础设施建设滞后，现代化水平低，农牧业生产经营水平还需进一步提高。有些旱作地区极易遇灾，被农牧民形象地形容为"种一坡，拉一车，收一簸箕，煮一锅"。由于广种薄收，粗放经营，人力、物力、技术力量投入高度分散，本身产出水平就不高，一旦稍有小灾，就会使农业产量产生大的波动，更不用说应对特大旱灾。牧业也大多采用传统小农户分散饲养的养殖方式，经营管理粗放，科技含量低，抗风险能力较弱，农牧结合不密切，饲草供应季节性波动大，不仅造成牲畜出栏率低，高品质牛肉出肉率更显不足，畜牧增收能力差，还对生态造成了破坏。

科左后旗的第二产业存在资源要素欠整合的顽疾。长期以来，各区域、各个产业均存在阶段原始、规模不大、过于分散的特征，在经济发展和产业经营中小打小闹、各自为战，甚至恶意竞价的情况也是屡见不鲜，难以应付市场风险。深层次原因就是资源统筹整合不足、协调合作欠缺，没有知名的品牌商标，整体上并未形成拳头产品，生产效率不高，造成资源浪费。因此急需在统一的统筹下，共同发展，统一整合利用各方资源，形成区域整体发展合力。

此外，在农牧民消费观念方面上，科左后旗的蒙古族同胞自古就缺乏攒钱、计算、记账的习惯，这就造成多数农牧户对于金钱数额不敏感，花钱极易大手大脚，持家度日时容易"犯难"。正是因为部分群众没有树立"勤俭节约、开源节流"的思想，造成了民间借贷盛行。春季农耕急需资金、孩子上学费用、孩子结婚聘礼、老人过寿及重症所需借款等像一座座"债务大山"，把他们压得无法翻身。这个时候农牧民只能选择借贷来解燃眉之急，但只能是"拆东墙补西墙"，家庭债务以"滚雪球"的形式越来越多。许多农牧户负债累累，一般年收入的一多半都在还债。据悉科左后旗全旗在实施高利贷专项化解之前，高利贷涉及超过 5000 户，所涉金额接近 1.5 亿元。

三、基础设施弱人口素质差，社会发展埋隐患

基础设施完备与否是检验当地社会经济发展水平的一个标志。科左后旗相对薄弱的基础设施包括交通、水利、能源设施、通信设施等，增加了农牧民的生产生活成本。以公共交通为例，在 2016 年实施"村村通"水泥路之前，科左后旗部分地区如巴雅斯古楞没有通畅的道路网络，群众出行不便，农畜产品收购、售出价格与公路沿线的嘎查村差价较大，导致农牧民生产生活成本提高、收入降低。而在农牧业基础设施方面，科左后旗的盐碱地普遍较多，可利用可开发的耕地较少，农牧业基础设施建设投入不足，水、电、井等配套设施不完善，导致农田产量不高，农牧民"靠天吃饭"的局面没有得到有效改善。

基础设施的影响还体现在医疗卫生方面。据 2012 年数据统计，科左后旗总人口为 403821 人，共有 2 所医院，有 212 张床位，376 位卫生技术人员。各苏木、嘎查共有 29 所卫生院，有 350 张床位，407 位卫生技术人员。既有的医疗资源严重不足，医疗条件差，设备陈旧落后，技术落后，远远满足不了科左后旗人民日趋增加的疑难杂症的诊断和治疗，新增医疗重大疾病或疑难杂症在当地无法得到确诊和有效控制。

此外，人口素质差这一突出问题，从根本上制约了科左后旗的经济发展，而正是贫困又限制了人力资本水平的提升，进而形成"贫困—落后—贫困"的恶性循环。从文化程度来看，科左后旗贫困人群中小学及其以下文化程度的文盲和半文盲居多，缺少专业知识和技能，就业竞争力弱，直接制约了农牧业产业的发展。此外直接从事农牧业生产的农民平均年龄偏高、农牧民老龄化等问题很突出，直接影响到县域内产业的长足发展。

四、不良习惯风俗尚存，扶志扶智遇制约

赌博、迷信等不良生活习惯尚未摒弃，给科左后旗农牧民脱贫致富造成了极大的困扰。一些村屯村风恶化，赌博成风，有的家庭父母子女全家上阵，个别嘎查村在赌博高峰时参赌人数占全村人口的20%以上，个别贫困户也参与其中。此外，受封建思想的束缚，农牧民习惯于遇喜事大事就要"看风水""算一卦"，加上农村群众科学文化素质普遍不高等多种因素，使得封建迷信活动在农村有所抬头。

而当地的农牧民饮食习惯重油重盐，以肉食为主缺乏蔬菜等合理搭配，多数不谙养生之道，在日常饮食上基本都是传统式，无节制食用烟酒茶者比比皆是，加大了患心脑血管疾病的风险，不仅不利于身体健康，还容易发生因病致贫。课题组在五个嘎查村走访过程中，发现60岁以上贫困户均患有不同程度的高血压、高血糖、高血脂等疾病，传统饮食习惯是重要的诱因。

在人情消费中，农牧民之间宴请成风，普遍流行办红白喜事、升学乔迁、满月本命年这"六大宴"。以老人的寿宴为例，家里人要为老人举办"本命年"以及60岁、80岁寿宴，每场宴席都得大操大办、讲究排场。朝鲁吐嘎查的贫困户霍大哥算了一笔账："过本命年会办15桌到20桌酒席，一桌花费近800元，一场寿宴就要花费上万元，办场酒席一头牛就没了！"太过于讲究排场增加了农牧民的人情压力。

由于民族习惯和传统等影响，科左后旗的贫困户已经习惯当前的生活和状态，对于外部世界日新月异的变化觉察不足，自我发展愿望不强，觉得当前吃饱穿暖、有房子住就行，并不觉得自己物质条件有多么差、多么苦，思想观念保守陈旧，对于自己当前的生活和状态的满意度较高。在具体帮扶措施的落实上存在一定程度的"一头热"现象，比如开展的大货车司机培训班，参与培训的200人（交大帮扶资金和京蒙扶贫资金各扶持培训100人）中，仅有35人通过了科目一的理论考试。

五、地方债务重带动能力弱，政策继续推进存疑问

科左后旗虽然已实现了脱贫摘帽，但在退出贫困旗县序列之后，国家顶层政策设计如何？脱贫攻坚如何统揽经济社会发展全局？因为大规模的扶贫工作在缺乏政策倾斜、资源支撑的情况下，势必会出现返贫情况。虽然科左后旗作出了坚持标准不降、全面落实各项保障措施的要求，但所需的人力、物力、财力又从何而来呢？

此外，科左后旗化解地方债务压力较大。因粮食挂账、拖欠工程款、十个全覆盖工程、重点建设项目地方配套资金等原因，截至2018年底科左后旗共有债务91.47亿元，化解压力较大。与此同时，刚性支出不断增长，高于地方财力增长速度，财政支出压力大，债务化解资金来源无保障。在后续产业发展的资金带动、基础设施建设、产业链打造等方面留存隐患。与此同时，随着我国经济发展进入新常态，政府财政增量下降，依靠政府普惠式注资脱贫难度加大，多元化扶贫投入和扶贫发展方式也需要转型升级。

再加上科左后旗的一些基层党组织抓工作缺乏创新，促发展缺少办法，服务群众欠缺动力，推动脱贫攻坚思路不宽。个别嘎查"两委"班子成员年龄偏大，文化水平不高，思想不够解放，引领作用不强，带领群众脱贫致富的能力和水平不足。特别是随着农村小生产与大市场的逐渐对接，基层党组织运作现状与带动群众经济发展的矛盾日益尖锐。

第二节　建立健全长效整合机制的主要探索

当前，我国减贫脱贫已经进入"最艰难阶段"，减贫成本更高、

脱贫难度更大，要想实现"脱真贫、真脱贫"的目标任务，需要继续把脱贫攻坚作为当前的一项重大政治任务，持之以恒，久久为功。

精准扶贫的长效整合机制就是将精准扶贫"狭义化"或"短期行为化"而采取的策略形成系统化的制度创新和制度建设。科左后旗持续探索内源扶贫机制、产业带动机制、社会扶贫机制、生态扶贫机制和精准防贫机制，降低脱贫群体的脆弱性、增强发展能力、开发内在潜力、形成脱贫合力，不断改善其生活水平，助力其永久跳出"贫困陷阱"。建立健全稳定脱贫长效整合机制不仅能够消除一家一户的绝对贫困，促进贫困社区经济社会的可持续发展，而且有助于阻断贫困的代际传递。

一、内源扶贫机制

科左后旗的群众普遍处于物质资本匮乏、人力资本低下、社会资本不足的三者叠加、负向影响而成的多维贫困状态，充分挖掘社区发展资源优势和激发贫困地区内源动力，方能确保贫困人口自我发展能力提升，实现贫困地区持续减贫。[①]

（一）引导摒弃落后习俗

正是基于科左后旗地域、民族、文化等方面的特殊性，要求当地的扶贫攻坚工作的第一步是开展"止血"工作，通过规约、化解、推进，三措并举摒弃落后习俗，将外部帮扶与自身动力结合起来，充分发挥贫困地区广大群众的积极性。

首先是规约乡风。各苏木镇利用嘎查村两委换届的有利时机，指导嘎查村把移风易俗内容充实到《村规民约》中，推动乡风文明建

---

① 覃志敏：《连片特困地区农村贫困治理转型：内源性扶贫——以滇西北波多罗村为例》，《中国农业大学学报（社会科学版）》2015 年第 6 期。

设制度化、规范化；各嘎查村组织推选德高望重、热心公益的老党员、老干部、老教师和致富带头人组建红白理事会，对各家各户婚丧嫁娶等进行监督管理，引导人们婚事新办、丧事简办，其他喜事不办。全旗共建立红白理事会 290 余个，制止违规大操大办、奢侈浪费等 97 件，另有村民议事会、道德评议会、红白理事会、禁赌禁毒会等群众组织也发挥了不可替代的作用。

其次是高利贷化解减负担。科左后旗开展高利贷化解专项行动，组织镇村两级干部对贫困户高利贷进行核查，对确属于高利贷的，采取与债权人协商降息、免息、本金分期等方式进行化解。对生活困难的贫困户，通过协调各类扶贫资金，购买牲畜，发展生产，增加经济来源。对嘎查干部或亲属发放高利贷的，通过谈话提醒等方式，让其降息、免息，对暂时没有还款能力的，采取本金分期的方式进行还款。通过一户一户梳理债权关系，一笔一笔对接协商，已化解 4415 户 13062 万元，化解率分别为 85.7% 和 86.5%。其中以零利率协调化解的占化解总金额的 50%。

再次是推行"家庭小账本"。科左后旗巴嘎塔拉苏木 54 个嘎查村级志愿服务队带动 965 户贫困户家庭推行"家庭小账本"，引导农牧民群众科学合理规划每年度家庭生产生活目标，对家庭种植养殖业、生活消费等生产生活必须详细记录收支，逐步树立勤俭持家、勤劳致富的生活理念，推动文明乡风的形成。在巴嘎塔拉苏木，记账活动从全苏木的贫困户、直线育肥户以及自愿申请记账的一般户开始，通过近半年的实践已初见成效。召根嘎查一户叫海金的群众，记账后发现，丈夫每天抽 3 盒烟，一年抽烟的费用顶上一头牛的价格。两口子一算账后就发现了问题，两人一番激烈的争辩后丈夫决定开始慢慢戒烟，目前已减少到了每天不超过 1 盒烟。到月底算账时看到节省下来的数字，她的丈夫真正意识到自己以前造成的浪费。还有一户人家两口子记账后，互相监督，丈夫和妻子每天的花销不论大小一律记账，每半月总结一次，看看哪些钱该花哪些钱不该花。现在他家除了一些日常必需品外，其他东西都不乱买，节省了不少钱。就是通过这样的小账本，让群众慢慢形成了能省尽省，避免盲目消费的理财观念，促进了勤俭节约良好风气的形成。

（二）激发群众内生动力

只有激发群众的内生动力，才能让脱贫可持续、致富有干劲。科左后旗充分利用新时代文明实践中心试点旗建设的有利契机，通过搭建框架、组建队伍、依托载体、注重宣传激发群众内生动力。

一是搭建框架。2018年底科左后旗已在全旗范围内建设旗、苏木镇场（社区服务中心）、嘎查村（分场、社区）三级文明实践组织，旨在激发群众内生动力。旗委成立新时代文明实践中心1个，由旗委书记担任中心主任，中心办公室设在旗委宣传部，宣传部长担任办公室主任。苏木镇场（社区服务中心）依托文化站等场所成立新时代文明实践所20个，由苏木镇场（社区服务中心）党委书记担任所长。嘎查村（分场、社区）依托文化室、学习讲堂等场所成立新时代文明实践站293个，由嘎查村（分场、社区）党组织书记担任站长。新时代文明实践中心实行联席会议制度定期调度，34个旗直单位和20个文明实践所指导基层有序开展活动，激发群众脱贫致富的内生动力。

二是组建队伍。科左后旗依托旗、苏木镇场（社区服务中心）、嘎查村（分场、社区）三级文明实践组织成立志愿服务队，激发群众脱贫致富的内生动力。在旗一级依托新时代文明实践中心，组织和引导各类志愿者组建新时代文明实践志愿服务，下设理论政策、素质提升、文化辅导、普法宣传、卫生健康、教育体育、安全生产等专项志愿服务队和青年志愿者协会、巾帼志愿服务队、"五老"志愿服务队等共10类25支志愿服务队。在苏木镇场一级依托新时代文明实践所，发动在职党员干部、二级站所、辖区单位、驻村工作队等组建共20支志愿服务队，积极宣传引导群众邻里守望，就近就便开展力所能及的志愿服务，传递爱心，滋养文明，不断壮大志愿服务队伍。在嘎查村（分场、社区）一级依托新时代文明实践站，组织党员、致富带头人、妇女组织、"五老"人员等，组建道德评议会、红白理事会、文艺服务队、巾帼志愿服务队等4支志愿服务小分队，力争达到"七有"标准，即：有组织、有队伍、有制度、有计划、有台账、有必要的设施设备、有工作特色和品牌。目前，全旗900余支志愿服务队伍，在重要时间节点、重要节庆活动、传统节日，以推动乡风文明助力乡村振兴为主要目标，以激发群众脱贫致富的内生动力为主要方向，广泛开展理论政策宣讲、思想道德实践、法律法规普及、文体活动丰富、技术能力提升、移风易俗等各类志愿服务活动8000余场次。

三是依托载体。整合全旗各方面的资源和力量，提升群众文明素质和社会文明程度，激发群众脱贫致富的内生动力。以"志愿+"形式开展各类新时代文明实践活动。一是"志愿+宣讲"，组织特色宣讲小分队、旗委党校、驻村工作队、日常服务队等开展习近平新时代中国特色社会主义思想理论宣讲、全国"两会"精神宣讲、"强责任·讲担当——脱贫攻坚"主题宣讲"七进"活动68场，有效利用线上、线下两个平台，宣传阐释党中央大政方针、为民利民惠民政策。二是"志愿+扶贫"，驻村工作队、扶贫干部，专业合作社、龙头企业、社会扶贫组织，通过党员结对、大户结对、邻里互助开展扶贫。同时，激发农牧民内生动力，坚持扶贫与扶志扶智相结合，组织好文化助力脱贫攻坚和乡村振兴"十进村"活动。三是"志愿+党建"，嘎查村党组织、共产党员和先进典型充分发挥战斗堡垒、先锋模范、榜样引领的带动作用，结合争创"五面红旗嘎查村""固定党日"等活动，引领农村建设、化债增收、产业发展。四是"志愿+环境整治"，以"清洁乡村提质、乡风民风提升、村落文化复兴、文明创建扩面"四大行动为抓手，引领农村群众自觉参与乡风文明建设，提升自身文明素养，做到全民参与，全民动手。全旗近4万名志愿者作为党委政府的公益宣传员，在城乡开展各类志愿服务活动4200余场次，有效地激发群众脱贫致富的内生动力。

四是注重宣传。科左后旗以传统媒体和新媒体为主阵地，从内容、形式、渠道、平台入手，传播好政策声音，讲好脱贫故事。同时，进一步创新工作方式、拓展传播渠道，不断探索创新融媒体中心宣传方式，围绕扶贫热点，推出"全力打赢脱贫攻坚战""驻村工作手记""最美基层干部"等栏目，制作78集"扶贫攻坚路"系列报道、拍摄53部志智双扶微电影，及时宣传报道各地扶贫经验和成效。同时，采取一次采集、多次生成的融合报道方式，利用抖音、快手、H5等新传播方式，挖掘该旗脱贫攻坚领域的各项新政策、新进展、新成效，立体化展现全旗党员干部群众积极投身脱贫攻坚战的良好精神风貌，引导群众提振精神。

（三）提升自我发展能力

提升贫困户的自我发展能力是精准扶贫的治本之策，是实现标本兼治的有力措施。科左后旗从以下几个方面增强贫困户的自我发展能力：

第一，建设新时代农牧民培育基地。为有效提升农牧民的综合素质，该旗充分利用分布在苏木镇的各类经济协会和个体私营企业，建设家和农牧业公司、伊胡塔黄牛交易市场、散都苏木呼勒手工艺协会、恩和奶制品公司等12个新时代农牧民培育基地。在基地的培育带动下，农牧民种养殖能力、经济发展理念、生活理财观念明显转变，综合素质明显提升。在家和农牧业有限公司这个农牧民培育基地，通过培育、指导、帮扶等措施，帮助农牧民群众掌握一技之长。公司聘请了相关专家，开设农牧民实用技术培训学校，长期开展技能培训活动，重点推广先进种植技术，目前已为全旗360余贫困户进行了实用技术培训。伊胡塔黄牛交易市场就培养了3000多名牛经纪人，在致富和带富农牧民群众上发挥了重要作用。该案例被北京交通大学调研组发表在中国网上，受到广泛关注。

第二，引导贫困群众自主创业增收。首先，鼓励贫困劳动力自主创业。对有创业意愿并具备创业条件的扶贫对象，给予免费创业培训和创业服务，为创业培训合格的贫困劳动者提供开业指导、项目推介、政策咨询等免费服务，并给予创业担保贷款扶持，在电商网络平台开办"网店"的贫困劳动力，同样可享受灵活就业人员政策，并按规定享受创业担保贷款贴息政策。其次，培育贫困村创业致富带头人。重点从嘎查村党员、合作社负责人、家庭农牧场主和能人大户及已脱贫建档立卡贫困户中有一定条件和创业意愿的人员中培育致富带头人。再次，为返乡创业人才创造条件。积极为返乡创业人才搭建宣传、服务、合作平台，激发优秀人才返乡创业的内生动力，实现优秀人才与脱贫攻坚深度对接。根据返乡人员实际需求开设实用技术、经营管理、电子商务等培训班，组织参观市内知名企业、合作社，提高返乡人员创业能力。

第三，借力对口支援提高组织化程度。科左后旗积极推进京蒙帮扶协作，与北京怀柔区人社局签订《京蒙劳务协作扶贫行动协议》和《人力资源公共服务机构结对帮扶协议》，与北京市新侨国际、顺丰快递等企业座谈，就定向劳务输出达成劳务协作关系。及时通过网络平台，将北京用工信息发布告知，同时将招用工人数以文件形式分解到各苏木镇，确保京蒙劳务协作取得实效。2018 年 8 月 23 日，以"京蒙劳务协作，助力脱贫攻坚"为主题举办了"北京怀柔区·科左后旗劳务协作招聘会"，线上线下参加求职入场人员 1000 余人。通过京蒙劳务协作，44 名贫困劳动力在北京实现了稳定就业，其中组织化输出到北京交通大学就业 14 人。举办了两期贫困户大货车司机培训班，惠及 200 户。

二、产业带动机制

增强贫困人口的"造血能力"始终是扶贫工作的一项核心内容。

现有的扶贫经验启示我们，要实现有效脱贫、防止返贫，光靠输血式救济是难以维继的，必须重视建立开发式、造血式扶贫机制。科左后旗立足自身发展优势，构建产业技术支撑体系，通过产业发展与带动，使得脱贫人口获得持续性的财产收益，从而实现脱贫有保障、稳得住。

（一）产业扶贫的利益联结

为了使贫困户更多地分享增值收益，科左后旗增强企业带动群众致富的能力，提高贫困户参与程度，创新收益分享模式，健全联农带农有效激励机制。

其一，扶持龙头企业，提高带动群众致富的能力。既有龙头企业与农牧户之间多为单纯的买卖关系，农牧业龙头企业带动能力不足，合作社运行不规范，生产经营水平低，风险共担、利益共享的联结机制还需要进一步强化。是故科左后旗立足优势产业，扶持龙头企业，推动全产业链发展。全旗现有规模以上农牧业龙头企业 12 家，其中加工企业 7 家，流通企业 2 家，专业市场 1 家，种植、养殖企业 2 家，年实现销售收入 2 亿元。目前，通过贷款担保、入股分红、土地流转、务工就业、订单回收等形式，龙头企业与贫困村、贫困户建立了紧密利益联结机制，利益同享、风险共担。

其二，提高贫困户参与程度。禾丰米业、漠旺农牧产品公司等企业按照群众自愿流转、企业集约经营、收益按约分红的原则，流转 183 户 4600 亩土地发展有机农业。家和农牧业公司通过提供秧苗、技术和订单回收的方式扶持 1295 户贫困户种植秋葵、土豆、香瓜等蔬菜瓜果 1950 亩，让贫困农牧民获得更大收益。

其三，创新企业与农户利益联结机制。统筹资金、产业、市场等要素，采取入股分红、寄养托管、承包租赁、订单种植、贷款担保等形式，建立健全股份合作、订单帮扶、价格保护、生产托管、流转聘用等企业与农户利益联结机制，推广"龙头企业＋专业合作社＋贫困户""龙头企业+贫困户+基地""企业+合作社+贫困户+基地""合作社+贫困户"等产业化经营模式，让更多的贫困户融入产业链实现增收。

（二）产业扶贫的抗风险能力

科左后旗的肉牛饲养多为小农牧户分散饲养，抵御自然风险、市场风险能力弱。为了增强产业扶贫抗风险能力，该旗与本地科尔沁牛业、本富牧业、通和牧业等龙头企业通过订单收购、担保贷款、提供就业岗位等方式联结，带动贫困户养牛，共担市场风险。利用扶贫资金为贫困户饲养的所有基础母牛办理了养殖保险，每头牛意外死亡保险公司赔付6000元，进一步降低了养殖风险，解除了贫困户后顾之忧。同时通过托管托养有效解决了无劳动能力或丧失劳动能力的贫困户稳定收益，无生产性支出，从而降低了生产性风险。

（三）产业扶贫的政策保障

国务院办公厅、农业农村部等有关部门发文，鼓励加快培育能带动贫困户长期稳定增收的优势特色产业。内蒙古自治区立足贫困地区农牧业资源禀赋、以特色产业促进农牧民脱贫增收的目标，将牛产业列为七大扶贫产业之一，科左后旗被列为重点支持旗县。通辽市围绕做大做强黄牛产业、推进全产业链发展、打造"中国草原肉牛之都"的目标，制定落实《通辽市肉牛产业发展行动计划》等多项政策，明确了八项重点任务。科左后旗认真落实中央、自治区和通辽市的产业扶贫政策，结合经济社会发展实际，确立了以黄牛产业为主导的农村牧区产业扶贫体系，明确了以产业扶贫为重点确保实现2018年底全旗脱贫摘帽、贫困人口持续稳定增收的目标，相继制定出台10项发展黄牛产业的相关政策，为黄牛产业扶贫提供政策保障。

全旗19个苏木镇场，肉牛存栏超万头苏木镇有15个；262个嘎查村，超千头嘎查村190个；超百头养殖场（户）有100多个；超十头养殖户 18733 户。牧合家、本富牧业、科尔沁牛业 3 个万头肉牛养殖基地肉牛存栏达到 5000 余头。2019 年继续实施"万千百十"工程，计划培育超万头示范苏木镇 2 个、超千头示范嘎查村 7 个、超百头示范养殖场 4 个、超十头示范户 840 户，建设 20 个高效模式化养殖示范村。

（四）产业扶贫的资金保障

科左后旗虽然近年来通过扶贫小额资金的投放，为贫困户发展肉牛产业提供了资金支持，但仍然存在养殖企业和普通农牧户受信用等级、商业担保等因素制约以及贷款难度较大的问题，肉牛产业发展资金缺口仍然较大，在一定程度上制约了该旗肉牛产业的快速发展。

科左后旗在扶贫实践中，建立多层次、多元化的融资渠道，不断探索扶贫资金投放的有效模式，创新构建了以政府贴息、企业担保、群众联保等方式为主的扶贫资金保障体系，推动肉牛"保险贷"业务从试点探索到全旗覆盖，切实解决养殖企业（户）融资难、融资贵等问题，保障肉牛产业链上下游环节稳健发展。

一是创新放贷方式，拓宽放贷渠道。采取担保、联保、互保和"惠农一卡通"质押贷款等增信措施，解决贫困农牧民缺乏抵押担保资产问题，使有劳动能力、有贷款意愿、有还款能力的建档立卡贫困户全部能够得到 3 万—5 万元贷款。全旗累计投入风险抵押金 6500 万元，存入农业银行、旗信用联社，放大十倍予以发放。2014 年以来，全旗发放养牛贷款 7.9 亿元，为 7807 户建档立卡贫困户发放扶贫贷款 3.7 亿元。

二是建立绿色通道，快速有效放贷。政府部门积极对接金融机构，及时准确提供建档立卡贫困户基本信息，金融机构根据实际情况，制定出台相关放贷政策，设立扶贫贷款专柜专岗，确保在政策允许范围覆盖更多贫困户。

三是强化贷后监管，确保资金使用到位。由包联干部和嘎查村

"两委"班子共同监督、引导贫困农牧民使用贷款购买基础母牛，对于无能力购买或资金使用把握不准的贫困户，由包联干部和镇村干部协助统一购买，确保扶贫贷款真正用于发展生产。利用扶贫资金为贫困户饲养的所有基础母牛办理养殖保险，每头牛意外死亡保险公司赔付6000元，有效降低了养牛风险。

四是加快信用体系建设，优化农村牧区金融环境。建立农村牧区信用信息数据库，开展信用村、信用户评定工作，完善企业、合作社和农户信用信息数据，实现各金融机构信息互联互通，使农村牧区征信体系在精准扶贫工作中发挥重要作用，有效解决农牧民贷款无抵押、额度小、周期短、利率高的问题。目前，已评定信用村92个、信用户48440户。

（五）产业扶贫的基础设施保障

科左后旗产业发展的基础设施薄弱，在种植业方面，当地盐碱地较多，可利用可开发的耕地较少，农牧业基础设施建设投入不足，水、电、井等配套设施不完善，导致农田产量不高，农牧民"靠天吃饭"的局面没有得到有效改善。在牧业方面，棚舍建设不够标准、规范、舒适、实用，造成肉牛生产性能下降，肉质档次下滑。储草棚利用率低，很多农牧户饲草料长时间在外堆放，经过风吹雨淋，营养流失，加快腐烂霉变。

一方面，改善农业基础设施条件，建设高标准农田。通过积极争取上级项目和招商引资的形式，以填土方式对现有盐碱地进行改良，平整土地，深翻深松，增施农家肥，不断提高土壤质量。争取农牧业局、发改局、水务局等部门农田水利基础设施建设项目，大力实施高效节水、浅埋滴灌等项目，不断完善农田水利配套设施，力争实现旱涝保收。

另一方面，改善农牧民养牛硬件基础。科左后旗从农牧业产业内部结构调整入手，实施引草入田、粮改饲工程，突出发展饲草业，使种植业成为养殖业的"第一车间"，有效解决了饲草料问题。近年来，全旗每年种植青贮都在100万亩以上。逐年加大扶贫、生态、农牧、发改等部门项目资金整合力度，鼓励和引导农牧民增加投入，加强养牛基础设施建设。2014年以来，累计为贫困户建设棚舍4370座、窖池4598座，贫困农牧民养牛条件得到了明显改善。坚持种草养畜，加大现有草原生态环境保护力度，制定了天然草原修复工程实施方案。2018年，实施草原修复工程112万亩，采取禁垦禁牧、封禁保护及补播等措施进行自然修复，在通辽市率先实行重点区域全年禁牧，推动养殖模式由传统粗放式向规模化、标准化转变。通过强化饲草料储备、完善养牛基础设施，改善农牧民养牛硬件基础。

（六）产业扶贫的科技保障

在畜牧业方面，虽然经过多年宣传、引导，舍饲圈养、母犊分离、快速育肥等先进养殖方式已获得广大农牧户的高度认可，但该旗肉牛饲养多沿用传统饲养管理模式，仍以各家各户分散饲养为主，生产方式落后，产业化形式松散，缺乏科学的饲养管理技术，有牛不会养、养不好、效益低的现象较为普遍。在林果业方面，现有林果产业科技含量低，主要以卖原料和初级产品为主，质量不优，加工率低，经济效益不高。

科左后旗提升技术服务水平，推进科技保障体系建设。旗财政部门每年拿出1000万元用于支持黄牛产业发展，不断加大棚舍、窖池等牧业基础设施建设，大力推进"粮改饲"和秸秆再利用，坚持西门塔尔牛的优化改良。在全旗范围内，以舍饲母牛高效繁殖模式、公犊直线育肥模式和深度育肥模式为主线持续强化养殖技术推广，以优质牧草种植技术、全株青贮玉米种贮配套技术、玉米秸秆黄贮技术为主线推广饲草料种贮技术，逐步达成"为养而种，为牧而农，种养平衡"的发展目标。此外，在绿色生态农牧业发展方面，投入基本科研业务费30万元，继续推动"肥料减施联合秸秆畜牧粪便还田一体化技术"的改良、实施和推广，实施科技攻关和成果转化。

三、社会扶贫机制

动员全社会力量参与扶贫是中国特色扶贫开发道路的重要特征。现阶段，社会扶贫作为大扶贫格局重要组成部分，被置于同专项扶贫和行业扶贫同等重要的位置。在建立健全精准扶贫长效整合机制进程中，科左后旗培育多元社会扶贫主体，搭建各类社会扶贫平台，充分释放社会扶贫潜力，促进各类资源要素向贫困地区流动，引导和支持社会各方力量共同参与扶贫。

（一）强化东西部扶贫协作和对口支援

北京市怀柔区是科左后旗的东西部扶贫协作和对口支援单位，作为社会扶贫的重要组成部分，在脱贫攻坚战中发挥不可替代的作用。

一是产业帮扶。2018 年，北京市怀柔区龙山街道党工委办事处和内蒙古通辽市科左后旗努古斯台镇党委政府立足各自实际和比较优势，共同探索建设"京蒙协作扶贫车间"（努古斯台生态农副产品加工厂）。扶贫车间依托科左后旗及周边地区优质的农副产品资源进行深加工。建设面粉加工生产线一条，生产全麦面、小麦精粉、荞面等产品。建设杂粮加工生产线一条，生产玉米、大豆、黑豆、小豆、小米等优质杂粮杂豆。建设食用油加工生产线一条，生产葵花油、大豆油、花生油等优质植物油。建设电商服务站一处，打通绿色优质农副产品的线上销售渠道。公司年可加工生产生态面粉 2000 吨、生态植物油 50 吨、杂粮精选包装 100 吨，年销售收入 2000 万元以上，年净利润可达 200 万元以上。此外，京蒙"重点地区帮扶资金"菜单式扶贫项目、第一批光伏扶贫村级电站项目等已全面开工建设，并从科左后旗工业园区划出 1.5 平方公里土地用于项目建设（其中可直接出让建设用地 850 亩），承接怀柔区乃至北京市产业转移。二是人才支援。2018 年共选派 2 批次 3 名干部、2 批次 19 名专业技术人才到怀柔区挂职，选派 4 名干部到怀柔区插班培训、跟班学习、考察交流。三是资金支持。科左后旗与北京市怀柔区相互对接 74 次，签订帮扶协议 34 份；怀柔区对口帮扶共投入京蒙扶贫项目资金 7295 万元、捐资 601 万元，支持发展肉牛、光伏等产业。

（二）持续开展定点扶贫工作

北京交通大学先后选派挂职干部 6 人和 4 批 16 名支教学生到科左后旗常驻开展工作，培训当地农牧民（干部）1341 人次，帮助制定了旅游、物流、工业园区等规划，累计投入帮扶资金及物资折合 773.6 万元，引入项目资金 938.73 万元，实施各类帮扶项目 60 个。具体从以下五个方面展开：

第一，落实好帮扶责任。继续把定点扶贫工作纳入学校工作重点，按照与国务院扶贫办签订的《2019 年中央单位定点扶贫责任书》要求，全年完成直接投入资金 200 万元，引进资金 200 万元，培训干部 240 人，培训技术人员 240 人，直接采购农副产品 200 万元，帮助销售农副产品 200 万元。同时，配合旗委、政府落实好脱贫攻坚各项工作，监督落实 2018 年度学校开展的建档立卡贫困人口大货车驾驶员培训、幸福院建设、建档立卡贫困户幼儿学前教育补贴发放和新营子村设施农业示范园建设等项目，确保项目取得实效。

第二，做好教育扶贫。北京交通大学为常胜镇政府捐赠桌椅 100 套；联系北京外研社，为农牧民捐赠 2000 本图书和部分运动器械；向金宝屯镇捐赠电脑 100 台，用于贫困村信息化和电商平台建设。派遣多名研究生到科左后旗开展支教工作；加强当地生源基地中学建设，做好面向少数民族、贫困及农村牧区招生工作；对来校读书的科左后旗贫困学生，综合利用奖、助、贷等多种措施，做好资助工作，保障其顺利完成学业。帮扶共建示范性幼儿园工作，重点依托所属的北京交通大学幼儿园，通过从学校定点扶贫专项资金中列支经费支持、选派干部教师到当地指导教育教学，以多种形式开展师资培训，实现资源共享，帮助旗民族幼儿园建设成为一所高水平公办幼儿园，助力科左后旗学前教育发展。

第三，强化智力帮扶。根据科左后旗现实需求，在做好金融风险防控课题研究、工业园区规划的基础上开展更多智库支持工作。在交通规划方面，针对高铁经济发展，投入基本科研业务费30万元，为通辽市制定综合交通发展规划，并重点针对科左后旗高铁经济下的交通规划开展研究；在旅游规划方面，投入基本科研业务费10万元，研究制定草甘沙漠旅游规划，北京交通大学帮扶制定高铁经济规划，草甘沙漠景区发展规划工作已完成立项，课题组已进驻，实地开展工作；在绿色生态农牧业发展方面，投入基本科研业务费30万元，继续推动"肥料减施联合秸秆畜牧粪便还田一体化技术"的改良、实施和推广，实施科技攻关和成果转化。

第四，开展产业扶贫。继续发挥学校信息平台优势，通过协助科左后旗政府开展招商引资活动、提供信息服务、支持搭建平台等方式，动员企业、校友等多方力量，服务科左后旗产业发展。针对科左后旗发展沙产业需求，利用学校在经济管理领域的学科和校友优势，积极协助长江造型材料（集团）科左后旗有限公司所属母公司完成上市准备工作。科技成果转化基地建设工作，流转土地1200亩，已完成地块内作物种植；"农校对接"方面，已累计完成绿色农畜产品购销337万元，其中2019年完成81万元，同时在科左后旗甘旗卡镇新营子村实施规模化种植200亩，助力贫困嘎查村集体经济发展；新营子村示范性大棚种植作物已结果，起到良好带动示范作用。

第五，实施就业扶贫。根据北交大后勤产业集团与科左后旗签订的《劳务输出意向书》，由学校后勤集团提供就业岗位，并组织相应岗位的岗前培训，继续做好接收科左后旗外出务工人员来校就业工作；自治区媒体（内蒙古新闻联播）对"学校—龙头企业—农户（特别是建档立卡贫困户）"帮扶模式进行了宣传报道，家和农牧业、禾丰米业共带动 942 户贫困户实现增收；学校录用了 14 名建档立卡贫困群众到学校后勤集团食堂务工，学校负责食宿及"五险"，月工资 3000 元以上。

（三）鼓励支持各类企业扶贫

在企业扶贫方面，妥善运用企业的优势，通过帮扶资金、技能培训、转移就业、利益联结等多种方式帮助贫困户脱贫。

一是帮扶资金。各包联单位和企业直接投入帮扶资金 814 万元，协调项目资金 2480 万元，为贫困嘎查村和贫困人口帮助解决了基础设施建设、生产发展、生活改善、就学就医等方面的实际困难和问题，实现了干部包联贫困户和社会救助帮扶全覆盖。

二是技能培训。落实就业创业政策，以实现就业创业为导向对困难人员实施职业培训，支持旗民族职业学校、旗技工学校、万益职业技术学校、学辉职业技术学校，与旗内企业校企合作，共建实习实训基地，引导企业吸纳贫困人员，对有就业和培训意愿的贫困劳动力实行定向培养、联合培养；对已经就业并有培训意愿的贫困劳动力实行岗位技能提升培训，促进稳定就业，提高收入水平；对有创业意愿的贫困劳动力开展创业培训；注重开展贫困家庭未升学初高中毕业子女、农民工、退役军人、残疾人的职业技能培训，提高培训的针对性和有效性。

三是转移就业。鼓励有转移就业意愿的就业扶贫对象到科尔沁牛业等建档立卡贫困劳动力旗内定点就业企业就业。对招用建档立卡贫困劳动力并缴纳社会保险费的企业，参照就业困难人员落实社会保险补贴等政策。通过与家庭服务、旅游休闲、健康养老、文化体育、民族食品加工等吸纳就业能力强的企业对接，为贫困劳动力转移就业争取更多适宜就业岗位；围绕科左后旗主导产业，科学合理开发技能含量高的就业岗位，让有能力、有就业愿望的贫困户家庭劳动力实现体面就业，鼓励企业优先安排使用建档立卡贫困劳动力。

四是利益联结。立足优势产业，扶持龙头企业，推动全产业链发展，提高带动群众致富的能力。全旗现有规模以上农牧业龙头企业12家，其中加工企业7家，流通企业2家，专业市场1家，种植、养殖企业2家，年实现销售收入2亿元。目前，通过贷款担保、入股分红、土地流转、务工就业、订单回收等形式，龙头企业与贫困农牧民建立了紧密利益联结机制。禾丰米业、漠旺农牧产品公司等企业按照群众自愿流转、企业集约经营、收益按约分红的原则，流转183户4600亩土地发展有机农业。家和农牧业公司通过提供秧苗、技术和订单回收的方式扶持1295户贫困户种植秋葵、土豆、香瓜等蔬菜瓜果1950亩，让贫困农牧民获得更大收益。

（四）深入推动社会组织扶贫

在社会组织扶贫方面。引导民营企业、社会团体积极开展产业扶贫、就业扶贫、旅游扶贫、电商扶贫、消费扶贫、公益扶贫，持续开展"光彩行"活动，加快中国社会扶贫网的推广应用，发布贫困户需求信息，搭建帮扶与求助的双向信息互通，发挥群团组织和社会爱心人士的力量，发挥"光明行""希望工程""贫困母亲两癌救助"等行业扶贫公益项目的作用，引导社会各方面力量聚焦扶贫、聚力脱贫。

科左后旗成立社会扶贫工作促进会、慈善总会，搭建社会扶贫平台，及时向社会发布扶贫信息，畅通社会力量扶贫渠道，引导各类群团组织、社会组织、企业和个人以多种形式帮扶贫困群众，构建起全社会参与的大扶贫格局。充分发挥社会扶贫促进会作用、扶贫基金会、教育基金会、工商联作用，动员企业、社会组织、群众团体等社会各界投身扶贫攻坚，形成全社会参与脱贫攻坚的浓厚氛围。截至目前，社会各界累计投入帮扶资金2214万元，捐助米面、衣物等物资折合资金346万元，办好事实事7661件。15家民营企业与15个贫困村结对，100名非公有制经济人士帮扶400户贫困户。

四、生态扶贫机制

科左后旗属于生态脆弱区域，贫困人口提高收入和保护环境的需求同样迫切，走生态扶贫道路是现实可行的选择。正是基于这样的双重考量，当地牢固树立保护生态是脱贫之基、致富之道的理念，寓生态文明建设于扶贫开发中，让贫困群众从守护绿水青山当中收获真金白银，做到经济发展与环境保护相互促进，经济效益与生态效益有机统一，实现了美丽与富裕共生。

（一）封禁保护退耕还林

首先是封禁保护。在草牧场和天然林破坏严重区域实行封禁保护，通过建设围栏和人工巡护等措施加以保护，待植物初步恢复后，稀疏种植当地树种，让退化草牧场和天然林休养生息、自然恢复，加快生态系统的恢复进程。其次是退耕还林。对沙化严重耕地实施退耕还林，在平缓沙地、坡地栽植两行乔木防护林，降低风速、减少扬沙，在两行乔木间种植灌木或牧草，形成植被恢复带，实现综合治沙的效果。再次是禁牧舍饲。实施全域全年全时禁牧，引导农牧民转变经营方式，退牧还草、为养而种、种草养畜，在减轻草原承载压力的同时，通过粮改饲、种植优质牧草等措施增加饲草供应，使生态系统修复与舍饲养牛相结合，实现可持续发展。坚持种草养畜，加大现有草原生态环境保护力度，制定了天然草原修复工程实施方案。

（二）人工造林飞播种草

首先是人工造林。在沙化地带建设人工网格沙障，周边栽植杨树或樟子松形成锁边林带，并在网格内栽植锦鸡儿、紫穗槐等树种进行固沙，辅以封育措施，逐步恢复林草植被形成稳定的生态群落。其次是飞播造林种草。在不易进行人工造林的区域，用飞机装载林草种子，均匀地撒播在宜林荒山荒沙上，利用林草种子天然更新的植物学特性，在适宜的温度和适时降水等自然条件下，促进种子生根、发芽、成苗，经过封禁及抚育管护，达到防沙治沙的目的。再次是设立自然保护区。在沙漠原始森林生态系统、湿地草原生态系统集中地区设立了 17 处自然保护区，占全旗总面积的 11.8%，90% 以上的珍稀濒危野生动植物和典型的生态系统得到了有效保护，注重生物多样性保护，物种总量增加到 709 种。

（三）经济效益得以彰显

2019 年，科左后旗"生态修复促扶贫"案例入选全球最佳减贫案例。在生态治理过程中，除了显著的生态效益、社会效益之外，贫困人群也从中受益，彰显了经济效益。

一是流转土地收益。中国的农村土地归农民集体所有，经营权分配给农牧民。经过组织动员，农牧民将严重沙化土地协议流转给国有林场和苗圃，统一进行苗木培育、造林绿化。利用国有林场和苗圃经营林木获得的收入，共流转农牧民造林土地 1720 公顷，按照流转每公顷土地给予农牧民 66.9 美元计算，2452 名农牧民年人均增收 47 美元。二是育苗收益。林业部门提供苗木和技术指导，贫困农牧民按照规程育苗。政府、企业优先采购旗内育苗户的苗木，使贫困农牧民获得了可观收益，从事育苗的贫困人口年人均增收 177.6 美元。三是务工收益。吸纳贫困农牧民进入造林企业务工或直接参与苗木起运、树木栽植、抚育管理等工作，2134 名沙区农牧民在生态建设中年人均增收 891.8 美元；聘用 610 名沙区贫困人口为生态护林员，每人年稳定收益 1486 美元。四是木材加工收益。沙区农牧民的土地资源转化为生态资源资产，并持续释放生态红利，森林蓄积量逐年递增，木材加工产业每年创造产值达 654 万美元以上，年人均增收 44.1 美元。

五、精准防贫机制

科左后旗探索实施精准防贫机制，建立贫困人口生产生活跟踪机制，及时发现和解决其面临的困难，解决贫困增量和返贫问题。

（一）防致贫返贫

如何巩固已脱贫户脱贫成果不返贫、确保边缘户不致贫，是现阶段脱贫攻坚工作面临的重大课题。科左后旗分类施策，对人均收入不高不稳的脱贫户、边缘户和兜底户三类临贫易贫重点人群的生产生活动态进行跟踪服务，抓住因病、因学、因灾等致贫返贫关键因素，分类设置精准防贫标准和程序，最大限度防止致贫返贫，减少贫困增量。

对已脱贫户，实施保险、产业扶贫、外出务工补助、大学生补贴、危房改造、雨露计划6项措施，确保其稳定增收不返贫。对一般贫困户，除落实以上6项措施外，新增加医疗救助、中小学教育救助、光伏扶贫3项措施，确保贫困户不因学、因病致贫；利用到户增收、小额担保贷款等资金，支持发展"种养加"项目，确保稳定脱贫不返贫。对兜底户，除落实以上9项措施外，兜底人员全部纳入低保，60岁以下人员给予临时救助等措施，确保兜得起、稳得住。为切实改变其精神面貌，按照"五不五有"（不能住危房，要有大门和围墙；不能没门窗，要有玻璃和纱窗；不能没家电，要有电视和电扇；不能没家具，要有床柜和桌椅；不能脏和乱，环境要有改变）和"五净一规范"（院内净、卧室净、厨房净、厕所净、个人卫生净和院内摆放规范）标准，大力改善兜底户生活条件，提振脱贫信心。

具体措施如下：

一是开展社会保障兜底工作防止因病致贫返贫。认真落实医疗保险和医疗救助政策，保障贫困人口享有基本医疗卫生服务，努力减少防止因病致贫、因病返贫的现象发生，健全留守儿童、留守妇女、留守老人和残疾人关爱服务体系。出台慢性病门诊治疗财政兜底政策，推行"家庭病床"服务，为贫困人口办理补充医疗保险。严格落实农牧民基本养老保险制度，引导和鼓励农村牧区贫困人口参保续保，有效解决贫困农牧民特别是孤寡老人养老难问题。残联、红十字会、扶贫促进会等群团及社会组织要积极开展救助活动，及时解决贫困人口实际困难。对贫困户出现大病、灾害等特殊困难及已脱贫户易出现返贫的情况，要及时开展临时救助，发动社会各界人士开展爱心捐赠活动，结对帮扶干部进行帮扶。

二是开展教育扶贫政策防止因学致贫返贫。坚持不让一个学生因贫失学、一个家庭因学返贫，全面落实助学金、伙食补助、交通补助等教育扶贫各项政策，对贫困家庭"小初高"学生每年分别补助1800元、2000元、2400元，贫困家庭大学生每年补助10000元，2017年共发放490万元、惠及贫困学生1756名，多渠道帮扶贫困学生。

三是完善保险机制防止因灾致贫返贫。与中国太平洋保险公司科左后旗分公司合作，创设"精准防贫保险"，旗财政拿出50万元作为防贫保险金，按每人每年50元保费标准为全旗3.3%的农村人口购买保险，筑牢防贫"保护墙"。通过完善保险机制，降低致贫返贫风险，为贫困户饲养的9396头基础母牛办理保险。

（二）动态监测

科左后旗立足于脱贫攻坚信息化监测体系和大数据平台，对接自治区精准扶贫大数据平台，重点监测贫困户基本情况、干部下乡包联情况、政策项目落实情况，确保包联措施落地见效，推动脱贫攻坚工作高效有序开展。通过近贫预警、骤贫处置、脱贫保稳精准防贫机制的建立，最大限度减少贫困增量。

完善贫困信息监测系统。针对贫困嘎查村开展重点监测，进一步完善扶贫开发统计与贫困监测机制。抓好扶贫项目规范化工作，各地根据扶贫项目库内容，分类逐项完善项目实施规划，确定资金规模和结构，明确项目实施主体、受益规模和完成时限。确保各级扶贫建档立卡信息系统对接，强化实用性，实现部门间贫困信息资源共享。

（三）风险防范

借助精准扶贫大数据管理平台，划定防贫预警线、防贫保障线两条界线，实现对风险的第一时间防范。一是强化多方互动。进一步强化贫困户与扶贫部门、行业部门和包联干部沟通联系，及时解决相关问题。二是强化干部监管。对扶贫干部包联工作进行全程监管，落实包联责任，提高帮扶工作质量。三是强化项目资金监管。对专项扶贫资金拨付情况、到位情况、使用情况、资金流向进行全程监管。四是强化信息发布。完善信息平台功能，使大数据平台成为旗镇村以及贫困户发布招商引资、农副产品供求、土地流转等各方面信息的综合平台。

第三节　建立健全稳定脱贫的长效整合机制经验及启示

一、止血、输血与造血三位一体方能长效整合脱贫

习近平总书记指出："一个地方必须有产业，有劳动力，内外结合才能发展。最后还是要能养活自己。"[1] 由单纯的"输血"到既

---

[1] 习近平：《在河北省阜平县考察扶贫开发工作时的讲话》（2012 年 12 月 29 日、30 日），《做焦裕禄式的县委书记》，中央文献出版社 2015 年版，第 21—22 页。

"输血"又"造血"，是习近平总书记关于扶贫工作的重要论述的重要内涵，也是精准扶贫思想的集中体现。课题组对科左后旗进行调研时发现，当地属于革命老区、少数民族地区、陆地边境地区和欠发达地区，因其特殊的自然环境、文化传统背景，不仅需要进行直接给钱给物的"输血"扶贫，以及建立特色产业、提高自我发展能力的"造血"扶贫，还需要加强思想引领，革除陈规陋习的"止血"扶贫。

科左后旗需要"止"的"血"包括赌博、迷信、饮食不健康以及不会算账、铺张浪费导致的借贷盛行，通过引导摒弃落后习俗、激发群众内生动力、提升自我发展能力达到"止血"扶贫。通过"止血"扶贫减少阻力，借力"输血"扶贫夯实根基，依托"造血"扶贫引领发展，三位一体实现长效整合脱贫。这也为欠发达地区摆脱贫困提供了道路指引。

二、以提升村庄治理能力驱动扶贫工作

精准扶贫政策实施过程中，提升村庄治理能力影响着精准扶贫的实施及其效果①。因此，以提升村庄治理能力驱动扶贫工作是当务之急。科左后旗乃至全国相当一部分农村普遍面临村干部年龄偏大、文化程度低、服务群众能力弱、对国家政策理解不够等问题，两委班子战斗力薄弱、村庄治理能力严重不足，群众自我管理、自我服务、自我教育、自我监督更是无从谈起。

完善驻村帮扶和第一书记机制，提升基层组织战斗力。以乡情乡愁为纽带，引导和支持各类人才回乡任职，服务乡村发展。优化提升村党组织带头人，从本村致富能手、外出务工经商人员、本乡本土大

---

① 李琳、郭占锋：《精准扶贫中农村社区治理能力提升研究》，《西北农林科技大学学报（社会科学版）》2018 年第 18 期。

学毕业生、复员退伍军人中培养选拔。充实村庄承接扶贫项目和资源的能力，壮大村集体经济，从而为村庄帮扶贫困人口、发展公益事业、提供公共服务奠定基础。加强农村党员队伍建设，严格党的组织生活，在日常生活和村庄事务中发挥党员先进模范带头作用。

三、稳定脱贫要妥善处理好政府与市场的关系

相当一部分贫困群体，他们受自身以及市场经济的局限，在收入分配格局中处于弱势地位，难以合理分享经济增长的成果。是故，促进贫困人口的市场参与，增加贫困群体的市场份额是扶贫开发的要点。与此同时，市场是追求效率和利益最大化的，单单依靠贫困群体本体力量无法在市场机制当中实现脱贫，这就意味着必须借助政府进行政策调适。① 这也就启示我们，稳定脱贫要妥善处理好政府与市场的关系，把政府的调控和市场的效率结合好。

一方面，发挥好市场在长效整合脱贫中的重要作用。一是促进小农牧户生产和现代农业发展有机衔接，带动小农户专业化生产，提高小农户自我发展能力。二是壮大特色优势产业，打造特色农产品品牌，形成特色农产品优势区建设标准化生产基地、加工基地、仓储物流基地，利用地区特殊的资源禀赋形成新的增长点。三是鼓励劳动密集型加工业和家政等服务业转移至贫困地区。四是建立积极的就业促进机制。如实施就业补贴、技能培训补贴，提高贫困人口参与市场的机会，占取一定的市场份额。

另一方面，重视政府在长效整合脱贫中的调控作用。一是保障机制。小农户尤其是贫困户在对接市场时，面临着基础设施、资金等多种资源短缺的现状，需要政府做好保障措施予以帮扶。二是服务机制。政府应发展多种形式的创新创业支撑服务平台，健全服务功能，

---

① 左停：《稳定脱贫的制度设计和路径选择》，《人民周刊》2018 年第 19 期。

开展政策、资金、法律、知识产权、财务、商标等专业化服务。三是衔接机制。政府应做好市场与贫困户的衔接，落实国有企业精准扶贫责任，通过发展产业、对接市场、安置就业等多种方式帮助贫困户脱贫，引导民营企业积极开展产业扶贫、就业扶贫、公益扶贫。

四、因地制宜让"绿水青山"变"金山银山"

生态文明建设事关永续发展。良好的生态，是科左后旗最宝贵的资源和财富。但由于种种原因，当地曾以牺牲环境为代价发展生产，最终被环境反噬，农牧民饱受其苦。在科左后旗近些年的抗风防沙、造林种草的进程中，农牧民逐渐告别了原始粗放的"吃山"办法，努力将生产方式、生活方式转换到绿色化的轨道上来，建立起生态扶贫体系，在改善生态环境的同时，也实现了贫困户增收，初步实现了环境保护与群众增收的多赢。其关键就是因地制宜打好生态牌，让"绿水青山"变"金山银山"。

五、精准扶贫需要与乡村振兴做好衔接

习近平总书记指出，要把脱贫攻坚同实施乡村振兴战略有机结合起来，推动乡村牧区产业兴旺、生态宜居、乡风文明、治理有效、生活富裕，把广大农牧民的生活家园全面建设好。

脱贫攻坚的短期目标是确保贫困地区的贫困人口在 2020 年实现如期脱贫，其长远目标是以高质量的发展实现乡村振兴。可以说乡村振兴是针对更大群体、在更宽广领域、更高层次、需要更多力量参与的阶段性谋划。脱贫攻坚加强农村公路、供水、供气、电网、物流、信息、广播电视等基础设施建设，提升公共服务水平，以产业扶贫为抓手，提升贫困人口的发展能力，为贫困地区创造了益贫式的发展环境，同时也促进了乡村治理体系的完善和创新，为贫困地区的发展打

下了坚实的基础。乡村振兴战略的推进既巩固了产业扶贫的成果，又化解贫困地区和非贫困地区的非均衡矛盾，有利于建立稳定脱贫的长效整合机制，从而巩固提升了贫困地区的脱贫质量，为进一步稳定脱贫攻坚的成果提供了新的保障。①

---

① 左停、刘文婧、李博：《梯度推进与优化升级：脱贫攻坚与乡村振兴有效衔接研究》，《华中农业大学学报（社会科学版）》2019 年第 5 期。

第八章

脱贫攻坚与乡村振兴
战略的有效衔接

　　自打响脱贫攻坚战以来，科尔沁左翼后旗委、旗政府深入学习贯彻落实习近平总书记关于扶贫工作的重要论述，按照自治区党委关于打赢脱贫攻坚战的一系列安排部署，全旗广大干部群众勠力同心、并肩决战，聚焦脱贫摘帽、全力攻坚克难，积极推动全旗脱贫攻坚取得显著成效，也为乡村振兴新战场奠定了夯实基础。在脱贫攻坚战的历程中，科左后旗进入新的发展阶段。

　　全面建成小康社会和全面建设社会主义现代化国家，最艰巨最繁重的任务在农村，最广泛最深厚的基础在农村，最大的潜力和后劲也在农村。习近平总书记在党的十九大报告中首次提出"乡村振兴战略"，深入阐释了实施乡村振兴战略的重大决策部署。运用整合式治理方式，整合脱贫过程中参与主体、资源配置、方式方法、政策制度等方面的各种力量，从形式上、过程上、方向上逐步整合，避免衔接过程中再次出现碎片化的现象。作为乡村振兴战略的优先任务，脱贫攻坚后期需要在建立健全稳定脱贫长效整合机制基础之上，注意适时总结脱贫攻坚成果，不断探索脱贫攻坚与乡村振兴有效衔接的优化路向，确保贫困户顺利脱贫、巩固已脱贫户脱贫成果不返贫，谱写新时代乡村全面振兴壮丽篇章。

第一节 脱贫攻坚与乡村振兴
战略衔接指导思想

一、党中央、国务院关于乡村振兴战略的政策导向

习近平总书记在党的十九大报告中提出乡村振兴战略的总要求——产业兴旺、生态宜居、乡风文明、治理有效、生活富裕，建立健全城乡融合发展体制机制和政策体系，加快推进农业农村现代化的新任务。

实施乡村振兴战略，是中国特色社会主义进入新时代做好"三农"工作的总抓手。2017年底召开的中央农村工作会议作出乡村振兴战略的重要部署，并提出了实施乡村振兴战略的目标任务和基本原则。

2018年中央"一号文件"对统筹推进农村经济建设、政治建设、文化建设、社会建设、生态文明建设和党的建设，都作出了全面部署。实施乡村振兴战略，是解决人民日益增长的美好生活需要和不平衡不充分的发展之间矛盾的必然要求，是实现"两个一百年"奋斗目标的必然要求，是实现全体人民共同富裕的必然要求。乡村振兴，产业兴旺是重点，生态宜居是关键，乡风文明是保障，治理有效是基础，生活富裕是根本，摆脱贫困是前提。强化脱贫攻坚责任和监督，做好脱贫攻坚战与实施乡村振兴战略有机衔接。[①]

2018年全国两会期间，习近平总书记在参加山东代表团审议时

---

① 中共中央、国务院：《中共中央、国务院关于实施乡村振兴战略的意见》，2018年1月2日，见 http://www.gov.cn/zhengce/2018-02/04/content_5263807.htm。

强调，实施乡村振兴战略是一篇大文章，要统筹谋划，科学推进。习近平总书记为乡村振兴战略指明五个具体路径：推动乡村产业振兴、乡村人才振兴、乡村文化振兴、乡村生态振兴和乡村组织振兴。习近平总书记进一步阐释和细化了这个战略，"五个振兴"与产业兴旺、生态宜居、乡风文明、治理有效、生活富裕的总体要求互为表里，是一个包含天地人三者的鲜活治理系统，充满"致广大而尽精微"的中国智慧，成为今后实施乡村振兴战略的具体抓手和根本遵循。

2018 年 8 月公布《中共中央、国务院关于打赢脱贫攻坚战三年行动的指导意见》，进一步提出实施乡村振兴的部署，提出统筹衔接脱贫攻坚与乡村振兴。乡村振兴相关支持政策要优先向贫困地区倾斜，补齐基础设施和基本公共服务短板，以乡村振兴巩固脱贫成果。①

2018 年 9 月，党中央、国务院印发了《乡村振兴战略规划（2018—2022 年)》，党的十九大提出实施乡村振兴战略，是以习近平同志为核心的党中央着眼党和国家事业全局，深刻把握现代化建设规律和城乡关系变化特征，顺应亿万农牧民对美好生活的向往，对"三农"工作作出的重大决策部署，是决胜全面建成小康社会、全面建设社会主义现代化国家的重大历史任务，是新时代做好"三农"工作的总抓手。其中，把打好精准脱贫攻坚战作为实施乡村振兴战略的优先任务，推动脱贫攻坚与乡村振兴有机结合相互促进，确保到 2020 年我国现行标准下农村贫困人口实现脱贫，贫困县全部摘帽，解决区域性整体贫困。②

党中央、国务院对于实施乡村振兴战略的思路越来越清晰，内容也越来越明确，细化、实化脱贫攻坚和精准扶贫衔接的工作重点和政策措施。提出实施乡村振兴战略的重大历史任务，在我国"三农"

---

① 中共中央、国务院：《中共中央、国务院关于打赢脱贫攻坚战三年行动的指导意见》，2018 年 8 月 19 日，见 http://www.gov.cn/zhengce/2018-08/19/content_5314959.htm。
② 中共中央、国务院：《中共中央、国务院印发〈乡村振兴战略规划（2018—2022 年)〉》，2018 年 9 月 26 日，见 http://www.gov.cn/zhengce/2018-09/26/content_5325534.htm。

发展进程中具有划时代的里程碑意义。同时，实施乡村振兴战略是建设现代化经济体系的重要基础、是建设美丽中国的关键举措、是传承中华优秀传统文化的有效途径、是健全现代社会治理格局的固本之策、是实现全体人民共同富裕的必然选择。接下来，进入脱贫攻坚与乡村振兴相互衔接、齐头并进的关键阶段，深入贯彻党中央、国务院对于乡村振兴战略以及脱贫攻坚与乡村振兴有机衔接的指导思想，有利于各地区各部门整合脱贫成果，有序推进实现两者的有机衔接和整合发展。

二、理解和把握脱贫攻坚与乡村振兴战略的内在逻辑

脱贫攻坚是乡村振兴的前端，为乡村振兴奠定坚实基础。《中共中央、国务院关于实施乡村振兴战略的意见》中指出实施乡村振兴战略的目标任务是：到 2020 年，乡村振兴取得重要进展，制度框架和政策体系基本形成。到 2035 年，乡村振兴取得决定性进展，农业农村现代化基本实现。到 2050 年，乡村全面振兴，农业强、农村美、农牧民富全面实现。在过去 5 年，脱贫攻坚围绕"两不愁三保障"，着力实施产业扶贫，因地制宜发展和壮大农村优势特色产业，形成优势互补、各具特色、良性循环的农村产业结构的新格局。[1] 乡村振兴从来不是另起炉灶，而是在脱贫攻坚的基础上继续推进。要将脱贫攻坚和乡村振兴放入整体来思考，明确两者在县域经济社会发展全局中的具体地位，理顺两者内在逻辑，避免孤立片面地发展。如果没有做好前端工作，不能改变贫困地区的现状，就无法使贫困户彻底脱贫，没法巩固脱贫成果防止返贫，不能顺利进入乡村振兴的新阶段，不利于实现脱贫攻坚与乡村振兴的有机衔接。

---

[1] 中共中央、国务院：《中共中央、国务院关于实施乡村振兴战略的意见》，2018 年 1 月 2 日，见 http://www.gov.cn/zhengce/2018-02/04/content_5263807.htm。

第一，脱贫攻坚为乡村振兴补足短板。当前我国农业农村基础差、底子薄、发展滞后的状况尚未根本改变，经济社会发展中最明显的短板仍然在"三农"，现代化建设中最薄弱的环节仍然是农业农村。脱贫攻坚有效地补齐补足实施乡村振兴的短板，实现强化政策保障；健全脱贫攻坚支撑体系，有利于加快补齐农村民生短板，提高农村美好生活保障水平，让农牧民群众有更多实实在在的获得感、幸福感、安全感。

第二，脱贫攻坚是乡村振兴重要组成。全面建成小康社会和全面建设社会主义现代化国家，最艰巨最繁重的任务在农村，最广泛最深厚的基础在农村，最大的潜力和后劲也在农村。2020 年，乡村振兴取得重要进展体现之一是在现行标准下农村贫困人口实现脱贫，贫困县全部摘帽，解决区域性整体贫困；而当前我国农业农村基础差、底子薄、发展滞后的状况尚未根本改变，其中一个表现是城乡基本公共服务和收入水平差距仍然较大，脱贫攻坚任务依然艰巨；"把打好精准脱贫攻坚战作为实施乡村振兴战略的优先任务"充分体现脱贫攻坚和乡村振兴是一个整体工程，他们的发展方向是整齐划一的，内在逻辑是一脉相承的，构成内容是相互联系的，政策支持是相辅相成的，目标任务是相互统一的，脱贫攻坚过程中所构建的创新机制、工作模式及其卓越成效也为深入实施乡村振兴战略发展提供强力支撑。

第三，脱贫攻坚是乡村振兴有力保证。对于刚脱贫摘帽的贫困地区来说，仍然需要加大基础设施建设，深化完善公共服务体系，巩固产业发展、生态治理、社会治理、乡风民俗、民生保障等方面的突出成果，做好防止返贫的各项工作。乡村振兴战略能够接过"接力棒"，进一步提升产业发展水平，巩固和扩大脱贫攻坚成果，将极大激发贫困地区脱贫致富的内生动力和外在活力，有效地缩小城乡发展差距，合理利用脱贫攻坚的支撑作用，推动城乡同步迈向现代化的接力赛。

脱贫攻坚和乡村振兴是中国当前实行的两项重大战略行动，脱贫攻坚目的是实现第一个百年奋斗目标——全面建成小康社会，乡村振兴战略旨在实现第二个百年奋斗目标——到本世纪中叶把我国建成富强民主文明和谐美丽的社会主义现代化强国。整合脱贫攻坚和乡村振兴战略发展步调，实现两者有机衔接，最终为了实现"两个一百年"奋斗目标，充分体现我国社会主义现代化发展的整合性。打好脱贫攻坚战为乡村振兴提供了必备的物质、技术、社会支持，乡村振兴作为进一步国家战略不仅是为了贫困地区，而且是整合未来发展的关键举措。

第二节　脱贫攻坚与乡村振兴战略衔接探索基础

一、产业先行——脱贫攻坚与乡村振兴的产业振兴

2018 年以来，科左后旗的产业发展呈现持续平稳的态势。农牧业生产稳步发展，以农业现代化为统领，着力调整农牧业结构；工业经济稳中有进，工业企业增加值成增长态势，重点骨干企业生产能力明显增强；第三产业繁荣发展，自然保护区旅游总体规划编制工作进展较快，文化旅游主题活动如火如荼，大大提高旅游品牌知名度和影响力，"互联网+"广泛应用，建设了电子商务产业园。

习近平总书记曾指出，产业扶贫是最直接、最有效的办法，也是增强贫困地区造血功能、帮助群众就地就业的长远之计。要加强产业扶贫项目规划，引导和推动更多产业项目落户贫困地区。深刻阐述了产业扶贫在打赢脱贫攻坚战中的重要作用。科左后旗整合产业、资金、市场、农户多元主体，合理资源配置、规划产业布局，强化农企利益联结机制，不断增强贫困户"造血"功能，增强农村牧区经济

持续发展，探索脱贫攻坚与乡村振兴的衔接，推动全旗产业整合式振兴。

第一，抓牢黄牛产业。推出"肉牛贷""繁育贷""惠农 e 贷"等贷款政策。扶持"牛经纪人"创办"活牛超市"、通过"快手"卖牛，助力农牧民增收。2018 年全旗黄牛饲养量达 81 万头，贫困户（含已脱贫户）养牛 6.18 万头，人均养牛 2.2 头，养牛成为群众增收致富的主渠道。第二，推广高效节水种植。通过工程治理、"民干公助"等方式，实施浅埋滴灌工程。2019 年计划建设以浅埋滴灌为主的农业高效节水灌溉工程 25 万亩，春季已完工 7 万亩。第三，搞活庭院经济。通过政策扶持、企业带动，积极引导贫困户发挥庭院经济，2019 年发展庭院经济 8300 亩。依托家和农牧业公司通过提供秧苗、技术和订单回收的方式扶持贫困户种植蔬菜瓜果。银岭草原牧鸡专业合作社以提供种鸡、技术指导、回收鸡蛋和成品鸡等方式，带动贫困户创业致富。第四，培育绿色产业。以"政府+企业+农户"、生态产业扶贫资金补贴、搭建技术指导平台、订单回收平台等方式，引导贫困户加入合作社、流转土地或务工方式参与到蒙中药材种植中，2019 年建设蒙中药材基地 50 万亩，其中，40 万亩麻黄草培育与采收基地通过围封、土地流转方式建设，让更多贫困户受益。鼓励贫困户通过种植中草药材、采收野生药材增收致富。全旗种植绿色有机水稻 32 万亩，依托禾丰、添翼、星源三家水稻加工企业带动贫困户就业增收。第五，抓实生态扶贫。坚持生态惠民、生态利民、生态为民，通过种树种草、以造代育、参与管护、生态旅游等途径，累计带动建档立卡贫困人口增收 1.15 亿元，户年均增收 1157 元。2014 年以来，综合治沙工程吸纳农牧民进入造林企业务工或直接参与到苗木起运、树木栽植、抚育管理等工作，农牧民在生态建设务工中增收 5136 万元，其中贫困农牧民务工增收 445 万元。全旗建成果树基地 3 万亩、五角枫木本油料基地 3 万亩、林板一体化基地 7 万亩、樟子松嫁接红松 0.5 万亩，受益农牧民达 1.2 万户，其中贫困农牧民 840 户。第六，实施旅游+扶贫战略。将旅游作为脱贫攻坚的重要抓手，大力发展乡村旅游，积极鼓励并支持贫困户通过经营农家乐、牧家乐实现增收脱贫。2019年，共接待国内外游客155万人次，实现旅游综合收入约13.68亿元，在旅游及相关产业带动下，全旗有12个旅游扶贫重点村实现整体脱贫。第七，发展光伏产业。按照"政府引导、贫困户参与、政策扶持"的工作思路，整合有效资金，抢抓机遇，精准施策，强化措施，强力推进光伏扶贫工作。成立了科尔沁左翼后旗太科光伏电力有限公司，实施海鲁吐镇小新艾里嘎查地面集中式光伏扶贫电站项目，投资2.4亿元，科左后旗通过建设海鲁吐镇新艾里嘎查39.3兆瓦集中式光伏扶贫电站项目，连续2年为1572户无劳动能力（包括残疾户）每户每年分红3000元。投资2.5亿元，建设78座村级光伏扶贫电站，覆盖贫困嘎查村103个、5648户，每年共产生收益2500万元左右，由嘎查村进行二次分配，主要用于设立公益岗位、小型公益事业、奖励补助等。通过光伏产业，共设立贫困户公益岗位994个，年人均工资8760元，鼓励贫困户通过力所能及的劳动获得劳务收入。第八，推进电商+扶贫政策。以实施电子商务进农村综合示范项目为契机，积极推进农村电子商务扶贫活动，支持电商企业向基层延伸，带动贫困农牧民网上销售农副产品，2017年被评为国家级电子商务进农村综合示范县。2019年1—7月，全旗电商交易额达2亿元。第九，完善紧密型利益联结。引导龙头企业与农牧户建立多种形式的联结机制，全旗现有规模以上产业化龙头企业13家，均已与农牧民形成利益联结，紧密型联结比例达到61.5%，通过重点推行的托管种养、订单合同等模式，已带动35600户农牧民实现产业化增收。已创建由科尔沁牛业牵头的科尔沁肉牛农牧业产业化联合体和科左后旗禾丰粮食购销有限责任公司牵头的科左后旗水稻农牧业产业化联合体2家市级示范联合体，辐射带动农牧户持续增产增效。

产业扶贫目前处于脱贫攻坚中的重要地位，不仅是为了脱贫服务，增强贫困户的"造血"功能，更为实现脱贫攻坚和乡村振兴有机衔接奠定了扎实的基础。乡村振兴战略中的产业振兴，推进第一产业"接二连三"，整合一二三产融合。在满足于脱贫攻坚的基础之上，正逐步转向乡村振兴战略的实施，建立稳定脱贫长效整合机制，坚持统筹谋划，从产品提质、产业增效、生态改善等方面入手，用产业高质量发展推动脱贫攻坚高质量，为乡村振兴战略储备巨大能量。

二、人才培养——脱贫攻坚与乡村振兴的人才振兴

强化乡村振兴人才支撑。实施更加积极、更加开放、更加有效的人才政策，推动乡村人才振兴，整合各类人才在乡村大施所能、大展才华、大显身手。科左后旗在人才培养方面，盘活用好人才资源，全面助推脱贫攻坚。围绕着"两不愁三保障"攻坚目标，服务贫困群众，为精准扶贫、精准脱贫提供强有力的人才支撑和智力保障。

第一，科技人才"指导帮扶"传授技能。派遣 49 名专家深入基层，通过面对面答疑解惑、点对点服务、巡回讲授各类科技知识，集中培训 29 场 3500 人次，发放各类培训资料 1.5 万份。在每个苏木镇聘用 1 名种养技术高、群众认可的致富带头人为"乡土科技特派员"，采取现场讲解、示范指导、入户面授、集中培训等形式，培育乡土人才。抓好示范基地建设，大力推广新品种新技术，在查金台牧场试验基地对 34 个优质品种进行对比试验，培育优良品种向农牧民推广。编写了种植、养殖相关的宣传册和书籍，加大现代种殖技术的推广力度。

第二，实用技术人才助力产业发展。旗农牧业局精选 29 名技术人员组建讲师团，分 10 个培训组，深入全旗各个苏木镇嘎查村开展农牧业实用技术培训，实现培训全覆盖。科左后旗农牧业局以"调结构、转方式、大力发展生态农牧业"为题，先后在吉尔嘎朗镇、海鲁吐镇、旗党校脱贫攻坚业务培训班和农牧业系统内部等进行了 4 场专题培训，推动全旗科技培训深入开展。截至目前发放各类宣传册 7.8 万余份，《玉米大小垄栽培技术优点》《玉米"膜下滴灌"栽培

技术优点》《肉牛直线育肥技术》等宣传页和《测土配方施肥技术培训手册》《合作社 100 问》等科技书 6.5 万册（份），浅埋滴灌培训基本达到全覆盖，完成农机具改装 3000 套，组织培训 504 场，培训农牧户 7.3 万余人次。[1]

第三，支教支医扶贫扶智。充分发挥教育、医院等部门的作用，积极选派专业技术人员到苏木镇支教支医，确保贫困嘎查村的教育、医疗有保障。成立 7 支健康扶贫专家团队，与 32 所受援卫生院签订帮扶协议书。指导苏木镇家庭医生签约服务团队开展基本医疗卫生服务，专家团队以定期集中培训、集中义诊、健康咨询、残疾评定等方式开展工作。以薄弱校为核心组建 5 个"教育联盟"，定期举办教研活动，优势学校教师到薄弱学校送课示范，薄弱学校到优势学校学习经验，形成了区域化互动的良性格局。

第四，深化京蒙人才交流。建立干部学习交流机制，两地党政人才互派互动，已累计互派挂职干部 32 名，"挂实职、给实权、负实责"，学习先进经验，加强实践锻炼。建立了卫生、教育等多行业的人才技术交流机制。怀柔区选派 8 名专业技术人才到科左后旗对口支援，组织 30 余名各领域专家开展义诊、送课上门、农机培训等活动；截至 2019 年底，选派了 40 名专业技术人才到怀柔区相关部门进修学习，各领域专业技术人员开阔了眼界、提高了技术水平服务能力。怀柔区政府投入资金 100 万元，为科左后旗培训大货车司机、大学食堂务工者 114 人，并协调建立厨师培训基地。[2]

第五，推动涉老组织发挥余热。发挥组织部门联系涉老组织、联系人才的优势，抓实、建强涉老组织党支部，广聚老领导、老专家、"田秀才"助力脱贫攻坚，在扶志扶智征程上续写新篇。通过落实相

---

[1] 科左后旗委员会办公室：《科左后旗脱贫攻坚重大政策和重点工作落实情况材料汇编》，2019 年 8 月。

[2] 中共科左后旗委组织部：《开展思想再解放 笃行新发展理念 推动高质量发展 大学习大讨论调研报告》，2019 年 7 月。

关人才助力脱贫攻坚的策略，不仅为脱贫攻坚做了巨大智力支持，而且也为乡村振兴储备了人才力量。在脱贫攻坚中，通过人才培养，劳务协作，整合各类优秀人才积极探索从输血式扶贫向造血式帮扶，从单向帮扶向双向共赢的转变，从脱贫攻坚到乡村振兴的衔接中，紧紧围绕乡村振兴中人才振兴的要求，不断完善现有人才库和人才需求库，培养一支"一懂两爱"——"懂农业""爱农村""爱农牧民"的乡村振兴人才队伍。科左后旗老科学技术工作者协会（简称"旗老科协"）600 余名会员常年活跃在镇村街道、田间地头。针对民族群众不愿、不会发展庭院经济的实际，作示范、传技术、送信息、抓培训、搞服务，到 2018 年，全旗农牧民家蔬菜园发展到 330 个，实现了全部 12 个少数民族苏木镇蔬菜园全覆盖，成功改写了民族地区不会种蔬菜的历史，在扶贫实践中勾画出一道美丽的"夕阳红"。今年 8 月，旗老科协被市委老干部局推荐为全区离退休干部先进集体，1 名个人被推荐为全区离退休干部先进个人。①

三、文化引导——脱贫攻坚与乡村振兴的文化振兴

文化扶贫既要"富脑袋"，又要"富口袋"。只有在精神激励与物质丰富的合力下，才能形成拔穷根、真脱贫的决胜之势。扶贫先扶志，脱贫先治愚，自信的文化是最好的脱贫攻坚剂，文化引导的是脱贫志气骨气，整合思想上和形式上的文化引导方式，探索脱贫攻坚和乡村振兴的文化振兴。

第一，加强思想引领。在农村牧区开展讲道德、讲文化、讲政策、讲科学等宣讲，丰富群众精神文化生活，让群众在潜移默化中感受文明、转变观念。推行"掌上学习"，在"精彩科左后旗""文明后旗"等微信公众平台开设专栏，每个嘎查村都建立微信群，以音

---

① 资料来源于科左后旗委组织部。

视频、图文解读等不同形式，每日推送学习内容，便于群众时时学、处处学。第二，组织开展载体活动。2019年把移风易俗工作作为抓基层党建、抓精神文明建设、助力脱贫攻坚和乡村振兴的重要举措，"移风易俗助力脱贫攻坚"活动在全旗各嘎查村全面铺开。2019年全旗1668个高考毕业家庭，全部签订了不办升学宴的承诺书。全旗移风易俗"3+2+X"工作法得到广泛认可，各地结合实际，坚持开展"五美一示范"评选表彰活动，创新开展"妇女恳谈会""孝老签字承诺""合约食堂""集体祝寿"等活动，改变群众思想意识和精神面貌，有力地巩固了脱贫攻坚成果。

科左后旗为加强思想引领，实行干部"四同"带领群众一起学的方法，在包联干部、驻村工作队员随身携带、反复深入学习《习近平扶贫论述摘编》和政策知识口袋书的基础上，结合开展"七进"活动，通过走村入户、送学上门和集中宣讲等形式，紧紧围绕打赢脱贫攻坚战、实施乡村振兴战略等农牧民关心的热点问题解疑释惑、凝聚共识。组织专题宣讲教育群众深入学习，利用嘎查村基层"学习讲堂"，组织"新时代讲习团""草原学习轻骑兵""百家名嘴"等特色宣讲小分队开展宣讲。录制扶贫政策宣传音频，通过村村播放做到宣传宣讲多角度、广覆盖。根据全旗蒙古族人口较多这一特点，将党的十九大精神、精神文明建设内容融入好来宝、乌力格尔等具有民族特色的文艺作品创作之中，精心编创了《党的十九大赞歌》《振兴新农村》《新农村新政策》等多部接地气的优秀文艺作品，开展巡回演出，旗乌兰牧骑和旗文化馆组织下乡惠民每年演出超过100场次，连续开展三届"百团千场"非遗展演活动。营造浓厚氛围促群众主动学，充分利用苏木镇综合文化站和嘎查村文化活动室、文化广场等文化阵地开展宣传。通过制作展板、悬挂标语和编印"口袋书"等多种方式，引导广大党员干部群众广泛学习。①

---

① 资料来源于科左后旗委办公室。

自 2014 年扶贫工作开展以来，科左后旗整合各项文化资源，推动贫困地区、贫困群众精神文明与物质文明同步提高，以实现公共文化服务均等化、标准化为目标，充分发挥文化在打赢脱贫攻坚战中的积极作用，保障贫困地区群众基本文化权益，通过志智双扶、思想扶正，强化精神扶贫，在打好打赢脱贫攻坚战中取得了良好成效。在实现文化宣传全覆盖的基础上，积极探索文化振兴，通过农牧民思想道德建设，充分发挥积极性，转变思想观念，增强内生动力，实现振兴主体由被动变主动的转化，在文化服务体系的建设中潜移默化地提升农牧民精神风貌，提高农牧民科学文化素养，倡导科学文明生活，为文化振兴增强后劲，实现脱贫攻坚和乡村振兴的有机衔接，构建乡风文明的新农村。

四、生态治理——脱贫攻坚与乡村振兴的生态振兴

科左后旗位于科尔沁沙地腹地。科尔沁沙地曾经是全国土地沙化严重、生态环境非常脆弱的地区之一，沙化面积一度达到近 80%。科左后旗旗委、旗政府牢固树立"绿水青山就是金山银山"的理念，紧紧围绕生态文明、构筑北方重要生态安全屏障、打造祖国北疆亮丽风景线的战略任务，整合生态治理与富民增收、生态建设与脱贫攻坚，加快生态产业发展，生态建设与保护工作取得了巨大成效，实现了治理速度大于沙化速度的良性逆转，让科左后旗的生态修复促扶贫案例在意大利罗马召开的 2019 年全球减贫伙伴研讨会大放异彩，成为首批全球最佳脱贫攻坚案例。

第一，创新造林机制，修复生态促增收。坚持自然修复与工程治理相结合，用好财政补贴资金，撬动社会资金，整合各类主体投入生态建设，并采取专业施工、保活造林的模式，实行大规模连片治理，提高生态治理的速度和质量，每年以 100 万亩左右的规模加速推进，已完成"双千万亩"综合治理工程 516 万亩，围封禁牧沙化草牧场

805万亩，设立自然保护区、封禁保护区17个。实施村屯绿化858个，通道绿化1800多公里，植被覆盖达到70%以上，新增牧草面积120万亩，全旗土地沙化退化现象得到有效遏制，林草植被迅速恢复，沙地治理项目区内耕地粮食单产大幅提高。第二，坚持转型发展，生态产业促增收。积极调整林草种植结构，促进沙地治理由生态型向生态和效益并重转变。鼓励农牧民利用退耕还林还草地块、采伐更新迹地、庭院周边等地，种植优质牧草、道地药材，以结构调整促进增收。2014年以来，建成果树和种苗基地4万亩、木本油料和林板一体化基地10万亩，建设蒙中草药材种植采收基地50万亩，种植紫花苜蓿8万亩。第三，突出绿色发展，生态文化旅游促增收。整合生态资源和旅游资源，实施"全域、四季、旅游+"发展战略，着力打造特色景区，带动贫困农牧民参与旅游产业增收。第四，建立益贫性机制，贫困群众参与促增收。在生态治理中，优先吸纳贫困农牧民务工或直接参与到苗木抚育管理、树木栽植、后续管护等工作，带动贫困农牧民创业增收。在全市率先实行全域全年禁牧政策，建立了农村牧区综合执法大队，聘用610名建档立卡贫困农牧民为生态护林员，年人均工资1万元。第五，建立激励机制，生态惠民政策促增收。采取有偿流转土地的方式，鼓励群众将沙化土地退出来用于造林种草，群众将土地交给专业造林队伍保活造林三年后，按照"树随地走""谁所有、谁管护、谁受益"的原则，将林木再移交给农牧民，既解决了后续管理的问题，又增加了农牧民资产收益。

习近平总书记指出："我们既要绿水青山，也要金山银山。宁要绿水青山，不要金山银山，而且绿水青山就是金山银山。""两山"理念就是乡村振兴中生态振兴的"启明灯"。在脱贫攻坚战中，不仅要做好生态治理工作，同时也要有效整合各项相关政策措施，让贫困人口从生态建设与保护中实现脱贫不返贫，保证生态扶贫和生态振兴的连续性，将生态扶贫作为脱贫攻坚发展新动力和发展新出路。科左后旗整合多方力量治理生态，从土地沙化到"绿富"同兴，深度挖掘生态脱贫致富潜力，通过实施退耕还林还草、建设饲草料基地、推广经济作物等措施，贫困群众参与生态治理脱贫过程中获得收益，充分体现了"绿水青山就是金山银山"，是探索生态振兴的有效途径。

五、组织建设——脱贫攻坚与乡村振兴的组织振兴

习近平总书记指出："要把扶贫开发同基层组织建设有机结合起来，真正把基层党组织建设成带领群众脱贫致富的坚强战斗堡垒。"把夯实基层基础作为固本之策，整合党委领导、政府负责、社会协同、公众参与、法治保障多元参与主体和方法措施，建立起现代乡村社会治理体制。科左后旗在脱贫攻坚战役中，充分发挥党的优势，整合鲜明导向、压实责任、夯实基础，深入推进党组织建设，通过组织振兴促进脱贫攻坚向乡村振兴衔接。

第一，高举旗帜夯实基层堡垒。发挥嘎查村党组织在脱贫攻坚主战场的领导核心作用，整顿软弱涣散嘎查村党组织18个，对30名在抓党建、推进脱贫攻坚工作中实绩突出的嘎查村党组织书记给予事业单位人员工资待遇。党组织牵头成立合作经济组织42个，通过担保贷款、托管代养、入股分红等方式，帮助贫困户发展产业。深入开展争创"五面红旗嘎查村"活动，有134个嘎查村申报了206面"红旗"。大力推进嘎查村集体经济"清零递增"行动，262个嘎查村全部实现了有集体收入。推动党员发挥先锋模范作用，2015年至2018年底，提拔重用脱贫攻坚工作突出干部178名。鼓励党员领办创办经济实体，2936名有能力党员包联了4098户贫困户助力扶贫，为贫困嘎查村打造出一支"不走的扶贫工作队"。

第二，发挥强有力的组织领导。旗委、旗政府把脱贫攻坚作为重大政治任务、第一民生工程和头等大事来抓，总揽全局、整合各方，构建起党政主导、行业协同、社会参与、群众主体的"四位一体"大扶贫格局，形成脱贫攻坚的强大合力。科左后旗成立脱贫攻坚指挥

部和领导小组，组建 19 个专项扶贫推进组，层层签订责任书、立下军令状，建立年度脱贫攻坚报告和督查制度，把脱贫攻坚实绩作为选拔任用干部的重要依据。编制了旗"十三五"脱贫攻坚规划、脱贫攻坚三年行动计划，制定规范 72 条帮扶措施，实施 24 个行业扶贫行动计划，出台一系列加快脱贫攻坚工程项目实施和资金支出进度的方案措施，制定一整套指向明确、重点突出、含金量高的政策措施，确保脱贫攻坚科学谋划、统筹布局、高位推进。

第三，细化充实攻坚责任。坚持三级书记抓扶贫、三级干部齐扶贫，明确各级党员干部脱贫攻坚职责，构建科学有力的责任体系，形成了上下联动、齐抓共管、合力攻坚的工作氛围。选派 2147 名干部结对帮扶，选派 1009 名素质好、责任心强的干部驻村开展工作，每个嘎查村明确一名科级干部任第一责任人。分别压实旗级包联苏木镇（场）领导干部、科级领导干部、驻村工作队成员（第一书记）、包联干部、嘎查村（分场）"两委"班子脱贫攻坚职责，落实"三个一"调度制度、日报告周调度制度、包联调度制度、台账清单管理制度、日常管理和监督考评制度等，组建 4 个督查组、5 个业务指导组强化督查指导，发挥纪委监委监督执纪职能，切实保障责任到人、责任到位。

第四，不断加固基层战斗堡垒。把夯实农村基层党组织同脱贫攻坚有机结合起来，选好"一把手"，配强领导班子。坚持选能人进班子，把党员致富带头人、外出务工经商返乡人员和退伍军人选为嘎查村党组织书记，2018 年实现书记主任"一肩挑"的嘎查村达 95 个。完善激励保障机制，将嘎查村干部基本报酬的 50% 作为绩效工资，与脱贫攻坚成效直接挂钩。坚持延伸组织链条，把党组织建在产业链上，共建立产业党支部 21 个、产业党小组 89 个，采取"支部+产业协会+贫困户""支部+合作社+金融+贫困户"等多种模式，扶持贫困户发展特色产业。

在脱贫攻坚的过程中，不断加强、完善基层党组织的建设，充分发挥党组织领导核心作用，在治理贫困方面不断积累经验，打造充满活力、和谐有序的善治乡村。"越是进行脱贫攻坚战，越是要加强和改善党的领导。"党组织充分发挥从脱贫攻坚到乡村振兴中的优势地位和领导能力，由党建促进脱贫攻坚到党建发展乡村振兴，党组织始终是脱贫攻坚和乡村振兴衔接的引擎动力。

第三节 脱贫攻坚与乡村振兴战略衔接面临挑战

一、产业基础亟待加强

产业发展是从脱贫攻坚到乡村振兴的核心环节，而产业兴旺是实现乡村振兴的重点。由此，在实现脱贫攻坚与乡村振兴战略有机衔接的过程中，产业发展不仅是开发扶贫产业，还要进行产业转型，发展适应乡村振兴的产业。巩固产业基础地位需要整合农牧业、工业、服务业各项产业的优势力量，目前科左后旗夯实产业基础方面仍有如下挑战：

第一，旗域经济发展支撑相对不足，经济总量小，产业层次较低，主导产业拉动作用还不明显，资源优势转化为经济优势还不充分，加快转变经济发展方式、推动经济社会高质量发展任重道远。第二，具有行业领先水平的龙头企业不多，缺少富民强旗的大项目、好项目，大开放的格局还没有真正形成。第三，产业化经营水平低。龙头企业与农牧户之间多为单纯的买卖关系，农业龙头企业带动能力不足，合作社运行不规范，生产经营水平低，风险共担、利益共享的利益联结机制还需要进一步强化。第四，农产品深加工有待开发，产品附加值有待提高。牛肉加工以屠宰分割加工为主，精深加工及副产品综合利用的高附加值产品较少，牛肉加工产品比较单一，品牌效应有待进一步增强。

二、人才支撑亟待增强

按照习近平总书记要求，让愿意留在乡村、建设家乡的人留得安心，让愿意上山下乡、回报乡村的人更有信心，激励各类人才在农村广阔天地大施所能、大展才华、大显身手，打造一支强大的乡村振兴人才队伍，在乡村形成人才、土地、资金、产业汇聚的良性循环。

目前科左后旗存在的人才方面的挑战主要是人才匮乏、整体水平较低，不能满足广大农牧民就医、就学等需求。首先，自身发展。在转移就业方面，随着企业转型升级，对劳动者职业素质的要求越来越高，而职业素质总体偏低，与企业用工需求还存在很大的差距。还需要持续关注贫困农牧户的内生动力问题，少数贫困农牧户安于现状，存在"等靠要"思想，主观能动性不强，既缺少一技之长，发展愿望又不强烈。其次，人才培养。除了在扶贫产业用人之外，在各产业发展领域人才相对匮乏。蒙中药事业名医名专家数量较少，高层次医疗卫生人才和基层实用型人才相对缺乏。旅游业相关的从业人员素质参差不齐，整体服务意识差，服务质量不高。科左后旗虽然有区位、资源优势，但本土企业多为技术门槛和管理门槛相对较低的领域，因此缺乏长期固定具有高新技术能力的人才，发展后劲也不足。在新兴产业领域同样遇到人才"瓶颈"，创新动力不足，专业化水平还有很大的上升空间，同时没有产业工人的配套保障，大型企业也难以落地，对主导产业发展制约明显。

三、文化保障亟待落实

科左后旗充分利用文化宣传扶贫在脱贫攻坚中的重要作用，努力营造全社会关心、支持、参与扶贫开发的良好氛围，加快推进公共文化助力脱贫和乡村振兴战略。但是在推进文化建设和移风易俗乡风文明方面仍面临挑战：

在公共文化建设方面。第一，公共文化建设的重视程度不够，出现"两头热""中间温"的现象——地方层面对公共文化体系建设顶层设计标准高，基层群众对文化生活需求非常高，地方财力有限和投入不足，难以满足群众需求；从事文化工作的领导和业务人员工作不稳定，缺少专职人员，导致文化工作开展困难。第二，公共文化阵地满足不了群众需求。免费开放活动的规模受到限制；图书馆经费严重不足导致年人均新增文献达不到标准；苏木镇文化站、嘎查村草原书屋配送的书籍具有不适用性；居民社区文化人均建筑面积远远低于上级标准要求。第三，公共文化服务人才队伍建设滞后。专业传媒人才流失严重，缺少各级文化管理人员，严重影响新设备、新技术的应用；文化类社会组织文艺骨干稀少，基层缺少文化带头人、组织者、指导员。

在移风易俗乡风文明建设方面。第一，村规民约的实用性还有待提高。部分嘎查村的约定内容比较笼统，缺乏针对性，实际操作性不强。第二，群众思想意识需要持续提升。少数群众还存在投机心理，仍想巧立名目操办"人情宴"获得收益。第三，移风易俗的长效机制尚未完全建立。干部群众对于移风易俗工作在乡村振兴战略中的重要性认识不足，对长期做好移风易俗工作心理准备不充分。

四、生态人居环境亟待改善

科左后旗旗委、旗政府牢固树立"绿水青山就是金山银山"的理念，紧紧围绕生态文明、构筑北方重要生态安全屏障、打造祖国北疆亮丽风景线的战略任务，把加强生态治理与促进富民增收有机结合，旨在打造良好生态宜居环境，加强脱贫攻坚与生态宜居有效衔接。面对依然脆弱的生态环境，推进经济绿色转型、实现发展与保护双赢的任务依然艰巨繁重，生态建设与保护工作、农村牧区人居环境整治也面临一些挑战。

生态建设与保护方面。第一，生态建设难度加大。科左后旗总土地面积1725万亩，据初步掌握耕地确权发证面积523万亩（原370万亩），草牧场确权发证面积923万亩，两项共计1446万亩。剔除城镇、村庄、道路、工业、湖泊等占地，留给林业的空间不足200万亩，加之需要治理和造林区域位置越来越偏，自然条件和环境状况恶劣，治理成本和难度不断加大。第二，资金压力加重。当前科左后旗生态治理主要资金来源为三北资金，虽然每年都投入一定的财力用于生态林业建设，但由于苗木价格提高、管护成本持续增长和历史欠账较多等原因，经费存在较大缺口。第三，林业产业还处于相对较低的发展阶段。大部分农牧民受传统观念影响，对发展林业产业认识不到位，参与性不高。在生态扶贫产业中，贫困农牧民的参与能力有待进一步提高。现有林果产业科技含量低，以销售原料和初级产品为主，经济效益不高。随着社会发展和生活水平不断提高，养生休闲产品的需求急剧增加，而依托自然资源适度发展养生休闲产业相对滞后，发展潜力还有待进一步挖掘。

农村牧区人居环境整治方面。第一，嘎查村规划编制欠缺。规划与建设脱节是当前农村牧区建设存在的主要问题，农村房屋建设存在盲目性、自发性和无序性，不仅影响村容村貌，还存在很多环境卫生死角。第二，财政资金投入不足。农村牧区人居环境整治经费主要依靠政府投资拨付，资金来源渠道单一，整治资金严重不足，基层的环卫运行经费十分短缺，甘旗卡垃圾处理场目前已接近饱和，雨污水管网不同程度老化，畜禽粪污处理、人畜分离等工作需要大量资金投入。第三，垃圾处理体系不够完善。缺乏完善的垃圾处理系统和运作机制，垃圾的处理方式简单粗糙，垃圾的循环利用率低，且易造成环境二次污染，仍有嘎查村没有做到垃圾处理的"减量化、资源化、无害化"，为未来环境卫生埋下了隐患。第四，保洁人员欠缺，现有保洁员人数较全旗需配备人数还有一定差距。第五，群众环保意识有待提高。

五、党建引擎动力亟待发力

尽管科左后旗在基层组织建设、社会治理方面取得了一些成效，但是与新时代党组织的要求、助力脱贫攻坚实现高质量摘帽、与打造共建共治共享的社会治理格局、推动乡村振兴还有一定的差距。

基层党组织建设方面。第一，抓党建意识不强。有的嘎查村干部政治站位不高，服务意识不强，一些嘎查村党组织履行抓党建的主责主业意识不强，书记的关键作用发挥不够，合力不强。第二，个别党组织软弱涣散。由于历史土地纠纷没有得到妥善解决、嘎查村合并力度过大、工作半径过长等原因，各苏木镇还不同程度地存在软弱涣散嘎查村党组织。第三，嘎查村党组织书记队伍结构不优。嘎查村党组织书记存在年龄老化、学历不高、后备力量不足等问题。第四，党员教育管理不到位。由于多数行政嘎查村所辖自然村较多，农牧民党员居住比较分散，经常性组织党员学习和开展党内活动有一定难度，无法在农村牧区重点工作中有效发挥作用。年老体弱和外出流动党员特别是域外居住的党员发挥作用不明显。

社会治理方面。第一，管理职能弱化。当前，社会管理对象已从对人的管理变为对"人、事、物、车、场所、网络"各类治安要素的管理，管理领域也从现实社会延伸到了虚拟社会，产生了许多新情况、新问题。政府"重经济、轻管理"的意识还较普遍，对社会治安管理的资源投入不够，导致社会治安管理基础薄弱。第二，联动机制不强。社会治安综合治理工作机制还不够健全，一些部门、单位因职责不清，权力不明，缺乏应有的整体意识、协作意识，部门之间的分工协作不到位，综治工作难以整合。第三，群众参与意识不强，对参与社会治安管理的认识不足。

村民自治方面。第一，民主选举的重视度有待提高。部分苏木镇领导对村级组织选举的关心程度降低，对村委会选举的重要性认识不足，组织领导不力，依法指导不细致，宣传发动不充分。第二，选举的竞争性进一步增强，妇女当选的难度加大。在比较大的嘎查村"两委"交叉任职的比例逐步提高，村委会成员的职数大幅度减少。第三，对村委会选举中违法行为的查处存在困难。在现有的法律、法规中规定不明确或处理措施难执行涉及选举中的一些矛盾和纠纷，处理难度大，纠错效果不明显。

第四节　脱贫攻坚与乡村振兴战略衔接具体做法

一、统筹推进政策规划有效衔接，实现思想振兴

做好脱贫攻坚和乡村振兴战略的衔接工作时，要深刻理解两者的部分性和整体性的关系，探索两者相互转化的方向，才能把控思想引领和科学规划的整体思路。既要把脱贫攻坚作为实施乡村振兴的优先任务，逐步实现由脱贫攻坚到乡村振兴、由攻坚战到持久战的转变；又要把脱贫攻坚的部分性与乡村振兴的整体性有机结合，发挥脱贫攻坚中的实践经验最大效能。如此，乡村振兴才能继承、发展、运用这笔精神财富，顺利拿下接力棒，继续向实现全面小康的方向冲刺。

第一，指导思想和发展观念上重视连续性和连贯性。脱贫攻坚到乡村振兴是一个被动向主动转化的过程，需要准确把握党中央、国务院关于脱贫攻坚和乡村振兴战略的指导思想，不断总结县域在脱贫攻坚中的先进思想和实践经验，才能在乡村振兴战略的实施过程中少走

弯路。在衔接的过程中，要注意提升贫困人口的自主脱贫能力，建立健全稳定的返贫长效整合机制，建立分层、分类、分步培训机制，旗、镇、村分别培训扶贫业务、工作方法和实战经验。同时，乡村振兴的对象不仅仅是像脱贫攻坚针对贫困户，具有整体性特征，继续带动全体人民群众，完成思想、观念的转化，向实现全面建成小康社会而努力奋斗。

第二，脱贫攻坚和乡村振兴衔接要落实政策机制。在政策衔接方面，目前科左后旗主要是做好"两项制度"衔接，因地制宜逐步向乡村振兴战略政策制度方向加速。按照乡村振兴的总要求，整合现有的脱贫攻坚政策，使之适应县域脱贫攻坚向乡村振兴的转化，不断完善乡村振兴的各项基础制度和发展机制。同时，还要做好脱贫攻坚和乡村振兴的过渡规划，根据不同旗县、苏木镇场嘎查的发展水平做好相对应的总体规划。进一步整合相应的评价机制，将脱贫攻坚实施和质量检测机制、监控机制并重，构建从上至下的精准扶贫质量监督管理保障考核体系，为向乡村振兴衔接做好基础性的机制建设，实现乡村振兴与脱贫攻坚体制机制的有效衔接。

二、深化农牧业供给侧结构性改革，实现产业兴旺

产业发展是激发乡村活力的基础所在。乡村振兴，不仅要农业兴，更要百业旺。五谷丰登、六畜兴旺、三产深度融合是乡村振兴的重要标志，做好脱贫攻坚与乡村振兴战略的有效衔接，就是要深化农牧业供给侧结构性改革，提升农牧业发展质量，整合各项产业发展优势，促进产业整体发展升级。

第一，加强农牧业基础设施建设。坚持最严格的耕地保护制度和节约用地制度，加强耕地数量、质量、生态"三位一体"保护，强化耕地占补平衡管理，实现"占一补一""占优补优"。开展耕地质量保护与提升行动，将中低质量耕地纳入高标准农田建设范围，把高

标准基本农田全部划入永久基本农田。推进绿色生态农牧业全产业链发展，整合粮食增产、节水增效、土地整治等项目，加快发展高效（生态）节水农业。

第二，提升产业扶贫水平。摆脱贫困是乡村振兴的前提，打好脱贫攻坚战，本身就是实施乡村振兴战略的重要内容，同样是脱贫攻坚和乡村振兴衔接的重要环节。一是继续深化黄牛产业扶贫。黄牛产业作为扶贫特色产业，涉及对象广、涵盖面大，具有非常好的益贫性，特别是随着产业链条的不断延伸，贫困户参与产业发展的程度越来越深，提高贫困户"造血"能力，有效提高了精准扶贫、精准脱贫质量。二是鼓励实施"一村一品"。结合区域产业发展布局和资源禀赋，综合考虑区位优势、产业基础和市场条件等因素，积极培育、发展比较优势明显、益贫性强的区域特色产业和产品，实施整村推进。三是整合产业促增收。结合旅游业、光伏产业、电商产业、庭院经济等三产，带动群众借助产业发展实现增收。

第三，加快现代畜牧业发展。坚持农牧结合，稳步提高畜牧业占第一产业的比重，加快推进由畜牧业大旗向畜牧业强旗转变。高标准、高起点构建以肉牛产业为龙头的现代畜牧业产业体系、生产体系、经营体系，全面提升畜禽养殖综合生产能力、市场竞争能力和可持续发展能力。进一步健全现代肉牛良种繁育体系，建设一批标准化、产业化大型养殖基地。统筹推进畜禽标准化规模养殖，重点扶持家庭牧场、合作社、养殖大户等新型经营主体，提高标准化、规模化饲养水平。

第四，推进农牧业科技创新。推进农机装备升级，推广保护性耕作技术。建立标准化养殖全程机械化示范点，突出推广饲草收割、粉碎加工、打包储存、牲畜饲喂发展技术。强化农机合作社示范社建设，引导农机服务组织联合发展多元化经营。加大科技推广力度，建立完善以农技推广机构为主导，农牧民专业合作经济组织和科技示范户为基础，涉农企业等社会力量广泛参与的多元化农牧业科技推广体系。创新公益性农牧业科技推广方式，建立农科教结合、产学研一体的科技服务平台。

第五，推进质量兴农兴牧。巩固建设农牧业优势特色产业标准化示范基地，积极建设国家绿色食品原料标准化生产基地。实施兴林富民行动，推进森林生态标志产品建设工程，发展林果、种苗花卉、森林生态旅游、林下经济等林产业。加强植物病虫害、动物疫病防控体系建设，推行畜禽屠宰质量安全风险分级管理制度，加强畜禽屠宰监管和农畜产品质量安全和食品安全监管体系建设。加强农畜产品品牌建设，建立完善农畜产品品牌建设政策支持体系，加快建立科左后旗知名农畜产品品牌目录与评价机制。

第六，促进一二三产业整合发展。深入贯彻"五个结合"，开发农牧业多种功能，延伸产业链、打造供应链、提高附加值，构建绿色生态农牧业、科尔沁肉牛等主导产业全链条发展的现代产业体系。实施"互联网+现代农牧业"行动，实现线上交易与线下交易融合互动，健全农村牧区物流网络体系，加快肉牛特色农畜产品集散。按照打造区域知名的"全域四季文化生态旅游目的地"的目标定位，启动建设集草原丝路文化、蒙元文化体验，特色餐饮、住宿、购物、娱乐等于一体的"一带一路"敖包相会的地方主题小镇项目，打造集旅游观光和产业发展于一体的重点旅游线路带动沿线乡村发展。

第七，推进小农牧户生产经营现代化。完善农村牧区社会化服务体系，推进农牧业全程社会化服务，加强基层农牧业服务中心建设，培育一批服务型农牧民专业合作社，鼓励各类服务组织开展农机作业、统防统治、生产托管、加工储运等生产性服务，帮助小农牧户节本增效、对接市场。

第八，完善龙头企业与农牧民利益联结整合机制。支持农牧民和合作社入股龙头企业，扶持合作社兴办龙头企业，整合龙头企业与合作社利益联结，鼓励龙头企业采取股份分红、利润返还等形式，将加工、销售环节的部分收益让利给农牧民。发展股份合作经济，推动农牧民与嘎查村集体整合土地、资源、资产等入股龙头企业，采取保底收益加股份分红等形式联结。充分发挥龙头企业的带头作用，在实现带领贫困群众脱贫的基础之上，实现产业兴旺，促进脱贫攻坚和乡村振兴的有效衔接。

三、推进乡村绿色发展，实现生态宜居

在脱贫攻坚与乡村振兴衔接的过程中，要深刻认识到生态建设的关键作用，推进乡村绿色发展，完善重要生态系统保护制度，全面提升自然生态系统功能。为了实现生态宜居，还要补齐农村牧区人居环境突出短板，打造人与自然和谐共生发展新格局。"绿水青山就是金山银山。"良好的生态环境是农村牧区最大优势和宝贵财富，必须尊重自然、顺应自然、保护自然，推动乡村自然资本加快增值，实现百姓富、生态美的统一。

第一，统筹推进农村牧区生态治理。实施天然草原修复工程，综合采取封育、禁牧、免耕补播飞播等措施，修复退化较为严重的天然草原，实施科尔沁沙地综合治理工程。深入开展国土绿化行动，推动防沙、治沙、用沙和林业生态建设相融合，结合天然林资源保护、沙化土地封禁保护区建设、"三北"防护林建设、退耕还林等工程。进一步完善河长制，建立健全管理信息系统。积极培育生态产业，发展绿色经济，增加生态产品和服务供给。

第二，整合生态治理相关机制。健全生态保护优先的绩效考核评价机制，建立完善生态保护成效与资金分配挂钩的激励约束机制。严格落实禁养区管理相关规定，积极开展粮食生产功能区和重要农产品生产保护区划定工作。加大草原生态奖补力度，落实好草原生态保护补助奖励政策，落实森林生态效益补偿等政策。探索建立生态产品购买、森林碳汇等市场化补偿制度。推行生态建设和保护以工代赈做法，以政府购买服务方式，提供更多生态公益岗位。

第三，治理农牧业资源环境突出问题。加强农业面源污染防治，推进畜禽粪便、农作物秸秆、废旧农膜、病死畜禽等农牧业废弃物资源化利用和无害化处理。继续开展农业环境监测网、国控监测点地膜残留监测工作，对现有规模养殖场粪污资源化综合利用进行专项整治，提升畜禽粪污资源化利用能力。深入实施化肥农药零增长行动，建立科学施肥管理和技术体系，健全农作物病虫害监测网络，大力推广专业化统防统治和绿色防控技术，推广使用高效低风险农药。开展土壤污染治理与修复技术应用试点，推进重金属污染耕地防控和修复，严禁工业和城镇污染向农牧业农村牧区转移。加强农牧业资源环境生态监控能力建设，建立农牧业资源环境生态监控预警体系。

第四，加强农村牧区人居环境整治。实施农村牧区人居环境整治三年行动计划，推进农村牧区生活垃圾、污水、厕所治理，严格落实长效管护机制。全面实施人居环境治理攻坚工作，推进人畜分离，引导农牧民逐步实现人畜分离，加强畜禽粪污资源化利用，推进厕所革命，改善农牧民生产生活环境及土壤地力。启动"亮丽村镇"创建活动，实施乡村绿化行动，建设森林村镇，维护造林绿化成果，实现生态建设景观化、乡村绿化园林化。

四、繁荣兴盛乡村文化，实现乡风文明

乡村振兴，乡风文明是保障。必须坚持物质文明和精神文明一起抓，在脱贫攻坚和乡村振兴的衔接过程中，构建、完善公共文化建设体系，保障群众的文化权益，提升农牧民精神风貌，培育文明乡风、良好家风、淳朴民风，不断提高乡村社会文明程度，用先进的思想引领文化振兴。

第一，加强农村牧区思想道德建设。以社会主义核心价值观为引领，坚持教育引导、实践养成、制度保障并举，加强爱国主义、集体主义、社会主义教育，大力弘扬民族精神和时代精神，提振广大干部

群众"建设亮丽内蒙古,共圆伟大中国梦"的信心和热情。加强农村牧区思想文化阵地建设,充分发挥"学习讲堂"作用,抓好习近平新时代中国特色社会主义思想宣传学习,积极开展"我们的节日""五美一示范评选"等活动,推进思想道德教育进嘎查村入农牧户。深入实施公民道德建设工程,提高农牧民科学文化素养,推进社会公德、职业道德、家庭美德、个人品德建设。

第二,推动公共文化服务体系建设发展。整合各文化机构优势资源,实现共建共享。健全公共文化建设综合协调机制,全面整合部门公共设施资源和文化资源进行整合综合利用。充分发挥乡土文化人才作用,打造地方特色文化品牌。将民间艺人、非遗传承人、业余文化骨干、文化能人等整合公共文化人才队伍制度,着力培养、壮大留得住、用得好、受欢迎的基层文化工作者,夯实群众文化基础,筑牢群众文化阵地,让社会主义先进文化思想在群众中扎根、开花、结果,提高农牧民文化获得感。

第三,完善可持续的文化建设保障机制。按照标准加快推进现代公共文化阵地建设步伐,文化阵地建设要延伸到居民社区、自然村,使更多的群众享受到公共文化服务。基层文化活动经费应纳入旗财政预算,专款专用,保障基层文化活动经费,切实提高服务质量,不断丰富群众文化生活。

第四,开展移风易俗行动。以移风易俗"3+2+X"工作法为抓手,深入开展文明村镇、文明家庭等农村牧区群众性精神文明创建活动,大力培育文明乡风、良好家风、淳朴民风,进一步提升农牧民精神面貌。一是抓宣传教育,营造氛围易新风,讲好移风易俗的典型故事,倡导文明节俭、健康向上的生活方式。二是抓载体活动,继续开展农村牧区"五美一示范"("最美人物""最美家庭""美丽庭院""美丽乡村""最美团队"和"脱贫致富示范户")为主要内容的评选创建活动,大力宣传先进典型的先进事迹,引导教育村民向善向好。三是完善村规民约,引导嘎查村建立红白理事会、道德评议会，设立移风易俗四色监督榜、明星榜，制定完善村规民约，整治"大操大办"、"天价彩礼"、铺张浪费等陈规陋习，倡导勤俭节约、健康向上的乡村风尚，积极营造优良的家庭氛围，培育良好家风。

五、完善组织建设和创新治理体系，实现治理有效

在脱贫攻坚向乡村振兴衔接的过程中，整合基层党建引领，治理体制创新，在组织上、制度上加强充分发挥党组织战斗堡垒作用，推动党建工作高质量发展，提高党员整体素质和能力，发挥党员带头作用，在创新社会治理方面不断积累经验，实现治理有效。

第一，加强农村牧区基层党组织建设。以实施"北疆先锋"工程为抓手，大力推进"富民党建"，创新组织设置和活动方式。一是提升党组织的组织力。充分发挥基层党组织在脱贫攻坚中的领导核心作用，不断强化政治引领和服务功能，为实施乡村振兴战略奠定组织基础。二是提升基层"两委"班子能力。持续整顿软弱涣散嘎查村党组织，严肃党内组织生活，建立工作长效机制；加强对驻村工作队及队员、结对帮扶干部的管理，落实鲜明的奖惩机制激励干部担当作为。三是充分发挥党员作用。加大对党员带头致富、带领群众致富发展的支持力度，鼓励和支持党员领办创办农牧民合作社、家庭农牧场，发展特色产业、农畜产品电子商务，力争每个有劳动能力的党员都有脱贫致富项目、每个贫困嘎查村都有党员致富带头人，切实形成强大的示范辐射效应。同时，继续加强嘎查村级党组织党员队伍建设，全面推行"三位一体"党员管理模式，稳妥有序开展不合格党员处置工作。四是党建引领集体经济。深入实施"富民党建"，全力推进"清零递增"行动，坚持产业支撑、项目带动，立足一产、发展二产、拓展三产，丰富嘎查村集体经济收入的实现形式，夯实为民服务的物质基础。

第二，深化村民自治实践。一是党组织领导凝聚嘎查村"两委"力量。各级党组织要从深入贯彻落实"四个自信""两个维护"，提高村民自治组织的能力，嘎查村两委团结协作，凝心聚力服务振兴乡村事业。二是进一步完善新形势下民主选举制度。要把村民自治事件中的民主权利切实地纳入法律保护范围，建立明确的村民自治保障机制。加强基层协商民主建设，建立健全村民自治议题形成机制，积极探索村民议事会、村民理事会等协商形式，适当培育民间协商组织者和带头人。三是树立正确的村民自治氛围。嘎查村干部群众是农村基层民主政治建设的实施主体，嘎查村干部群众积极学习党在农村的方针政策和国家关于村民自治法律法规，再向村民做到经常性、阶段性宣传，整合正面宣传和典型教育；同时也要发挥广大妇女的积极性，主动参与到嘎查村事务管理中来，保证农村妇女干部的数额。培育发展公益慈善类、社区服务类等群众性社会组织，引导农牧民成立志愿者协会、文体协会、调解协会、老年协会等服务性社会组织。四是进一步强化监督机制。深化嘎查村"532"工作法，推进村务（事务）监督委员会发挥作用，强化"三务"公开，确保脱贫攻坚和乡村振兴方面涉及的政策、项目、资金、收益等重大事项的决策、执行、公开符合规定要求，接受全体群众监督。

第三，推进法治乡村建设。一是推进综合行政执法改革，完善农村牧区综合执法体系。推动执法队伍整合、执法力量下沉，建立健全乡村调解、旗县仲裁、司法保障的农村牧区土地承包经营纠纷调处机制。二是加强农村牧区社会治安综合治理，推进旗、苏木镇、嘎查村三级综治中心和网格化服务管理一体化建设，夯实平安乡村建设。三是完善农村牧区法治服务，健全苏木镇法律顾问制度，加大法律援助和司法救助力度，扩大法律援助在农村牧区的覆盖面。四是加大农村牧区法治宣传教育力度，提高农牧民法治素养，引导农牧民依法表达诉求、解决纠纷、维护权益。

六、强化乡村振兴人才支撑，实现人才振兴

在脱贫攻坚与乡村振兴战略衔接的过程中，乡村振兴要把人力资本开发放在首要位置，必须破解人才瓶颈制约。科左后旗在人才支撑方面还需要有长远的人才培养战略，不仅仅满足于脱贫攻坚的人才培养、劳动力重塑，更是要以吸引人才、留住人才为发展方向，实现人才兴则乡村兴，人气旺则乡村旺。

第一，大力培育新型职业农牧民。首先，持续激活广大群众的内生动力。在脱贫攻坚和乡村振兴战略衔接的过程中，内生动力具有可持续性。领导干部要广泛入户宣传，各地各部门要加大对典型宣传报道力度，引导群众树立"勤劳致富光荣，懒惰致贫可耻"的理念，让群众认识到"好日子是干出来的"。其次，不断提高农牧民技能水平。农牧、就业、扶贫办等部门要加大对贫困户及广大群众技能培训力度，完善教育培训、认定管理、政策扶持"三位一体"的培育体系。逐步提高生产能力和创业能力，培养造就一支新型职业农牧民队伍。

第二，积极培育农牧民的主体地位。从农牧民的实际所需出发，促进农牧民有效参与到脱贫攻坚和乡村振兴的衔接中来。创新农牧民交流通道，从各项发展方案的制定，到项目开展、具体措施实施，再到项目验收和措施认定，以及后续的基础设施维护和可持续性机制的制定、发展，全过程都让农牧民参与，发挥农牧民主体作用，调动农牧民建设美好家园的积极性、主动性、创造性。

第三，发展壮大科技人才队伍。推行科技特派员制度，支持和鼓励事业单位专业技术人员到乡村和企业挂职、兼职和离岗创业，推动科技人才向农村牧区流动。探索公益性和经营性农技推广融合发展机制，允许农技人员通过提供增值服务、科技服务合理取酬。全面实施农技推广服务特聘计划，特聘农牧业专业大学生、乡土专家等参与农

技推广服务，壮大农技服务人员队伍，打通科技下乡"最后一公里"。建立健全学历教育、技能培训、实践锻炼等多种方式并举的人力资源开发机制，完善城乡、区域、校地之间人才培养合作与交流机制。

第四，鼓励引导社会各界投身乡村建设。以政策吸引、事业凝聚、乡情乡愁为纽带，吸引支持各种优秀人才通过多种途径、各种方式服务乡村振兴事业，整合现代科技、生产方式和经营模式汇集农村牧区。整合工会、共青团、妇联、科协等群团组织的优势，调动各民主党派、工商联、无党派人士等各方面的积极性，支持农村牧区产业发展、生态环境保护、乡风文明建设、农村牧区弱势群体关爱等。

结　语

科左后旗整合式贫困
治理的成功经验

县域脱贫攻坚是精准扶贫战略体系的关键环节，占据"省市县乡村"中的枢纽地位，也是脱贫攻坚作战的"前沿阵地"，因而赢得全国832个贫困县"前沿阵地"的胜利，对于全面完成精准扶贫战略、全面建成小康社会具有决定性的意义，所以从这个意义上来说，每个县域脱贫攻坚都具有非凡价值，尤其是其成功经验弥足珍贵，是"中国故事""中国经验"不可或缺的重要组成部分，会给社会乃至世界带来启迪。我们调研的科尔沁左翼后旗是内蒙古自治区脱贫攻坚战完成得很好的典型代表，该旗自2014年以来，累计减贫130299户34142人，贫困发生率由11%降至0.04%，已被自治区人民政府批准退出贫困旗县序列，并被评为"2019年全国脱贫攻坚组织创新奖"。我们经过深入调研对其经验进行了总结，前面八章运用整合理论对科尔沁左翼后旗贫困发生的背景、贫困治理的历程及做法、以脱贫攻坚统揽经济社会发展全局、以社会整合为基础构建脱贫攻坚政策体系、完善脱贫攻坚综合保障体系、整合特色产业实现脱贫致富、整合式贫困治理的显著成效、建立健全稳定脱贫的长效整合机制、脱贫攻坚与乡村振兴战略的有效衔接等分别从整合式贫困治理的背景、做法、顶层理念、政策、保障措施、产业、效果及从时间维度的长效和衔接等方面进行了描述和解释，总结出科左后旗贫困治理的经验，概括为"整合式贫困治理经验"。

关于贫困治理的经验，习近平总书记高度概括为"五个坚持"，这是对中国扶贫基本经验最权威的表述①，一些学者根据"五个坚

---

① 习近平：《携手消除贫困　促进共同发展——在2015减贫与发展高层论坛的主旨演讲》，《人民日报》2015年10月17日。

持"进一步从不同角度进行阐释，总结为"六个坚持"①。习近平总书记的"五个坚持"为我们总结科尔沁左翼后旗贫困治理的先进经验指明了方向，学者们的"六个坚持"也给我们带来诸多启迪。经过不断学习和领会"五个坚持"和"六个坚持"，结合科左后旗贫困治理的实际，从社会整合理论的视角，可以将科左后旗贫困治理的成功经验概括为以下五个方面。

一、坚持在贫困治理理念维度上实现顶层设计上的高度整合

党的十八大以来，以习近平同志为核心的党中央把扶贫开发纳入"五位一体"总体布局和"四个全面"战略布局中进行部署，把贫困人口脱贫作为全面建成小康社会的底线任务和标志性指标，这表明，消除贫困、改善民生，是社会主义的本质，是全面建成小康社会的底线目标。脱贫攻坚共同富裕的阶段性目标是着眼于经济社会全局的长远发展需要而确定的，特别是对于像科左后旗这样的国家级贫困县来说，应该以脱贫攻坚统揽经济社会发展全局，只有这样才能补齐短板实现乡村振兴和全面建成小康社会，这是一种顶层设计上对贫困治理的目标与手段相结合（整合）的发展理念——近期目标脱贫攻坚，手段则是以脱贫攻坚统揽经济社会发展全局，是学习贯彻以习近平同志为核心的党中央所提出的相关精神并结合地方实际逐步整合形成的。实际上内蒙古自治区在这方面曾走过弯路，如2014年实施"十个全覆盖"，目标与手段整合并不明确，到了2016年后彻底把发展理念整合

① 黄承伟：《中国扶贫开发道路研究：评述与展望》，《中国农业大学学报（社会科学版）》2016年第11期。

清晰，这样科左后旗才在贫困治理上取得成功。具体经验如下。

（一）脱贫攻坚和以脱贫攻坚统揽经济社会发展全局是科左后旗发展的必由之路

2011 年，科左后旗被确定为国家级扶贫开发重点旗、革命老区，全旗有贫困农牧民 3 万户（8 万人），占农村牧区人口的 25%。从该旗贫困发生历史及其历史治理成果来看，科左后旗作为少数民族地区，农村牧区交通不畅、生态环境脆弱、农牧业基础设施薄弱、公共服务设施不足、区域发展不平衡等因素，是其农村牧区经济发展缓慢、贫困面广、贫困程度深的主要成因。

全旗贫困调查结果显示，因病、因残、因学、因灾、缺资金、缺劳动力、自身发展动力不足、缺土地、缺技术是农村牧区的主要致贫原因，其中因病、因学、因残占比较大，目前分别为 58.3%、11.8%、8.7%，同时农区、半农半牧区和牧区的贫困人口占比有所不同，制约科左后旗整体经济社会发展。

因此，解决眼前贫困问题是全旗全面建成小康社会的基础。增强脱贫攻坚成效的持续性，是为了实现把我国建成富强民主文明和谐美丽的社会主义现代化强国的长远目标，而不是仅仅基于眼前的、暂时的、专项的脱贫工作。科左后旗的贫困治理历史和成果证明，贫困发生的原因是制约科左后旗整体经济社会发展的重要因素，只有以脱贫攻坚工作为抓手，解决眼前的、局部的、阶段性的贫困问题，才能实现全旗的经济社会的全局性、持续性、长远的发展，即不是"为脱贫而脱贫"。

（二）以脱贫攻坚统揽经济社会发展全局的整合思路

以脱贫攻坚统揽经济社会发展全局是习近平关于扶贫工作的重要

论述精神的现实应用。习近平总书记把脱贫攻坚纳入"五位一体"总体布局和"四个全面"战略布局进行部署，将其摆在治国理政的重要位置，提出"以脱贫攻坚统揽经济社会发展全局"重要理念，这是对贫困治理与经济社会发展关系理论的重大创新①。科左后旗以脱贫攻坚统揽经济社会发展全局的整合思路，正是坚持以习近平新时代中国特色社会主义思想为指导，深入学习贯彻习近平总书记关于扶贫工作重要论述和指示精神的重要体现，是中央精神的贯彻落实。整合性贫困治理在治理理念上尤其强调政府内部的整体性运作，要求全国上下一盘棋，将脱贫攻坚视为全旗所有职能部门的头等大事，消除部门之间的隔阂，加强部门联动，整合政府内部机构和业务，力往一处使。以脱贫攻坚统揽经济社会发展全局的整体思路也要贯彻好协调性、整合性的原则：做好所有部门的功能和组织整合；兼顾未来地区发展的长远利益；强调党员干部的引领性；突出贫困群众的主体性。

1. 把握全局性，把脱贫攻坚重任视为全旗所有职能部门的头等大事

习近平说，凡是有脱贫攻坚任务的地方党委和政府，都必须倒排工期、落实责任，抓紧施工、强力推进。特别是脱贫攻坚任务重的地区党委和政府要把脱贫攻坚作为"十三五"期间头等大事和第一民生工程来抓，坚持以脱贫攻坚统揽经济社会发展全局。建立脱贫攻坚动员体系，需要发挥社会主义制度集中力量办大事的优势，动员各方面力量合力攻坚。以脱贫攻坚统揽经济社会发展全局的论断，很大程度上突破了过去专项贫困治理的局限，而且将贫困问题解决和经济社会整体健康发展紧密联系在一起，不仅体现了中国特色社会主义制度优越性，也成为"新常态"下扩大国内需求、促进经济增长的重要

---

① 黄承伟、袁泉：《论中国脱贫攻坚的理论与实践创新》，《河海大学学报（哲学社会科学版）》2018年第4期。

途径。科左后旗委旗政府在脱贫攻坚战中发挥着主导作用，把脱贫攻坚作为重大政治任务、第一民生工程和头等大事来抓。从组织内部来看，旗内成立脱贫攻坚指挥部和领导小组，党政一把手亲自调度、指导、协调，压实各地各部门和各级干部的责任，抽取各级干部参与到驻村帮扶工作中，选优配强嘎查村班子，检查组则规范监督各项工作、保障扶贫领域资金，上下一心发挥指臂之效。总的来说，科左后旗的社会扶贫，包括党政机关定点扶贫、"单位包村、干部包户"的财政供养单位"双包"制度、企业和居民参与，强化专项扶贫、行业扶贫和社会扶贫三位一体的格局，形成政府、市场、社会互为支撑的机制，无不基于强大的党政动员能力，这是一般发展中国家无法比拟的，应该被概括为中国独特的政治优势。①

2. 目标明确，手段多样是以脱贫攻坚统揽经济社会发展全局整合思路的精髓

科左后旗利用纬度优势打造黄金苞谷带、发展黄牛产业，并结合生态扶贫双管齐下；教育扶贫改善农村办学条件，义务教育阶段保证适龄青少年"有学上""上得起学"，从根源上切断贫困在代际上的传递；完善医疗保障、社会保障以及基础设施建设，与乡村振兴战略有效衔接，和整个地区"奔小康"、实现现代化结合起来，打造消除致贫因素、不返贫乃至致富的长效机制。

产业扶贫是科左后旗以脱贫攻坚统揽经济社会发展全局的持续性推力。产业扶贫是解决贫困农户生存和发展的根本手段，是脱贫的必由之路。把发展产业作为拔掉"穷根"、稳定脱贫的"金钥匙"，坚持资金跟着贫困户走、贫困户跟着产业走、产业跟着市场走，推动有发展意愿的贫困户产业发展全覆盖，不断增强贫困户"造血"功能。

---

① 黄承伟、袁泉：《论中国脱贫攻坚的理论与实践创新》，《河海大学学报（哲学社会科学版）》2018年第4期。

《人民日报》、人民网、中国网等媒体多次对科左后旗脱贫攻坚工作进行深入报道。

生态扶贫是科左后旗以脱贫攻坚统揽经济社会发展全局的长远性保障。整合是社会系统内各部分联系在一起相互协调一致的能力，它体现了社会系统自身之间的关系。整合性治理要求从人类社会系统的整体出发，以完善社会管理和改善民生为重点，在治理理念上回归公共性，建立区域可持续发展观念。在脱贫工作中，切忌无视地方发展的长远利益，盲目引进高能耗、高污染的扶贫项目，侵害地区发展的长远利益。

2014 年以来，平均每年治理 100 万亩，已完成治理 688 万亩，实现从"沙进人退"到"绿进沙退"的良性逆转。采取退耕还林、综合治沙造林等九种模式进行综合治理，苗木成活率达到 95% 以上，年节约造林成本 2000 万元以上，造林保存率达到 90% 以上。坚持"在高质量发展中推进高水平保护，在高水平保护中促进高质量发展"，推进产业生态化、生态产业化，建设五角枫、榛子等经济林基地 5 万亩，道地药材基地 2 万亩，饲草料基地 5 万亩，苗木花卉基地 2 万亩，年可实现经济效益 1.6 亿元。把加强生态保护建设同促进农牧民增收致富结合起来，通过推动土地流转、引导务工就业等方式，让群众在生态良好的基础上实现共同富裕。"生态产业扶贫案例"入选全球优秀减贫案例，受邀在意大利罗马举行的"2019 全球减贫伙伴研讨会"上作了交流发言。

社会保障是科左后旗以脱贫攻坚统揽经济社会发展全局的长效性基础。

紧紧围绕"两不愁三保障"，落实教育、医疗、社会保障等各项扶持政策，下足绣花功夫，保证精准落地。

强化医疗保障，全面实施健康扶贫"三个一批"行动计划，先诊疗后付费"一站式"结算服务已惠及 19334 人次、核销费用 11856.1 万元；在全区率先为因病卧床、生活不能自理贫困人口提供

"家庭病床"服务，累计建床治疗 30179 人次，核销金额 1022.4 万元；为所有建档立卡贫困人口提供签约服务、健康体检；完善管理办法，实行分级诊疗，避免"过度医疗""小病大治"。

强化住房保障，2014 年以来，共投入资金 3.27 亿元，改造危房 16517 户，全面解决贫困户住房安全问题。建设 19 所农村牧区互助养老幸福院，现已入住 72 户 119 人，还可供 127 户临时返乡贫困家庭入住。

强化社会兜底保障，推进最低生活保障和扶贫开发两项政策有效衔接，贫困户中享受低保人员 3343 户 7805 人，占建档立卡贫困人口的 27.1%，占低保总人数的 60.1%；加大社会救助力度，建档立卡贫困户中，4756 人次享受过医疗救助政策，1051 户享受过临时救助待遇。

基础设施建设是科左后旗以脱贫攻坚统揽经济社会发展全局的长远性保证。

2014 年以来，投资 28.62 亿元建设公路 5493.53 公里，其中嘎查村、撤并建制村通村水泥路建设 1965.7 公里，畅通率达 100%，彻底解决了群众出行难的问题；投入资金 2.89 亿元，通过集中供水和分散供水相结合的方式，实现安全饮水工程全覆盖，跟踪开展水质检测，全旗 858 个村屯水质、水量、用水方便程度、供水量等全部达标；全面加强基层文化活动阵地建设，建设文化活动室 292 个、文化广场 277 个，村村都有草原书屋，农牧民精神文化生活进一步丰富；建设标准化嘎查村卫生室 516 个，实现了农牧民家门口就医，小病不出村；提升改造便民连锁超市 290 家，实现全旗 262 个行政村全部都有便民超市；实施广播电视和网络信号全覆盖工程，电视信号、手机通信和无线网络覆盖千家万户；投入 4.97 亿元实施农村电网改造工程，建设 66 千伏线路 76.5 公里、10 千伏线路 1420.6 公里、0.4 千伏线路 551.11 公里，解决了一些嘎查村电压低、用电不稳的问题；加强美丽乡村建设，实施绿化行动，共完成乡村绿化 2.5 万亩、道路绿化6万亩、种植树木805万株，实现了路路有林、村村见绿；大力推进农村牧区人居环境治理工作，是自治区农村牧区人居环境整治试点旗，建设垃圾压缩转运站4座、户用生活污水处理设施681个，加大畜禽粪污资源化利用，推进厕所革命；通过定期组织党员干部集中清理、雇用贫困户当保洁员、开展"三美一净"评选活动等措施，改善生活环境；实施电子商务进农村，支持可意网、玛拉沁e店、乐村淘等电商企业向基层延伸，带动贫困农牧民网上销售农副产品，农村电子商务服务网点达到452个，实现网上交易额4.45亿元，科左后旗2017年被评为国家级电子商务进农村综合示范县。

3. 人才整合，组建以脱贫攻坚统揽经济社会发展全局的干部队伍

在脱贫攻坚的实践中锤炼党员干部队伍的人才素质：一方面将精准扶贫资源配置的评价结果与基层公务员的考核、晋升及待遇挂钩，作为识别、考察与任用干部的重要依据；另一方面，加强对精准扶贫资源配置全过程、各环节的监督力度，对精准扶贫资源配置工作过程中暴露的各种虚假、扭曲或形式主义问题追究相关人员的行政或法律责任。[①]

科左后旗高度重视党员干部队伍建设对脱贫攻坚的引领和促进作用，着力通过党建工作为脱贫攻坚提供强大的政治保障、组织保障，以抓党建带动群众有效参与，发挥群众优势，建立起一支"能打胜仗"的党员干部队伍，完善工作长效机制。其主要工作包括以下三个方面的内容：一是完善党员干部包联制，工作中检验党员干部能力。统筹组织推进，成立旗脱贫攻坚指挥部，下设19个专项推进组和4个脱贫攻坚专项督查组，全力推进脱贫攻坚工作落实。从旗直机

[①] 张必春、许宝君：《整体性治理：基层社会治理的方向和路径——兼析湖北省武汉市武昌区基层治理》，《河南大学学报（社会科学版）》2011年第6期。

关抽调262名年轻干部担任嘎查村"第一书记"，选派工作队员1009名、包联干部2147名结对开展帮扶工作。压实工作责任，抓好脱贫攻坚这件天大的事，关键要层层压实责任，一级一级拧紧螺丝，上紧发条，做到干部真担责、能尽责。坚持旗、镇、村三级书记抓扶贫、三级干部齐扶贫的工作机制。夯实基层基础，结合嘎查村"两委"换届，选优配强嘎查村"两委"班子，持续整顿软弱涣散党组织，开展好"五面红旗"活动，建立健全苏木镇、嘎查村便民服务体系，完善嘎查村治理体系，开展集体经济"清零递增"行动，切实发挥出农村牧区基层党组织战斗堡垒作用。二是以多种形式带动学习，实践中提升干部队伍素质。包括请外援充分利用帮扶资源学习、抓培训狠抓干部帮扶能力提升等形式。三是严格督查落实奖惩，激励中建设长效工作机制。加大脱贫攻坚一线干部选拔力度，截至2018年底，共提拔和进一步使用扶贫干部178人，占提拔和进一步使用总人数的80.54%。2015年和2017年先后选拔30名优秀嘎查村党组织书记，给予事业单位人员工资待遇，2019年底再选拔30名。嘎查村干部工资待遇与脱贫攻坚成效挂钩。联动考核，让考评机制落实到位、发挥实效。督导组切实担负起督促指导责任，旗脱贫攻坚督查考核组深入所督导的苏木镇场，围绕考核重点任务落实、推进情况开展督查指导工作；继续实行半年考评加年终考评制度，从严考核苏木镇主体责任和职能部门、驻村工作队及帮扶责任人责任，苏木镇通过责任状、旗直部门通过责任书作出承诺，落实旗委旗政府关于脱贫攻坚具体要求，年终接受考核，旗委组织部对驻村干部和第一书记进行考核；把扶贫考核与党建述职评议考核、年度绩效考核和领导干部日常考核监督联动起来。

4. 志智协同，激发以脱贫攻坚统揽经济社会发展全局的内生动力

以脱贫攻坚统揽经济社会发展全局要求实现主体整合、志智整合。

首先，脱贫攻坚实践要求在本质上发挥各个主体的作用，这里的主体主要包括国家党员干部和贫困户自身。其次，并非"扶智"还需"扶志"，唯有"扶志"方能更好地"扶智"，要将"扶志"和"扶智"协同起来。通过教育、劝导、示范等方式祛除贫困户的贫困文化痼疾，增强其适应新的经济环境的能力，调动贫困群体生产积极性，提升返贫群体的内生动力，阻断贫困文化的代际传递。[①] 科左后旗采取的主要措施是：一是对贫困群众做好耐心细致的思想工作，激发其内生动力。二是通过宣传教育树立正面典型，形成勤劳致富光荣的氛围。三是大力发展乡村教育，将其作为脱贫攻坚的重要突破口抓紧抓好。四是通过各种形式的教育和技术技能培训，提高贫困群众的素质和致富能力。

二、坚持在贫困治理政策维度上 实现以精准为导向的整合

前面总结了科左后旗在贫困治理理念上的整合，这是非常重要的一步，它为政府、市场、社会实施贫困治理行动提供了理论前提和基础，但仅停留在这一步是远远不够的，不然的话就会陷入空谈，所以必须依据上述理念制订出可操作性的政策和保障措施来，才能确保多元主体参与贫困治理，达到脱贫攻坚的目标。下面我们先论述科左后旗在贫困治理政策整合上的成功经验。

现实扶贫工作中，各扶贫主体之间尚存在协同不力的问题：第一，集体行动的困境和目标一致的困难。由于各个主体处在不同的网络节点且信息不对称，很难形成集体行动的局面。而各个参与主体由

---

① 张必春、许宝君：《整体性治理：基层社会治理的方向和路径——兼析湖北省武汉市武昌区基层治理》，《河南大学学报（社会科学版）》2011 年第 6 期。

于自身的价值观和使命的差异，在应对扶贫的工作中往往会考虑到自身利益，从而加大了目标一致的难度。第二，缺失有效的运行规则。运行规则的缺陷导致多元主体互动活动中缺乏有效约束。第三，协同扶贫的政策法规不完善，当前有关社会组织管理的大部分条例并没有专门的法律依据，只是在各种法规中有所提及，市场参与扶贫也没有具体的实施依据。第四，各方面的扶贫资源不能得到充分的整合使用，浪费现象明显，不利于扶贫效率的提高。

科左后旗针对这些问题，依据中央有关精准扶贫的政策结合本地实际，以实现"六个精准"（扶贫对象精准、项目安排精准、资金使用精准、措施到户精准、因村派人精准、脱贫成效精准）为依托，以"五个一批"（发展生产脱贫一批、易地扶贫搬迁脱贫一批、生态补偿脱贫一批、发展教育脱贫一批、社会保障兜底一批）为参照，以"四个切实"（切实落实领导责任、切实做到精准扶贫、切实强化社会合力、切实加强基层组织）为保障，以"四个问题"（扶持谁、谁来扶、怎么扶、如何退）为重点，在加快整合政策、人力、主体等扶贫资源的基础上，分步骤、有重点地制定了一套相对较为完善的脱贫攻坚政策体系。主要包括：1. 建档立卡类，先后出台了 15 项相关政策文件；2. 产业扶贫类，先后出台了 29 项相关政策文件；3. 产业金融类，先后出台了 15 项相关政策文件；4. 驻村帮扶类，先后出台了 10 项相关政策文件；5. 综合管理类，先后出台了包括组织领导类（5 个）、规划计划类（7 个）、退出机制类（6 个）、推进措施类（13 个）等一系列相关文件。

科左后旗先后出台的一系列以精准扶贫为导向的政策，在执行过程中达到了预期的整合效果，这些效果主要体现在：1. 内部整合的成效。其一，上下级政府间的整合成效。实施精准扶贫，完善基础设施建设，实现精准扶贫，转变资金投入方向，调整扶贫格局，实现中央与地方政府之间的有效合作，整合各个组织扶贫资源，融合发展，实现有机统一。其二，政府工作作风和工作效率提升明显。包括：组织领导得到强化；工作责任更加明确；工作作风发生转变。2. 整合市场力量的成效。科左后旗把发展产业作为拔掉"穷根"、稳定脱贫的"金钥匙"，为此出台一系列产业扶贫政策让资金跟着贫困户走、贫困户跟着产业走、产业跟着市场走，推动有发展意愿的贫困户产业发展全覆盖，不断增强贫困户"造血"功能。他们在两个产业做文章，一是坚持抓好黄牛主导产业，二是坚持生态产业惠民，取得了良好的扶贫效果。3. 整合社会力量的成效。社会力量改善科左后旗贫困局面的努力主要体现在：其一，党员干部结对帮扶破解悬浮状态。其二，社会人士弥补扶贫力量不足。其三，社会组织促使扶贫更加精准。其四，提升贫困人口自主脱贫能力。

三、坚持在贫困治理保障措施维度上
实现人、财、物的全面整合

贫困治理保障措施是为了实现贫困治理理念的另一个操作层面上的保证，也可以说是两翼中的一翼，只有政策一翼并不一定能实现贫困治理的目标，由此可见保障措施整合的重要性。科左后旗在近 5 年的脱贫攻坚战中，形成了专项扶贫、行业扶贫、社会扶贫"三位一体"的大扶贫格局，在这一格局中，整合组织、资金、社会力量和内源动力等多重、综合保障体系，以保证扶贫开发事业不断取得新进展、新成效。这些保障措施包括：

（一）加强组织领导保障

科左后旗将加强组织领导放在重要位置上，该旗成立了由旗委书记为总指挥，旗长为常务副总指挥，旗委副书记、分管副旗长为副总

指挥，旗人大、政协主要负责人、党政班子成员和各部门主要负责人
为成员的脱贫攻坚指挥部，下设综合协调、产业扶贫、易地搬迁、生
态补偿、教育扶贫、医疗扶贫、社会保障、光伏扶贫、旅游扶贫、文
化扶贫、电商扶贫、督查考核 12 个专项推进组，实施了 24 个行业扶
贫行动计划，层层签订责任书、立下军令状，建立年度脱贫攻坚报告
和督查制度，把脱贫攻坚实绩作为选拔任用干部的重要依据，把夯实
农村牧区基层党组织同脱贫攻坚有机结合起来，为脱贫攻坚提供坚强
政治保障。明确责任分工。科左后旗坚持把习近平总书记关于脱贫工
作的重要论述精神作为做好工作的根本遵循，持续增强脱贫攻坚工作
的政治自觉、忧患意识和紧迫感，以解决突出问题为重点，坚持三级
书记抓扶贫、"四位一体"扶贫包联，明确各级党员干部脱贫攻坚职
责，构建科学有力的责任体系，形成了上下联动、齐抓共管、合力攻
坚的工作氛围。实行层级责任压实和包联责任精准。增强扶贫工作力
量。一是在基层党组织方面，抓好嘎查村两委班子建设，整顿软弱涣
散党组织。实施"富民党建"，推进嘎查村集体经济发展。加强村级
活动阵地建设，加强基层服务阵地建设，对狭小嘎查村活动场所进行
升级改造，实现嘎查村级党组织活动场所全覆盖，加强使用管理，确
保发挥"五个中心"作用。二是在驻村帮扶工作队方面，坚持精准
选派、强化教育培训、加强日常管理、完善工作保障。三是在包联干
部方面，按照新调整的"大帮扶"结对机制，每名处级领导干部联
系一个苏木镇；每个旗直部门、驻旗单位负责结对帮扶一个嘎查村；
科级领导干部任第一责任人，并选派 2147 名干部开展结对帮扶。强
化监测评估。从监测制度的规范、考核体系的完善健全、督导巡查的
强化等方面，该旗做了许多尝试并日益完善。

（二）加强脱贫攻坚资金保障

科尔沁左翼后旗强化财政投入保障，加大金融扶贫支持力度，规

范扶贫领域融资，进一步加强资金整合，确保整合资金围绕脱贫攻坚项目精准使用，对扶贫资金进行严格监督管理，以期提高资金使用效率和效益，为打赢脱贫攻坚战提供根本保障。一是强化资金筹措，确保资金保障"足"，综合运用财政投入、涉农资金、各类专项资金的定点帮扶、社会捐赠资金，积极通过与社会资本合作、购买服务、贷款贴息等方式，撬动更多的金融和社会资本投向农村牧区基础设施建设，推进农村牧区基础设施建设提档升级。在增加旗本级财政投入和争取上级扶贫资金的同时，通过扩大贷款规模、出台特惠贷款政策等措施，创新金融扶贫，进一步保证扶贫资金充足。与此同时，通过整合部门项目资金，重点用于支持贫困村基础设施、公共服务设施建设，以及建档立卡贫困户发展黄牛养殖、乡村旅游、庭院经济，调整种植业结构等。而且采取措施整合资金加大扶贫力度，如将"三到村三到户""以奖代补"等财政专项扶贫资金重点用于贫困户养牛产业发展。鼓励和引导贫困户将金融扶贫贷款、涉农扶贫补贴等财政涉农涉牧资金投入到龙头企业、专业合作社，贫困户根据股份分红获得收益。二是完善资金调度，确保资金下达"快"。在资金拨付程序、资金拨付效率、资金监管、项目监管等方面确保规范、快速和严格，达到最优的扶贫效果。

（三）聚合社会力量保障脱贫攻坚

科左后旗为了凝聚社会力量保障脱贫攻坚，在深化京蒙帮扶协作，统筹做好中直机关定点帮扶，引导各类群团组织、社会组织、企业和个人以多种形式帮扶贫困地区、贫困群众等方面做了大量工作，最终构建起全社会参与的大扶贫格局，形成了脱贫攻坚的强大合力。

1. 强化京蒙扶贫协作

京蒙扶贫协作工作开展以来，北京市怀柔区在强化人才交流、推动劳务协作、深化产业合作等方面对科左后旗开展了多层次、全覆盖的扶贫协作。科左后旗与北京市怀柔区相互对接 99 次，签订帮扶协议 43 份；怀柔区对口帮扶共投入京蒙扶贫项目资金 10523.3 万元、捐资 840 万元，支持发展肉牛、光伏等产业。

2. 深入开展定点扶贫工作

一是北京交通大学发挥智力优势和人脉资源，在项目落实、规划引领、消费扶贫、智力支撑等方面持续发力给予了大量帮助和支持。北京交通大学先后选派挂职干部 6 人和 4 批 16 名支教学生到科左后旗常驻开展工作，录用 14 名建档立卡贫困群众到学校食堂务工。共协调和捐赠资金 529.6 万元，用于改善部分学校教学设备和为贫困学生发放生活补贴；通过网络课堂对全旗党员干部、幼师、护林员等进行培训，累计培训 1854 人次；帮助旗内 5 家企业 20 余件产品在"e帮扶"平台上架，推动农产品直供商超、进入校园、端上餐桌。截至目前，学校已购买农产品 300.76 万元，帮助销售农产品 262 万元。丁克俭教授带队研发利用牛粪制作有机肥，实验已成功，开始试生产。

二是中国石油大学利用高校自身的特点，从实际出发，本着"扶贫先扶教育，扶贫先提素质"这一原则，制定了系统的定点帮扶计划，共选派 2 名干部、3 名学生到科左后旗挂职工作，起到了很好的桥梁纽带作用。先后落实资金 400 余万元用于改善全旗教育设施和支教基地建设；量身定做在线学习平台，累计培训 1800 余人次；帮助销售和购买旗内农副产品 430 余万元；先后为全旗群众捐赠物资和医疗器械累计金额 5 万余元；利用自身专业优势推广新技术、新观点、新知识促进产业升级。

3. 着力搭建社会扶贫各类平台

健全引导和激励社会各界参与扶贫机制，搭建社会广泛参与的扶贫平台。一是搭建组织平台。2014 年 9 月，正式成立了社会扶贫促进会、革命老区促进会和扶贫基金会，2017 年 11 月又成立了科左后旗慈善总会，实行"四会合一"管理体制，并分别在北京、呼和浩特、甘旗卡镇建立起科左后旗社扶会、慈善总会的三个分会，为做好社会扶贫搭建了有效平台。开展了一系列助学和对社会弱势群体帮扶救助行动，例如：争取中央彩票公益金 174.2 万元，使 115 名老师、246 学生受益；对 182 名贫困家庭子女给予了伙食费救助 31 万元；为 40 户特困户农牧民购买了种子化肥；为基层卫生院协调价值 100 余万元的医疗设备；等等。二是搭建宣传平台。把中国社会扶贫网作为扶贫对象和社会爱心人士之间沟通的桥梁，加强社会扶贫网推广应用，发挥互联网在助推脱贫攻坚中的作用，依托国家建档立卡贫困人口大数据资源，搭建起贫困户多元需求和社会爱心资源精准对接的公益性网络平台，动员全社会力量参与脱贫攻坚，构建新形势下大扶贫格局。自 2018 年下半年启动中国社会扶贫网以来，已注册贫困户 3073 户、爱心人士 307 人，村级管理员 347 名，资金对接成功率 28%。三是搭建资金平台。充分发挥民主党派、工商联、群团组织、科研院所等团体和机构在扶贫开发中的作用，鼓励、支持、帮助各类非公有制企业、社会组织和个人自愿采取定向、包干等方式参与扶贫，增强脱贫攻坚社会合力。充分利用"10·17"全国扶贫日和"9·5"中华慈善日，多方募集社会各界爱心人士捐款捐物，全旗党员干部自愿捐款人数达 1.2 万人次，有 19 个爱心企业和 127 名爱心人士进行了爱心捐赠。2014 年以来，慈善总会接受社会各界爱心企业和爱心人士的款物共计 1309 万元。对募集到的资金，严格按规定使用，确保每一分钱都及时有效用在脱贫攻坚上。

四、坚持在产业扶贫维度上
实现特色产业的整合

产业扶贫是指以市场为导向，以经济效益为中心，以产业发展为杠杆的扶贫开发过程，是促进贫困地区发展、增加贫困农户收入的有效途径，也是扶贫开发的战略重点和主要任务。因此科左后旗特别重视产业扶贫，并且经过近 5 年的努力，取得了较大效应，用科左后旗人的话总结脱贫攻坚的经验就是两句话"生态治理拔穷根，赶着黄牛奔小康"，由此可见在产业扶贫上有其独特之处。

科左后旗境内沙化土地面积一度达 1180 万亩，占全旗总面积的 68%，是全国沙化严重、生态环境脆弱的旗县之一，同时也素有"黄牛之乡""马王之乡"的美誉，蒙古族占全旗人口的 75.3%，具有悠久的牧养传统，同时种植业和草牧业资源禀赋突出，科尔沁黄牛品种优良，造就了科左后旗的牛产业传统优势十分明显。他们按照"生态建设产业化、产业发展生态化"思路，以大生态推进大扶贫，实现产业与生态整合协同发展，推动扶贫开发与生态保护相协调、脱贫攻坚与可持续发展相促进。同时充分考虑本地生态适应性、环境条件、区位条件，发挥资源比较优势，明确了"大力发展黄牛产业，促进农牧民增收致富"的基本思路，按照宜牧则牧、宜农则农、宜游则游的原则，确立了以黄牛产业为主导的农村牧区产业扶贫体系，大力推进三产融合，通过整合资金、整合资源、整合力量，推进经济、生态、产业"三化融合"和一二三产业融合。

在发展黄牛产业上，采取围绕主产调整产业结构、实现贫困户养牛全覆盖、打造全产业链，推进三产融合等措施，把黄牛产业做大做强，带动贫困户脱贫；在发展生态产业上，采取坚持生态建设产业化，助力群众增收。

在产业扶贫上的经验有以下几个方面。

（一）资源禀赋和产业的整合发展特色产业

产业扶贫要依据资源禀赋发展特色产业，不同地区固有的资源禀赋条件各不相同，资源禀赋将影响贫困地区产业扶贫项目的选择，产业扶贫要发挥地区资源禀赋和要素禀赋优势，选择与培育资源禀赋型产业作为带动贫困人口脱贫减贫和地方经济发展的主导产业。选择与当地其他产业具有广泛而密切技术联系或贫困户知识与技术积累较充足的市场需求型产业，更容易吸收贫困群众在现有技术能力存量条件下参与产业扶贫项目，进而提升产业扶贫模式的运行成效。科左后旗依据其地方优势发展有特色的黄牛产业、生态产业带动一大批贫困户脱贫，整体发挥了自身的地理资源、人力资源和人文传统的优势，实现自身资源优势的最大整合，其作用显著。

（二）保障资源的整合助推产业发展

确定主产业后，必须通过整合资金、整合资源、整合力量，才能推进经济、生态、产业"三化融合"和一二三产业融合。

首先是资金资源整合，必须将扶贫资金进行整合，将各种基础设施建设项目资金、现代农业发展项目资金、专项扶贫资金等各类资金统一起来用于扶贫开发，推动了嘎查村产业发展。同时积极引导资源要素向扶贫产业加速集聚，推动扶贫产业专业化、规模化发展，努力形成区域集聚效应和地域品牌特色，不断提高贫困地区扶贫产业的市场竞争力。

其次是组织与人才的整合。整合式扶贫就是要着力构建党政主导、行业协同、社会参与、群众主体"四位一体"的大扶贫格局。

政府必须设立相关组织协调产业发展，还要整合产业化龙头企业、农民合作社、家庭农场等新型农业经营主体，使之向贫困群众提供全产业链服务，增强产业组织和价值增值的能力，鼓励他们通过统一技术培训、统一生产标准、统一销售市场，吸纳贫困劳动力参与规模化经营，提高扶贫产业组织化、专业化、市场化程度，实现贫困群众"单家独户""弱小群体"的生产活动与社会"大生产""大市场"的有效对接。科左后旗通过建立旗镇村三级服务网络、组建专业技术服务团队和搭建信息交流平台，构建了完善的科技服务保障体系，落实从政策引领到金融、科技、人员网络的配套，加强了产业的"软件"建设，促进了产业发展。

再次是产业发展机制的整合。产业发展需要良好的政策环境、金融融资渠道、发展主体的积极性，以及产业发展所需的新人才、新技术、新机制等。为此需要在政策与制度设计中，从宏观上整合各种产业配套体系，以服务于产业发展的需要。科左后旗通过以政府贴息、企业担保、群众联保等方式构建了扶贫资金保障体系，实现了贫困户养牛贷款全覆盖。同时根据贫困户参与黄牛养殖的能力，精细划分为能贷能养、能贷不能养、不能贷能养和不能贷不能养四种类型，推行自养、托管和代养为主的养殖模式，实现金融信贷扶贫的到户施策精准。

五、坚持在贫困治理时间维度上
长效机制的整合

前面从四个方面阐述了科左后旗已经完成脱贫攻坚阶段性任务所取得的经验，下面将从联接现在与未来的时间维度来概括。科尔沁左翼后旗建立健全稳定脱贫长效整合机制，要找准"贫"根、抓住

"困"源，推进辖区内贫困群体创新驱动发展，以期彻底打赢脱贫攻坚战。

（一）止血、输血与造血三位一体方能长效整合脱贫

习近平总书记指出："一个地方必须有产业，有劳动力，内外结合才能发展。最后还是要能养活自己。"[1] 由单纯的"输血"到既"输血"又"造血"，是习近平总书记关于扶贫工作重要论述的内涵，也是精准扶贫思想的集中体现。课题组对科左后旗进行调研时发现，当地属于革命老区、少数民族地区、陆地边境地区和欠发达地区，因其特殊的自然环境、文化传统背景，不仅需要进行直接给钱给物的"输血"扶贫，以及建立特色产业、提高自我发展能力的"造血"扶贫，还需要加强思想引领，革除陈规陋习的"止血"扶贫。科左后旗需要"止"的"血"包括赌博、迷信、饮食不健康以及不会算账、铺张浪费导致的借贷盛行，通过引导摒弃落后习俗、激发群众内生动力、提升自我发展能力达到"止血"扶贫。通过"止血"扶贫减少阻力，借力"输血"扶贫夯实根基，依托"造血"扶贫引领发展，三位一体实现长效整合脱贫。这也为欠发达地区摆脱贫困提供了道路指引。

（二）以提升嘎查村治理能力驱动扶贫工作

精准扶贫政策实施过程中，提升嘎查村治理能力影响着精准扶贫的实施及其效果。[2] 因此，以提升村庄治理能力驱动扶贫工作是当务

---

[1] 习近平：《在河北省阜平县考察扶贫开发工作时的讲话》（2012 年 12 月 29 日、30 日），《做焦裕禄式的县委书记》，中央文献出版社 2015 年版，第 21—22 页。

[2] 李琳、郭占锋：《精准扶贫中农村社区治理能力提升研究》，《西北农林科技大学学报（社会科学版）》2018 年第 18 期。

之急。科尔沁左翼后旗乃至全国相当一部分农村普遍面临村干部年龄偏大、文化程度低、服务群众能力弱、对国家政策理解不够等问题，两委班子战斗力薄弱、村庄治理能力严重不足，群众自我管理、自我服务、自我教育、自我监督更是无从谈起。完善驻村帮扶和第一书记机制，提升基层组织战斗力。以乡情乡愁为纽带，引导和支持各类人才回乡任职，服务乡村发展。优化提升村党组织带头人，从本村致富能手、外出务工经商人员、本乡本土大学毕业生、复员退伍军人中培养选拔。充实村庄承接扶贫项目和资源的能力，壮大村集体经济，从而为嘎查村帮扶贫困人口、发展公益事业、提供公共服务奠定基础。加强农村党员队伍建设，严格党的组织生活，在日常生活和嘎查村事务中发挥党员先进模范带头作用。

（三）因地制宜让"绿水青山"变成"金山银山"

生态文明建设事关永续发展。良好的生态，是科左后旗最宝贵的资源和财富。但由于种种原因，当地以牺牲环境为代价发展生产，最终被环境反噬，农牧民饱受其苦。在科左后旗近些年的抗风防沙、造林种草的进程中，农牧民逐渐告别了原始粗放的"吃山"办法，努力将生产方式、生活方式转换到绿色化的轨道上来，建立起生态扶贫体系，在改善生态环境的同时，也实现了贫困户增收，初步实现了环境保护与群众增收的多赢。其关键就是因地制宜打好生态牌，让"绿水青山"变成"金山银山"。

（四）精准扶贫需要与乡村振兴做好衔接

习近平总书记指出："要把脱贫攻坚同实施乡村振兴战略有机结合起来，推动农村牧区产业兴旺、生态宜居、乡风文明、治理有效、生活富裕，把广大农牧民的生活家园全面建设好。"脱贫攻坚的短期目标是确保贫困地区的贫困人口在 2020 年实现如期脱贫，其长远目标是以高质量的发展实现乡村振兴。可以说乡村振兴是针对更大群体、在更宽广领域、更高层次、需要更多力量参与的阶段性谋划。脱贫攻坚加强农村公路、供水、供气、电网、物流、信息、广播电视等基础设施建设，提升公共服务水平，以产业扶贫为抓手，提升贫困人口的发展能力，为贫困地区创造了益贫式的发展环境，同时也促进了乡村治理体系的完善和创新，为贫困地区的发展打下坚实基础。乡村振兴战略的推进既巩固了产业扶贫的成果，又化解贫困地区和非贫困地区的非均衡矛盾，有利于建立稳定脱贫的长效整合机制，从而巩固提升了贫困地区的脱贫质量，为进一步稳定脱贫攻坚的成果提供了新的保障。①

① 左停、刘文婧、李博：《梯度推进与优化升级：脱贫攻坚与乡村振兴有效衔接研究》，《华中农业大学学报（社会科学版）》2019 年第 5 期。

后　记

　　脱贫攻坚是实现我们党第一个百年奋斗目标的标志性指标，是全面建成小康社会必须完成的硬任务。党的十八大以来，以习近平同志为核心的党中央把脱贫攻坚纳入"五位一体"总体布局和"四个全面"战略布局，摆到治国理政的突出位置，采取一系列具有原创性、独特性的重大举措，组织实施了人类历史上规模空前、力度最大、惠及人口最多的脱贫攻坚战。经过 8 年持续奋斗，现行标准下 9899 万农村贫困人口全部脱贫，832 个贫困县全部摘帽，12.8 万个贫困村全部出列，区域性整体贫困得到解决，完成了消除绝对贫困的艰巨任务，脱贫攻坚目标任务如期完成，困扰中华民族几千年的绝对贫困问题得到历史性解决，取得了令全世界刮目相看的重大胜利。

　　根据国务院扶贫办的安排，全国扶贫宣传教育中心从中西部22个省（区、市）和新疆生产建设兵团中选择河北省魏县、山西省岢岚县、内蒙古自治区科尔沁左翼后旗、吉林省镇赉县、黑龙江省望奎县、安徽省泗县、江西省石城县、河南省光山县、湖北省丹江口市、湖南省宜章县、广西壮族自治区百色市田阳区、海南省保亭县、重庆市石柱县、四川省仪陇县、四川省丹巴县、贵州省赤水市、贵州省黔西县、云南省西盟佤族自治县、云南省双江拉祜族佤族布朗族傣族自治县、西藏自治区朗县、陕西省镇安县、甘肃省成县、甘肃省平凉市崆峒区、青海省西宁市湟中区、青海省互助土族自治县、宁夏回族自治区隆德县、新疆维吾尔自治区尼勒克县、新疆维吾尔自治区泽普县、新疆生产建设兵团图木舒克市等 29 个县（市、区、旗），组织中国农业大学、华中科技大学、华中师范大学等高校开展贫困县脱贫摘帽研究，旨在深入总结习近平总书记关于扶贫工作的重要论述在贫困县的实践创新，全面评估脱贫攻坚对县域发展与县域治理产生的综合效应，为巩固拓展脱贫攻坚成果同乡村振兴有效衔接提供决策参考，具有重大的理论和实践意义。

脱贫摘帽不是终点，而是新生活、新奋斗的起点。脱贫攻坚目标任务完成后，"三农"工作重心实现向全面推进乡村振兴的历史性转移。我们要高举习近平新时代中国特色社会主义思想伟大旗帜，紧密团结在以习近平同志为核心的党中央周围，开拓创新，奋发进取，真抓实干，巩固拓展脱贫攻坚成果，全面推进乡村振兴，以优异成绩迎接党的二十大胜利召开。

由于时间仓促，加之编写水平有限，本书难免有不少疏漏之处，敬请广大读者批评指正！

本书编写组

责任编辑：刘　畅
封面设计：姚　菲
版式设计：王欢欢
责任校对：陈艳华

图书在版编目(CIP)数据

科左后旗:整合式贫困治理/全国扶贫宣传教育中心 组织编写. —北京：
　人民出版社,2022.9
(新时代中国县域脱贫攻坚案例研究丛书)
ISBN 978－7－01－023213－3

Ⅰ.①科…　Ⅱ.①全…　Ⅲ.①扶贫-工作概况-科尔沁左翼后旗　Ⅳ.①F127.264

中国版本图书馆 CIP 数据核字(2021)第 040521 号

科左后旗:整合式贫困治理
KEZUOHOUQI ZHENGHESHI PINKUN ZHILI

全国扶贫宣传教育中心　组织编写

人民出版社 出版发行
(100706　北京市东城区隆福寺街 99 号)

北京盛通印刷股份有限公司印刷　新华书店经销

2022 年 9 月第 1 版　2022 年 9 月北京第 1 次印刷
开本:787 毫米×1092 毫米 1/16　印张:18.75
字数:252 千字

ISBN 978－7－01－023213－3　定价:55.00 元

邮购地址 100706　北京市东城区隆福寺街 99 号
人民东方图书销售中心　电话 (010)65250042　65289539